Jakob Steinschaden

Phänomen Facebook

Wie eine Webseite unser Leben
auf den Kopf stellt

UEBERREUTER

Für meine Eltern Anna und Franz

Das säurefreie und alterungsbeständige Papier EOS liefert Salzer, St. Pölten
(hergestellt aus chlorfrei gebleichtem Zellstoff aus nachhaltiger Forstwirtschaft).

ISBN 978-3-8000-7488-4
Covergestaltung: Michael Ristl
Copyright © 2010 by Verlag Carl Ueberreuter, Wien
Gedruckt in Österreich
7 6 5 4 3 2 1

Ueberreuter im Internet: www.ueberreuter.at

Inhalt

Einleitung

Als ich am 25. Mai 2010 in die S California Avenue in Palo Alto einbog, war ich fast am Ziel einer langen Reise angekommen. Ich wollte die Firmenzentrale der zweitgrößten Webseite der Welt besuchen, jenes Internetdienstes, der wie kein anderer das Online-Geschehen des Jahres 2010 dominiert. Ich war dem Ruf von Facebook bis mitten ins Herz des Silicon Valley, jener Hightech-Gegend südlich von San Francisco, aus der fast alle großen Technologien stammen, gefolgt.

Das von Mark Zuckerberg 2004 gegründete Online-Netzwerk ist zu einem Monstrum angewachsen, das die Online-Identitäten von mehr als einer halben Milliarde Menschen in sich aufgesaugt hat und drauf und dran ist, den Internet-Giganten Google in den Schatten zu stellen. Unzählige Geschichten, kleine und große, lustige und traurige, unglaubliche und banale, ranken sich um die blau-weiße Webseite. Jeder, den ich traf, konnte mir seine eigene Version dieser Geschichte erzählen; es gab kaum jemanden, der nicht in irgendeiner Weise von dem Phänomen berührt worden war. Die meisten Storys handelten vom Wiedersehen. Ehemalige Klassenkameraden, frühere Kollegen, Ex-Freundinnen – es gab offenbar keine Menschen, die man nicht per Eintippen ihres Namens wiederfinden konnte, und wenn nicht real, so zumindest als Online-Profil mit einem kleinen Bildchen und ein paar persönlichen Angaben, anhand derer man überprüfen konnte, dass es wirklich sie waren. Außergewöhnlich sind Berichte, in denen vermisst geglaubte Menschen wieder zueinander fanden. So wie ein Geschwisterpaar aus Indonesien, das sich nach drei Jahrzehnten bei Facebook wiederentdeckte. Oder Zwillinge aus den USA, die bei der Geburt getrennt wurden und dank Facebook im Alter von 70 Jahren wiedervereint wurden. Oder jene Mutter aus San Bernardino in Kalifornien, die ihre 15 Jahre zuvor gekidnappten Kinder bei Facebook aufspüren konnte.

Unglaublich ist auch, welche Dimensionen Mark Zuckerbergs Webseite erreicht hat: Jeder vierte Internetnutzer der Welt war Mitte 2010 angemeldet, die Webseite ist zur größten Datensammlung über die Menschheit geworden. Etwa 30 % der Nutzer kommen aus den USA, 70 % verteilen sich auf den Rest der Welt, insbesondere die Staaten der EU, aber auch auf Nationen wie die Türkei, Indonesien, Kanada, die Philippinen oder Indien. Facebook ist zum Meldeamt des Internets geworden, hat Informationen angehäuft, von der Regierungen nur träumen können, und hat sich in eine sehr mächtige Position manövriert. Aus den Personendaten lassen sich Milliarden Dollar machen, weswegen eine Riege ebenfalls sehr mächtiger Investoren Millionen an Dollar bezahlt hat, um ein kleines Stück von Facebook besitzen zu dürfen.

»Ich mag Zuckerberg und gehe öfter auf ein Bier mit ihm, aber ich vertraue ihm nicht«, sagte Robert Scoble, einer der wichtigsten Blogger des Silicon Valley (http://scobleizer.com) zu mir, als wir in einem Café in Palo Alto über die Zukunft von Facebook diskutierten. So wie im Internet ist Facebook auch in der Kleinstadt, etwa 50 Autominuten südwestlich von San Francisco gelegen, allgegenwärtig: Schräg gegenüber des Tisches, an dem Scoble und ich saßen, lagen ehemalige Büros der Internet-Firma und gleich ums Eck das University Café, das den Mitarbeitern als inoffizielles Hauptquartier diente, bevor die Webseite den Durchbruch schaffte. Nicht nur Scoble hat ein Vertrauensproblem mit Facebook: Je länger ich über das Internet-Phänomen recherchierte, desto mehr Haken bemerkte ich an der Geschichte, die grundlegende Fragen aufwarfen. Was passiert mit den Myriaden an Daten, die die Nutzer täglich in ihre Profile und an die Pinnwände der Facebook-Freunde tippen, wirklich? Nach welchen Regeln tickt das bis dato größte Online-Netzwerk der Welt? Wie kommt die Firma, die gratis mehr als eine halbe Milliarde Nutzer mit einer der ausgereiftesten Online-Technologien versorgt, an die nötigen Dollars, die den Betrieb dieser komplexen Infrastruktur aufrechterhalten? Und wohl am wichtigsten: Welche Effekte hat das Phänomen Facebook auf uns?

Um diese Fragen in Buchform beantworten zu können, habe ich mit Werbefachleuten und Programmierern, Psychologen und Pädagogen, Bloggern und Internet-Unternehmern, Polit-Beratern und Datenschützern gesprochen, mehrere Hundert Zeitungsartikel und Onlineberichte sowie mehr als 20 Fachbücher gelesen und mich mit den psychologischen, philosophischen und soziologischen Aspekten beschäftigt. Ich wollte analysieren, welche Mechanismen Facebook so populär gemacht haben, welche Hintermänner das Sagen haben, was an den Verbindungen zu CIA und FBI dran ist, was die Nutzung mit Selbstzensur und Selbstentblößung zu tun hat, wie die Firma aus Palo Alto Personendaten sammelt, was mit diesen geschieht, wie sich daraus Kapital schlagen lässt und wie das Online-Netzwerk dem Werbe-Giganten Google gefährlich wird. Ein wichtiger Teil des Buches befasst sich mit den Auswirkungen des Online-Netzwerks auf unser Leben: Es verändert unsere Privatsphäre und die Öffentlichkeit, die Schule und unser Berufsleben, unseren Medienkonsum und unsere Internetnutzung. Außerdem hat die Wiener Social-Media-Agentur Digital Affairs exklusiv für dieses Buch eine Studie zu den Facebook-Nutzern in Österreich und Deutschland durchgeführt. Der Höhepunkt meiner Recherche jedoch war der bereits erwähnte einwöchige Aufenthalt in San Francisco und im Silicon Valley, um dem Phänomen Facebook in seiner natürlichen Umgebung auf die Spur zu kommen. Ich habe die Facebook-Konkurrenten Google und Twitter besucht, der Universität Stanford einen Besuch abgestattet und ich bin natürlich auch zum Facebook-Hauptquartier in Palo Alto gefahren.

Als ich am 25. Mai 2010 in die S California Avenue in Palo Alto einbog, ging mein Puls allerdings nicht nur vor Aufregung schneller als gewohnt, sondern auch, weil ich nach dreimonatigen Versuchen, einen offiziellen Termin zu bekommen, immer noch keine Antwort, nicht einmal eine Absage auf meine vielfachen Anfragen bekommen hatte. Ich flog also ohne Einladung nach Kalifornien. Deswegen kann ich Ihnen leider von keinem offiziellen Besuch im Hauptquartier von Facebook, eine der begehrtesten und gleichzeitig unerreichbarsten Destinationen für Hightech-Journalisten, berichten. Aber bitte legen Sie dieses Buch jetzt nicht enttäuscht zur Seite, denn ich habe etwas Besseres für Sie: Ich war trotzdem drinnen. Zweimal.

Das Innenleben

Facebook ist ein Web im Web geworden, ein Online-Netzwerk aus mehr als 500 Millionen Menschen, eine ultimative Kommunikationsplattform. Durch die Teilnahme so vieler Menschen an einer Webseite hat sich ein Sog entwickelt, der in vielen Ländern bereits weite Teile der Bevölkerung erfasst hat. Facebook selbst ist nicht viel mehr als eine ausgefeilte Technologie, die auf verschiedenste Weise Kommunikation erlaubt. Daraus ist ein soziales Grundrauschen entstanden, dem sich immer weniger Menschen entziehen können – es ist ein sozialer Druck entstanden, dabei zu sein und seine Identität in einem Profil, das jeder Nutzer gratis bekommt, widerzuspiegeln. Mit Facebook ist die Internet-Ära der Menschen wirklich angebrochen und im Begriff, das Netz der Informationen (Google) und das Netz der Waren (Amazon, eBay) abzulösen. Unser eigenes Ich ist ins Zentrum des Interesses gewandert und dieser Verheißung folgen Millionen. Es gehört heute zum Alltag, dass Paare sich trennen, indem einer der beiden den Status von »in einer Beziehung« auf »Single« wechselt. Scheidungsanwälte machen sich auf die Jagd nach nützlichen Hinweisen auf Profile, die einen Ehebruch oder sonstige Laster nachweisen könnten. In Saudiarabien hilft die Webseite jungen Leuten dabei, die strengen gesellschaftlichen Regeln zu umgehen, die es unverheirateten Frauen und Männern verbietet, gemeinsam in der Öffentlichkeit zu verkehren. Facebook ist außerdem der Höhepunkt dessen, was in den frühen Nullerjahren als das Mitmach-Netz angepriesen wurde: Foto, Video, Text – alles produzieren die Nutzer selbst, nicht höhere Instanzen wie Journalisten, Filmer, Schreiberlinge, Fotografen und Musiker. Zwar gibt es mit YouTube für Videos, Flickr für Fotos, MySpace für Musik und Wordpress für Online-Tagebücher (um nur einen kleinen Ausschnitt des Web 2.0 zu nennen) viele verschiedene Plattformen, die zum Mitmachen einladen. Doch es haben sich noch nie so viele Nutzerinhalte gebündelt wie bei Facebook. Hier werden mehr Buchstaben eingetippt als bei allen Weblogs zusammen, hier ist die mit Abstand größte digitale Fotosammlung der Welt entstanden.

Glaubt man Sheryl Sandberg, Facebooks Nummer zwei, geht es auch bald der E-Mail an den Kragen. »Wenn man wissen will, wie Konsumenten künftig Technologie verwenden werden, schaut man sich die Teenager von heute an. Da zeigen die neuesten Zahlen: Nur elf Prozent der Jugendlichen schreiben täglich E-Mails. E-Mail, auch wenn ich mir kein Leben ohne vorstellen kann, wird möglicherweise verschwinden. Also was tun Teenager? Sie nutzen SMS und Online-Netzwerke«, so Sandberg auf einer Konferenz im Juni 2010. Sie ist davon überzeugt, dass die berühmten Status-Updates, in denen die Nutzer in kurzen Sätzen schreiben, was sie gerade denken, fühlen oder tun, einmal wichtiger sein werden als die elektronische Post, die 1971 vom US-Techniker Ray Tomlinson erfunden wurde. Zusätzlich lassen sich Veranstaltungen planen und die dazu notwendigen Einladungen verschicken, Gruppen für Freizeitaktivitäten gründen oder Geburtstagsnachrichten verschicken – allesamt Dinge, die man bisher per E-Mail erledigt hat. Außerdem greift Facebook auch andere Größen im Internet an: In wenigen Jahren könnte nicht mehr Googles Video-Portal YouTube, sondern das Online-Netzwerk die Seite mit den meisten Clips sein. Auch Chat-Dienste kommen unter Druck, denn statt mit ICQ, Skype oder AIM kann man auch mit dem Facebook-Chat mit seinen Freunden kommunizieren.

Facebook macht sich aber nicht nur unter den Internetnutzern breit (dem Analysedienst Comscore zufolge sind 75,8 % aller weiblichen Internetnutzer bei Online-Netzwerken angemeldet, aber nur 69,7 % der Männer), sondern auch auf anderen Webseiten. Mit neuartigen Technologien hat es die Webseite geschafft, ihre Grenzen zu überschreiten und Teil anderer Internetdienste zu werden. Der zunehmende Erfolg hat aus Gründer Mark Zuckerberg einen Star gemacht, der schon von vielen Titelseiten lachte. Um den 1984 geborenen Facebook-Chef hat sich eine illustre Schar an Geld- und Ratgebern versammelt, die erheblichen Einfluss auf die Geschicke des Unternehmens mit Hauptsitz im kalifornischen Palo Alto hat. In den folgenden Abschnitten analysiere ich, welche Grundfunktionen zum Erfolg von Facebook beigetragen haben, gebe Einblick in die Unternehmenszentrale, stelle Ihnen Mark Zuckerberg vor und lege offen, welche Persönlichkeiten und Firmen Geld in das Online-Netzwerk gesteckt haben.

Die Grundfunktionen

Facebook ist nicht durch Glück und Zufall so groß geworden. Die Webseite einfach als ein Knäuel von Profilseiten zu sehen, die sich durch die aktive Teilnahme der Nutzer selbstständig zu so etwas wie einem Netzwerk organisieren, wäre falsch. Facebook-Manager betonen immer, dass man sich als eine von Technologie getriebene Firma versteht. Diese Technologie wird gezielt dafür eingesetzt, Ordnung in dieses Knäuel zu bringen. Dafür, dass dieses Organisieren die Software übernimmt, lieben viele Nutzer die Webseite. Das wird besonders deutlich, wenn man sich den Bereich »Veranstaltungen« ansieht (monatlich werden 3,5 Millionen dieser Events angelegt), der jedem

Mitglied rechts oben auf der Startseite angezeigt wird. Dort wird man etwa an Partys, Abendessen oder Grillfeste erinnert, zu denen man bereits eingeladen wurde, und noch wichtiger: Dort werden alle kommenden Geburtstage der Facebook-Kontakte gelistet, sodass es äußerst schwer fällt, einen zu vergessen. In der Regel ist der Geburtstag jener Tag, an dem die meiste Aktivität auf der eigenen Profilseite herrscht, weil plötzlich Dutzende, manchmal sogar Hunderte Kontakte darauf zugreifen und beste Wünsche, sarkastische Botschaften oder Witzchen über das Alter posten.

Daneben gibt es einige weitere zentrale Funktionen, ohne die Facebook heute nicht dort wäre, wo es ist.

Freundschaft

Freundschaftsanfragen, FreundeFinder, als FreundIn hinzufügen: Ohne den Begriff »Freund« geht bei Facebook gar nichts. Der Webdienst hat es geschafft, das Wort, das so emotional besetzt ist wie kaum ein anderes, für sich zu vereinnahmen, und zwar nicht nur im Internet, sondern mittlerweile auch in der realen Welt. Alle Funktionen der Webseite sind rund um diese Freundesbeziehungen aufgebaut, die zwischen den Nutzern als Knotenpunkte des Online-Netzwerks eingegangen werden. Das Netz, das auf einer technischen Ebene »Freundschaft« als die Verbindung eines Nutzerprofils mit einem anderen definiert, ist über die Jahre zu so etwas wie einem Abbild unserer Realbeziehungen geworden. Befreundet ist man dann, wenn beide Personen die Freundschaft bestätigen, wobei die Anfrage in der Regel von einem der beiden losgeschickt und vom anderen beantwortet wird. Die Bestätigung einer solchen Anfrage hat weitreichende Konsequenzen, erlaubt sie dem neuen Freund doch vollen Zugriff auf sämtliche Informationen, die man im eigenen Profil eingegeben hat. Facebook lässt die Nutzer beim Finden von neuen Freunden nicht allein, sondern erleichtert die Suche in vielfältiger Weise. Der sogenannte »FreundeFinder« ist ein Stück Software, das die Freundeslisten der Kontakte miteinander vergleicht und Personen als Freunde vorschlägt, die mehrmals in diesen Listen auftauchen. Facebook nimmt an, dass man mit Menschen, die viele der eigenen Freunde kennen, ebenfalls bekannt sein könnte. Neue Facebook-Freunde lassen sich aber auch aufspüren, indem man die Webseite nach ehemaligen Klassenkameraden, Mitarbeitern oder Studienkollegen befragen kann. Außerdem gibt es eine – kontrovers diskutierte – Funktion, die auf Wunsch die eigenen E-Mail-Kontakte importiert und abgleicht, ob es Facebook-Mitglieder gibt, denen man regelmäßig elektronische Post schickt. Außerdem lassen sich Nutzer ausfindig machen, mit denen man über Chat-Programme wie AIM, ICQ oder Windows Live Messenger in Kontakt steht. Insgesamt darf jedes Mitglied maximal 5000 Freunde sammeln, in Zukunft soll diese Einschränkung aber fallen.

Der Begriff »Freund« wurde von Mark Zuckerberg schlau (weil emotional besetzt), aber falsch gewählt. Niemand hat 5000 Freunde, und selbst die durchschnittlich 130 Personen, die Nutzer als Freunde hinzufügen, haben nichts mit realen Freundschaften zu tun. Im Englischen wird das Wort »friend« nicht so eng definiert wie »Freund« im deutschsprachigen Raum, man kann damit auch einfach Bekannte bezeichnen. Spätestens bei der deutschsprachigen Version hätte Facebook aber auf die Bezeichnung »Kontakte« umsatteln sollen. Allerdings entschieden sich jene Nutzer, die bei der Übersetzung im März 2008 halfen, für »Freund«. Heute ist der Begriff »Facebook-Freund« aus dem Sprachgebrauch nicht mehr wegzudenken und hat es, in leicht abgewandelter Form, sogar ins New Oxford American Dictionary, ein Wörterbuch für nordamerikanisches Englisch, geschafft. Dort bezeichnet das Verb »to unfriend« die Tätigkeit, jemanden als Freund in einem Online-Netzwerk wie Facebook zu entfernen. 2009 wurde es von den Machern dieser Publikation sogar zum Wort des Jahres gewählt und hat damit Konkurrenzbegriffe wie »Netbook« (Bezeichnung für kleine Laptops) und »Sexting« (das Verbreiten sexueller Inhalte in Wort und Bild via Mobiltelefon) ausgestochen.[1] Das »Entfreunden« ist, wenig erstaunlich, gängige Praxis bei Facebook. Mit einem Klick kann man Kontakte, die einem unlieb geworden sind oder denen man künftig den Zugriff auf persönliche Daten verwehren will, aus der Freundesliste entfernen. Der Betroffene wird darüber nicht aktiv informiert und wird die »Entfreundung« erst bemerken, wenn er auf ein bestimmtes Profil nicht mehr zugreifen kann.

Wer etwas sensibler ist und Facebook-Freunde, die eigentlich Arbeitskollegen, Familienmitglieder oder Kunden sind, nicht alles wissen lassen möchte, muss diese nicht gleich als Freunde entfernen. Facebook bietet die Möglichkeit, Kontakte in Unterlisten zusammenzufassen, für die man einzeln bestimmen kann, welche Inhalte sie sehen dürfen. Ich halte es für ratsam, zumindest die besten Freunde und die Arbeitskollegen in eigene Gruppen zusammenzufassen und die einen mehr, die anderen weniger sehen zu lassen. Veröffentlicht man fortan neue Status-Updates oder Fotos, kann man über eine nicht sehr ausgereifte Funktion, die in viel zu viele Einzelschritte zerlegt ist, die Inhalte nur bestimmten Listen oder einzelnen Personen zeigen. Außerdem kann man Personen, von deren Meldungen man sich gestört fühlt, ausblenden und kann so den Anschein, befreundet zu sein, aufrechterhalten – nicht die feine englische Art, aber technisch kein Problem.

Bei Facebook-Freunden muss klar zwischen echten Freunden und On-line-Bekanntschaften unterschieden werden. Caroline Haythornthwaite, Wissenschaftlerin an der University of Illinois, hat sich schon seit den späten 1990ern mit den Auswirkungen von Online-Netzwerken auf Realbeziehungen auseinandergesetzt. Neben Freunden gibt es, wie sie mir erklärte, schwache und latente Beziehungen. »Latente Beziehungen sind Beziehungen, die möglich, aber noch nicht aktiviert sind, etwa, wenn Menschen in derselben Abteilung arbeiten, sich aber noch nie getroffen haben, oder wenn sie gemeinsame Freunde haben, sich aber persönlich nicht kennen.« Schwache Beziehungen (»weak ties«) hingegen entstehen, wenn Menschen miteinander zu kommunizieren beginnen und des je anderen gewahr werden. »Das Wichtige bei latenten Beziehungen ist, dass es einen Mechanismus geben muss, der sie in schwache Beziehungen umwandelt.« Diese Funktion übernimmt Facebook und verwandelt durch seine Technologien plötzlich eine große Anzahl von latenten in schwache Beziehungen. Während man mit echten Freunden (»strong ties«) viele verschiedene Technologien zur Kommunikation verwendet (SMS, Telefon, Chat, E-Mail etc.), werden die »weak ties« weiter bei Facebook gepflegt. »Das größte Problem dieser schwachen Beziehungen ist, dass man so in Kontakt zu deren Freunden kommt. So bekommen Menschen Zugriff auf das persönliche Netzwerk, die man gar nicht im Netzwerk haben will«, erklärte Haythornthwaite.

Just in dem Moment, als ich diese Zeilen tippte, erreichte mich die private Facebook-Nachricht eines alten Bekannten, den ich seit drei Jahren nicht mehr gesehen habe. Sofort bekam ich Haythornthwaites Theorie in der Praxis präsentiert: Er aktivierte unsere latente Beziehung, indem er wieder Kontakt aufnahm. Nach einigen Zeilen, die wir uns über den Chat-Dienst zuschickten, wusste ich, dass er bald Vater werden würde, und er, dass ich bald ein Buch veröffentlichen würde. Außerdem kamen wir überein, dass lange Partynächte spärlicher, die Arbeitstage immer länger würden und wir uns hoffentlich bald wieder treffen. Was wir während des kurzen Chats aber wohl beide nicht berücksichtigten: Mit unserer Facebook-Freundschaft hatte jeder unserer mehr als 200 Kontakte Zugriff auf das Profil des jeweils anderen bekommen, ohne ihn jemals getroffen zu haben.

Ein Strom der Updates

Stellen Sie sich vor, Sie sitzen am Rand eines kleinen Quellflusses, lassen die Füße ins kühle Wasser baumeln und fragen sich, was Ihre Freunde wohl gerade so treiben. Anstatt jedoch zum Handy zu greifen, tun Sie erst einmal gar nichts. Denn das Bächlein, wie Sie natürlich wissen, ist ein besonderes Bächlein. In Richtung der Quelle sitzen Ihre Freunde, Familienmitglieder und andere wichtige Personen in Ihrem Leben, und jedes Mal, wenn jemand glaubt, Sie über etwas informieren zu müssen, schickt er ein Schifflein mit einer Botschaft los. Dieses segelt den Flusslauf hinunter und liefert die News ohne Umwege direkt zu Ihnen. Weil Sie etwa 130 Freunde haben, die ständig etwas zu berichten haben, reißt dieser Fluss an Nachrichten nie ab, und neben kurzen Texten werden auch Fotos, Videos und Links in Hülle und Fülle angeschwemmt. Ohne mit einem einzigen Menschen persönlich gesprochen zu haben, sind Sie plötzlich recht gut informiert, was Ihre Freunde den ganzen Tag so anstellen – vielleicht sogar etwas zu gut. Schließlich sitzen am Fluss vor Ihnen nicht nur Dichter, die vom schönen Wetter inspiriert ein paar wertvolle Zeilen reimen, sondern meistens Menschen, die, vom Alltag geplagt, Unflätiges, Bedenkliches oder Banales loswerden wollen.

Dieser Nachrichtenstrom heißt in Facebooks virtueller Welt »News Feed«, oft auch als »Stream« (Strom) bezeichnet, und ist das Herzstück jeder Profilseite. Er wurde im September 2006 eingeführt und ist neben einigen anderen Funktionen hauptverantwortlich für den Erfolg der Webseite. Zuvor musste man, um sich über Neuigkeiten aus dem Freundeskreis zu informieren, regelmäßig die Profile seiner Kontakte abgrasen und nachsehen, was diese in letzter Zeit veröffentlicht hatten. Mit dem News Feed ist das nicht mehr notwendig. Denn dieser schlau programmierte Algorithmus fasst für jedes Facebook-Mitglied in Echtzeit und verkehrt chronologischer Reihenfolge zusammen, wer was wann als Status-Update veröffentlicht hat, und präsentiert diese in einer nach unten nicht abreißen wollenden Abfolge (Kette) an persönlichen News. »Peter wurde in einem Album markiert«, »Rosa: It's party time! Yeah!« oder »Michael gefällt Spanien« – im News Feed gibt es immer etwas zu lesen und zu sehen. Außerdem kann man von den Meldungen aus über Links direkt auf Profile, Fotos, Videos, Gruppen, Seiten oder externe Web-Inhalte zugreifen, was viele dazu verführt, noch mehr Zeit bei Facebook zu verbringen. Außerdem ist der News Feed hochgradig interaktiv: Man kann Status-Meldungen direkt kommentieren, Videos abspielen, Kommentare mit einem »Gefällt mir« bewerten, Veranstaltungen zu- oder absagen und sogar Kontakte, die nicht mehr interessant sind, künftig verbergen lassen. Keinen News Feed gibt es zwei Mal, nicht einmal dann, wenn zwei Mitglieder dieselben Freunde haben, denn Facebook filtert diesen Nachrichtenstrom automatisch.

Der News Feed ist in zwei Bereiche eingeteilt: Unter »Neueste Meldungen« kann man tatsächlich alle Aktivitäten, die die Facebook-Freunde öffentlich gemacht haben, abrufen, was allerdings unübersichtlich ist. Von der Information, wie viele Freunde Thomas heute hinzugefügt hat, bis zu der Meldung, dass Ute heute 23 Fotos von Andrea kommentiert hat, erfährt man hier viel zu viel. Deswegen präsentiert Facebook, wenn man seine persönliche Startseite aufruft, immer die »Hauptmeldungen«. Diese werden aus allen Benachrichtigungen, die von den Profilen der Freunde ausgeschickt werden, gefiltert, und zwar nach einem nicht öffentlich bekannten Regelwerk. Einige von Facebook-Programmierern geschriebene Code-Zeilen bestimmen so darüber, welche Status-Updates man zuerst zu sehen bekommt und welche in der Meldungsflut unter »Neueste Meldungen« untergehen. Man kann jedoch davon ausgehen, dass die Auswahl der Inhalte auf dem eigenen Nutzungsverhalten basiert. Von Facebook-Freunden, mit denen man viel interagiert, bekommt man in der Regel mehr zu lesen als von Kontakten, denen man noch nie eine Nachricht geschickt und mit denen man keine oder nur wenige gemeinsame Freunde hat. Außerdem haben Meldungen, die viele Freunde mit einem »Gefällt mir« versehen oder kommentiert haben, eine bessere Chance, im News Feed aufzutauchen. Direkten Einfluss etwa durch modifizierbare Einstellungen darauf, nach welchen Regeln der News Feed gefiltert wird, hat man aber nicht.

Als Facebook die Funktion am 5. September 2006 einführte, sorgte sie für den größten Nutzer-Aufstand in der Geschichte der Firma. Ein Student namens Ben Parr gründete die Gruppe »Students Against Facebook News Feed«, der in weniger als einer Woche mehr als 700.000 Mitglieder beitraten, außerdem formierte sich Widerstand in über 500 anderen Gruppen. Insgesamt forderten eine Million Nutzer (zum damaligen Zeitpunkt etwa jeder Zehnte), dass der News Feed wieder abgedreht werden solle. Facebook war zu weit gegangen: Denn der News Feed holt Status-Meldungen automatisch von anderen Profilen und macht die Facebook-Aktivitäten jedes Einzelnen viel öffentlicher und einsehbarer als jemals zuvor. Die Webseite bekam sogar einen neuen Spitznamen: Stalkerbook. Viele Nutzer, vor allem weibliche, fühlten sich von anderen verfolgt, weil sie keine Übersicht mehr darüber hatten, wer ihre Status-Updates mitlas. Außerdem ergab sich durch den Algorithmus ein anderes Problem: Inhalte, die man veröffentlichte, konnten nicht mehr gelöscht werden, da sie sofort auf Hunderte andere Profile verteilt wurden. »Die Einführung des News Feed war mit Sicherheit der schwerste Rückschlag in der Geschichte von Facebook: Wir hatten damals zehn Millionen Nutzer und eine Million hat aktiv dagegen protestiert. Sie protestierten sogar vor unserem Büro, es war verrückt«, sagte Mark Zuckerberg Ende Mai 2010 im Rahmen einer Pressekonferenz, der ich beiwohnte. Facebook musste 2006 zurückrudern und neue Privatsphäre-Einstellungen einführen, um die wütende Masse zu beruhigen. Der Protest legte sich tatsächlich, und der News Feed ließ die Zugriffe auf die Webseite von zwölf Milliarden Seitenaufrufen im August auf 22 Milliarden Seitenaufrufen im Oktober 2006 schnellen.[2] Der ehemalige Protestführer Ben Parr arbeitet heute übrigens für Facebook.

Der News Feed sorgt auch heute für unglaubliche Mengen an Daten: Pro Woche werden laut Facebook-Manager Tom Cook sechs Milliarden Inhalte (vom Status-Update bis zum Video) auf Facebook veröffentlicht. Im Schnitt trägt jeder der mehr als 500 Millionen Nutzer etwa 15 Inhalte pro Woche bei, unter anderem auch über die »Facebook Share«-Knöpfe, die viele Webseiten integriert haben und damit erlauben, Inhalte bei Facebook zu verlinken. Untersuchungen, die die Augenbewegungen von Facebook-Nutzern auf dem Monitor analysieren, zeigen, dass die Aufmerksamkeit ganz eindeutig auf dem News Feed liegt. Auf der Video-Plattform YouTube hat das Marktforschungsunternehmen Mulley Communications einen Clip hochgeladen, der das genau veranschaulicht: Der Clip zeigt auf einer sogenannten »Heat Map« (Hitze-Karte), wie die Blicke eines eingeloggten Facebook-Mitglieds über die Webseite wandern. Während die Homepage links und rechts weiß bleibt, färbt sich die Heat Map in der Mitte rot – ein eindeutiger Hinweis darauf, dass hauptsächlich der News Feed in der Mitte des Profils angeschaut wird, der Rest eher uninteressant zu sein scheint.[3] Facebook ist sich des enormen Wertes dieser Technologie, die die Besucher an die Seite bindet und die Nutzung intensiviert, bewusst. Im August 2009 wurde die Firma FriendFeed, die von den ehemaligen Google-Mitarbeitern Paul Buchheit, Jim Norris, Sanjeev Singh and Bret Taylor gegründet wurde, um 47,5 Millionen Dollar (37,6 Millionen Euro) aufgekauft. FriendFeed hatte sich zuvor das Schlagwort »Echtzeit-Web« auf die Fahnen geschrieben und lässt in den Nutzer-Profilen verschiedenste Quellen (Facebook, Twitter, YouTube etc.) zusammenlaufen. Die Aktivitäten von Freunden und Kontakten werden in zeitlicher Abfolge gelistet und sollen dem Nutzer einen Überblick über verschiedene Mitmach-Plattformen geben. Die Idee ist dem News Feed bei Facebook sehr ähnlich und der einstige FriendFeed-Chef Bret Taylor ist heute nicht zufällig CTO (technischer Leiter) in Zuckerbergs Firma.

Außerdem ließ man sich im Februar 2010 den News Feed in den USA patentieren (Patentnummer 7669123), obwohl Webdienste wie Twitter oder Flickr sehr ähnliche Funktionen schon einige Zeit vor Facebook eingeführt hatten. Der befürchtete Patent-Krieg ist bisher ausgeblieben; der deutsche Konkurrent StudiVZ, der mit Facebook bereits vor Gericht zu tun hatte, scheint jedenfalls keine große Angst vor einer Klage zu haben. Anfang Juli 2010 wurde der »Buschfunk« technisch so aufgerüstet, dass er in seiner Funktionalität stark an den News Feed bei Facebook erinnert.

Fotos und Videos
»Er wollte Speed und er wollte Fotos«, erzählte mir Rich Maggiatto, Chef von Zinio.com, im Mai 2010 in San Francisco über Mark Zuckerberg. Bevor Maggiatto seinen Webdienst für digitale Magazine und Bücher nach oben brachte (über 100 Mitarbeiter arbeiten für ihn im zehnten Stock eines Hochhauses in San Francisco), hätte er beinahe bei Facebook zu arbeiten begonnen. Geschwindigkeit und Fotos hängen bei Facebook eng zusammen: Die Webseite muss Bilder auf der ganzen Welt in Sekundenbruchteilen auf die Monitore der Mitglieder bringen und gleichzeitig jedem Nutzer erlauben, so viele Fotos wie nur möglich in die Profile zu laden. Die User lieben die Foto-Funktion: Bis Ende 2009 waren auf Facebook-Servern unglaubliche 30 Milliarden digitale Bilder abgespeichert worden, was die Webseite mit Abstand zum größten Foto-Portal im Internet macht. Auf Fotos spezialisierte Plattformen wie Flickr (gehört Yahoo!) oder Photobucket (gehört dem MySpace-Eigner News Corp.) können bei Weitem nicht solche Zahlen vorweisen: Photobucket hat eigenen Angaben zufolge neun Milliarden, Flickr mehr als vier Milliarden Fotos. Aufholen wird in den nächsten Jahren kaum jemand, denn laut Facebook-Manager Tom Cook kommen pro Monat etwa drei Milliarden Bilder dazu. Ende 2010 sind bei Facebook somit über 65 Milliarden Schnappschüsse gespeichert. Im Schnitt lädt jeder Nutzer sieben bis acht Bilder pro Woche hoch, was denkbar einfach ist: Man erstellt ein neues Album, markiert die Dateien auf der Festplatte (maximal fünf Stück mit maximal fünf Megabyte auf einmal), bestätigt, dass man die Rechte für die Aufnahmen besitzt, und spielt sie mit einem Klick ein. Besitzer von Apple-Computern sind privilegiert: Sie können über die Software »iPhoto«, die auf jedem neuen Mac vorinstalliert ist und der Organisation eines privaten Archivs dient, ebenfalls ihre Inhalte hochladen. Dabei gibt es keine

Beschränkungen der Stückzahl: In einem Album wählt man seine Lieblingsaufnahmen aus, klickt rechts unten auf ein kleines Facebook-Symbol, und schon wandern sie in jenes Profil des Online-Netzwerks, das man mit iPhoto verknüpft hat. Allerdings werden – wie bei den meisten Facebook-Fotos – nicht die Originalgrößen hochgeladen, sondern Miniaturen, die nicht so viel Speicherplatz brauchen. Via Handy und mobilem Web lassen sich Bilder ebenfalls sehr leicht bei Facebook einspielen. Jede Smartphone-App (vom iPhone bis zu Nokia-Geräten) hat eine Funktion, mit der man Dateien vom Telefonspeicher auf sein Profil kopieren kann. Außerdem gibt es die Möglichkeit, via E-Mail Fotos an seinen Account zu senden. Dabei bekommt jeder Nutzer eine eigene E-Mail-Adresse, die seinem Profil zugeordnet ist – würde ich Ihnen meine verraten, könnten Sie meine Alben sehr leicht mit Aufnahmen füllen, die mir möglicherweise gar nicht recht wären. Außerdem haben einige Mobilfunk-Anbieter spezielle Verträge mit Facebook, um ihren Kunden einen Foto-Upload auch via SMS zu erlauben (in Österreich ist es der Anbieter Drei, Stand Juli 2010).

Mobiltelefon, Software, Web, E-Mail: Facebook tut sehr viel dafür, um möglichst viele digitale Bilder von den Festplatten der Nutzer auf seine Server zu saugen und wird auch in Zukunft immer neue Funktionen einführen, die das erleichtern. Eine Möglichkeit sind Digitalkameras: Immer mehr Modelle verfügen über WLAN-Funk, um Schnappschüsse kabellos an einen Computer oder gleich direkt ins Web schicken zu können. Es ist nur eine Frage der Zeit, bis es Digicams gibt, die Fotos ins eigene Profil hochladen und dafür nur einen der immer öfter verfügbaren WLAN-Hotspots brauchen. Der Hersteller Kodak etwa ist im Sommer 2010 auf diesen Trend aufgesprungen und hat eine ganze Reihe von Digicams mit einem »Share«-Knopf ausgerüstet. Sind die Kameras mit einem Computer verbunden, soll man so mit einem Knopfdruck ausgewählte Bilder direkt bei Facebook hochladen können. Kodak geht dabei von einer sehr nachhaltigen Entwicklung aus: In einer internen Studie, die ich mir genauer ansehen durfte, geht der Kamerahersteller davon aus, dass 2010 weltweit etwa 480 Milliarden digitale Fotos aufgenommen werden, etwa 300 Milliarden davon mit Digitalkameras und knapp 180 Milliarden mit Handys. Ein vernachlässigbarer Anteil kommt von Camcordern und Scannern. 2009 haben laut Kodak-Studie Internetnutzer in signifikantem Ausmaß damit begonnen, massenweise Fotos im sogenannten Web 2.0 zu verteilen, in erster Linie also bei Facebook. Bis 2013 soll sich das Volumen jener Fotos, die im Mitmach-Netz landen, etwa versechsfachen, also seit 2009 von etwa 50 Milliarden auf 300

Milliarden Stück vier Jahre später. Facebook hat 2009 also grob geschätzt 60 % aller Web-2.0-Bilder bei sich versammelt und wird 2013 voraussichtlich 180 Milliarden Fotos auf seinen Servern liegen haben.

Aus Nutzersicht gibt es somit Milliarden Gründe, täglich bei Facebook vorbeizuschauen, und so werden pro Sekunde 1,2 Millionen Fotos aufgerufen. Die Facebook-Server, von denen es Mitte 2010 etwa 60.000 Stück gab, schaffen das übrigens nicht allein, sondern müssen von einem sogenannten »Content Delivery Network« (CDN), wie es etwa der Marktführer Akamai anbietet, unterstützt werden. Dabei werden große Daten wie Fotos und Videos auf Servern des CDN-Anbieters möglichst nah bei den Nutzern zwischengelagert und von dort ausgeliefert. Mark Zuckerberg hat sich als ein hervorragender Kenner des menschlichen Medienkonsums erwiesen, als er »Speed und Fotos« wollte. Bildreiche Zeitungen verkaufen sich in der Regel besser als textlastige Blätter und über den Erfolg des Fernsehens muss man an dieser Stelle wohl kein Wort verlieren. Auch im Web gilt das Prinzip: Nachrichten-Portale servieren sehr oft Bilderstrecken, um die Zeit, die die Nutzer auf der Webseite verbringen, zu erhöhen. Im Facebook-Hauptquartier kennt man die Magie des Bilderschauens ebenfalls und spricht dort von der »Facebook Trance«. Dieser Zustand des Sich-durch-Fotoalben-Klicken, der die Nutzer fast zu hypnotisieren scheint, ist einer der Hauptgründe, warum so viel Zeit bei Facebook verbracht wird – denn zu sehen gibt es immer etwas. Die Programmierer haben einige unscheinbare, aber sehr effektive Techniken bei den Fotos eingebaut, die nur dazu dienen, den Betrachter länger in der Fotosektion zu halten. Um von einem Foto zum nächsten zu hüpfen, muss man nicht mit der Maus auf einen kleinen »Weiter«-Knopf drücken, sondern klickt einfach auf das gerade eingeblendete Bild. Die Bilderschau versteht auch Tastenbefehle: Mit den Pfeiltasten des Computer-Keyboards kann man die Slideshows ebenfalls steuern.

Man kann aber nicht nur viel Zeit mit dem Betrachten, sondern auch mit dem Bearbeiten der Fotos verbringen. Jedem Foto lässt sich eine Bildunterschrift verpassen, doch noch wichtiger ist die »Tagging«-Funktion: Mit einem Klick auf eine abgebildete Person erstellt man einen »Tag« (engl. für Markierung), dem man dann einen Namen zuordnet. Facebook schlägt dabei zuerst die eigene Freundesliste vor, weil davon ausgegangen wird, dass man einen Menschen, mit dem man bei Facebook vernetzt ist, markieren will. Wählt man einen seiner Kontakte aus, wird die Markierung mit dessen Namen verknüpft. Sieht sich später ein anderer Nutzer das Bild an und entdeckt die markierte Person, kann er auf diesen Tag klicken und gelangt so auf dessen Profil. Das Taggen von Personen auf Fotos ist eine sehr beliebte Funktion bei Facebook geworden und hat Millionen Menschen mit Milliarden Fotos vernetzt. Der Mobilfunker Orange in Großbritannien hat daraus sogar einen Weltrekordversuch gemacht: Auf einer eigens eingerichteten Webseite[4] wurde eine hochauflösende Panoramaaufnahme vom Glastonbury-Festival, einem der größten Open-Air-Veranstaltungen der Welt, hochgeladen, auf der geschätzte 70.000 Besucher zu sehen sind. Facebook-Nutzer wurden dazu aufgefordert, möglichst jede der abgebildeten Personen zu taggen und so mit deren Facebook-Profil zu verlinken.

Natürlich würde niemand daran gehindert werden, auf diesem Foto – wie auch auf jedem anderen – ein Zelt, den Himmel, einen Grashalm oder gar eine falsche Person zu taggen. Das passiert natürlich andauernd, auch ich wurde von ein paar Spaßvögeln bereits als Mitglied einer japanischen Familie, als Transformer oder als Teddybär getaggt. Das dürfte auch Facebook gewurmt haben – schließlich ist es das deklarierte Ziel, möglichst echte Informationen über die Nutzer zu bekommen. Ende Juni 2010 hat man deswegen eine Funktion eingeführt, die neu hochgeladene Fotos scannt und Gesichter, die darauf zu sehen sind, automatisch markiert. So könnte man die User in Zukunft von der Idee abbringen, Tiere, Comicfiguren oder Fremde einem Profil zuzuordnen, gänzlich verhindern wird man es aber wohl nicht können. Im Fotobereich hat Facebook allerdings noch viele Möglichkeiten offen: So könnte man die Gesichtskontrolle verbessern und Personen, die ein Facebook-Profil haben, automatisch erkennen und markieren. Ich gehe außerdem davon aus, dass sich Facebook-Fotos auch mit einer Geolocation, also dem Ort der Aufnahme, versehen lassen werden. Bei Flickr ist das schon möglich: Im Bearbeitungsmodus kann man dort seine Bilder auf eine Weltkarte ziehen und eine Position bestimmen, an der man das Bild geknipst hat. Für andere Nutzer sind diese Bilder dann nicht mehr über Schlagworte zu finden, sondern auch über ihre Koordinaten. Auch im Bereich der Verschlagwortung wird Facebook ziemlich sicher nachbessern und Fotos mit bestimmten Stichwörtern, die mit Interessen und Facebook-Seiten von Marken und Firmen korrespondieren, taggen lassen. Das Know-how und das Personal, das diese Neuerungen umsetzen kann, hat sich das Online-Netzwerk bereits eingekauft. Im April 2010 wurde der Fotodienst Divvyshot rund um Gründer Sam Odio übernommen, der mittlerweile abgedreht wurde. Divvyshot war auf die Verwaltung von hochauflösenden Bildern spezialisiert und bot zahlreiche Funktionen, um diese mit Freunden und Familie zu teilen. Über den Kaufpreis wurde Stillschweigen gehalten,

Odio ließ die Öffentlichkeit lediglich wissen: »Wir sind froh anzukündigen, dass wir ein Angebot erhalten haben, das wir nicht ablehnen können.« Die Technologie von Divvyshot wird, davon kann man ausgehen, früher oder später bei Facebook wieder auftauchen.

»Facebooks nächster Trick: Video« – so betitelte der renommierte Hightech-Blog Techcrunch Anfang Juni 2010 einen seiner Berichte über Trends aus dem Silicon Valley. Dem Artikel zufolge soll Facebook in den USA bereits zu den Top 5 Video-Portalen gehören und im Laufe des Jahres die Angebote von Yahoo! und Fox Interactive Media (den Besitzern von MySpace) überholen. Microsoft, Viacom (z. B. MTV) oder Hulu (ein Webdienst, der TV-Serien und Filme streamt) könnte Facebook bereits hinter sich lassen.[5] Videos sind bei Facebook dem Bereich »Fotos« untergeordnet, werden in Zukunft aber an Bedeutung gewinnen. Für Videos gelten im Prinzip die gleichen Regeln wie für Fotos: Man kann sie direkt über die Webseite hochladen, aber auch vom Handy aus an das Online-Netzwerk schicken und natürlich Personen darin taggen. Mitte Juni 2010 meldete Facebook-Sprecherin Meredith Chin der New York Times, pro Monat würden 20 Millionen Videos bei Facebook hochgeladen.[6] Verantwortlich für das Wachstum sind in erster Linie Smartphones, die immer stärker auf Videoaufnahmen setzen. So ist etwa das iPhone 4, von Apple im Mai 2010 auf den Markt gebracht, vor allem auf bewegte Bilder ausgerichtet. Die verbaute Kamera schafft High-Definition-Aufnahmen und kann auch bei der Videoaufnahme fokussieren. Mit »iMovie« wurde gar ein eigenes Mini-Programm für das Apple-Handy entwickelt, mit dem man direkt am Gerät Clips bearbeiten und schneiden kann. Außerdem gibt es eine Vielzahl sonstiger Kamera-Handys und Mini-Camcorder, die für solche Inhalte sorgen, die später bei Facebook landen.

Pro Monat werden zwei Milliarden Videos auf Facebook abgespielt. Das alles ist natürlich nur ein Bruchteil dessen, was sich bei YouTube, Googles Video-Plattform, abspielt. Dort werden täglich zwei Milliarden Clips angesehen, also pro Monat etwa das 30-Fache wie bei Facebook. Allerdings müssen auch Giganten wie YouTube auf die aufstrebende Konkurrenz achten, denn im Web wendet sich das Blatt schneller als anderswo. Je mehr Zeit Internetsurfer bei Facebook verbringen und je mehr Geräte und Software auf den Markt kommen, die den Video-Upload in das Freunde-Netzwerk erlauben, desto eher könnte Facebook nach der größten Foto-Plattform auch zur größten Video-Plattform werden.

Gruppen, Seiten und Communitys

Neben den Profilen der Nutzer gibt es bei Facebook drei weitere Typen von Seiten: offizielle Seiten (Pages), Gruppen (Groups) sowie Gemeinschaftsseiten (Community Pages). Sie dienen dazu, neben Informationen über Privatpersonen auch Daten über Firmen, Interessengruppen und alle möglichen anderen Themengebiete in das Facebook-System aufzusaugen. Wichtig dabei sind die Pages bzw. öffentlichen Seiten, die Unternehmen, Marken, Produkten, Organisationen sowie Personen, die im öffentlichen Leben stehen (Musiker, Politiker, Schauspieler etc.), vorbehalten sind. Sie sind im Prinzip nichts anderes als vereinfachte Homepages innerhalb von Facebook, die sich in den Funktionen von den Profilen der Normalnutzer unterscheiden. Von US-Präsident Barack Obama über Schauspieler Vin Diesel bis zur Kaffeehaus-Kette Starbucks haben Millionen Unternehmen und Berühmtheiten Facebook-Seiten für sich eingerichtet. Zentrales Merkmal dieser Pages ist, dass man sie »liken« kann, also seinen Gefallen mit einem Klick auf den »Gefällt mir«-Knopf äußern kann. Dadurch wird eine Verbindung zwischen einer Page und einem Profil hergestellt: Wenn mir Barack Obama, Cristiano Ronaldo oder Bob Marley gefallen, kann ich deren Facebook-Seiten meinem Profil zuordnen und damit meine Interessen und Vorlieben kundtun. Facebook-Seiten mit den meisten »Fans«, wie es bis zur Einführung des »Like«-Buttons geheißen hat, sind Spiele wie »Texas Hold'em Poker«, Schauspieler (Will Smith), Musiker (Linkin Park, Beatles), Filme und TV-Serien (»Two And A Half Men«, »The Hangover«) sowie Dinge wie »Pizza« oder Facebook selbst. Ein Richtwert: Seiten, die über eine Million »Likes« sammeln konnten, kann man als sehr erfolgreich bezeichnen, mehr als zehn Millionen »Likes« sind nur einer Handvoll Pages wie jenen von Barack Obama oder Lady Gaga beschieden. Neben Status-Updates bieten diese Facebook-Seiten Fotos, Videos, Veranstaltungen oder ein Diskussionsforum – im Wesentlichen also alle Funktionen, die eine herkömmliche Homepage auch hat. Als Betreiber einer Page bekommt man außerdem in einer wöchentlichen E-Mail zusammengefasst, wie viele neue »Gefällt mir«-Klicks dazugekommen sind, wie viele Kommentare die Nutzer abgegeben haben und wie viele Besucher insgesamt auf die Seite geschaut haben. Außerdem wird die Möglichkeit geboten, sogenannte »Targeted Updates« an die Nutzer zu schicken: Will Justin Bieber nur seine weiblichen Facebook-Fans unter 20 in Deutschland wissen lassen, dass er demnächst ein Konzert gibt, kann er das tun. Da viele Facebook-Seiten mittlerweile als echter Homepage-Ersatz angesehen werden, können sie von mehreren Administratoren, die der Betreiber bestimmt,

25

verwaltet werden. Bis Anfang April 2010 hat jedes Facebook-Mitglied Pages für jede erdenkliche Person, Marke oder Firma anlegen können. Das ist heute aber nur mehr dem rechtmäßigen Vertreter einer berühmten Persönlichkeit, einer Marke oder einer Firma vorbehalten. Legt man als Privatperson eine Seite für Coca-Cola an, weil man das Getränk gerne mag, verstößt man gegen die Nutzungsbedingungen und riskiert eine Sperre. Insidern zufolge überwacht Facebook allerdings nicht händisch, sondern mithilfe eines geheimen Algorithmus, ob eine Page von ihrem rechtmäßigen Besitzer betrieben wird oder nicht.

Was Privatnutzer aber seither tun dürfen, ist, sogenannte Gemeinschaftsseiten (Community Pages) zu erstellen. Diese sollen sich um bestimmte Themen wie »Kochen«, »Urlaub in Italien« oder »Bier« drehen und gehen ab einer gewissen Größe (einige Tausend Fans) in das Eigentum der Facebook-Gemeinschaft über. Jede Gemeinschaftsseite verfügt über eine Pinnwand, einen Video- und Foto-Bereich, Diskussionsforen, einen Veranstaltungskalender und bietet somit alle Grundfunktionen, um den Austausch zu dem Thema zu ermöglichen. Um die Gemeinschaftsseiten in Gang zu bekommen, hat Facebook in die ersten Seiten der neuen Gattung die passenden Wikipedia-Artikel eingebettet und will aus den Community-Pages offensichtlich eine Art zweites Online-Lexikon machen, das von den Mitgliedern geschrieben und regelmäßig aktualisiert wird. Bisher sind diese Gemeinschaftsseiten aber wenig in Erscheinung getreten und ein Stiefkind der offiziellen Facebook-Seiten geblieben.

Um die Verwirrung perfekt zu machen, bietet Facebook zusätzlich Gruppen an, deren Abgrenzung zu den Gemeinschaftsseiten nicht ganz klar ist. Gruppen sollen dazu dienen, über »berufliche Interessen und Hobbys« mit anderen Facebook-Nutzern zu kommunizieren. Anders als Seiten und Gemeinschaftsseiten kann man Gruppen auf »geschlossen« halten und als Administrator darüber entscheiden, wer Mitglied wird. Außerdem kann man sie auch auf »geheim« setzen und sie so aus den Suchergebnissen nehmen. Gruppen erfreuen sich bei Facebook enormer Beliebtheit und werden für die unterschiedlichsten Dinge – von der wöchentlichen Organisation des privaten Wiesen-Kicks bis zur Koordination von Flashmobs und Partys – eingesetzt. Die Wasserschlacht Mitte Juli am Wiener Stephansplatz mit einigen Hundert Teilnehmern wurde ebenso über eine Facebook-Gruppe organisiert wie ein riesiges Saufgelage beim Pariser Eiffelturm, für das sich 13.000 Menschen anmeldeten. Diese »Apéro Géants«, wie die Massenbesäufnisse bald getauft wurden, hatten in Nantes tragischerweise ein Opfer zur Folge:

Ein 21-Jähriger stürzte Mitte Mai 2010 schwer betrunken von einer Fußgängerbrücke zu Tode. Etwa einen Monat zuvor machte eine US-Studentin mit dem von ihr über eine Facebook-Gruppe initiierten »Boobquake«-Tag von sich reden. Aus Protest gegen die Erklärung des iranischen Geistlichen Kasem Sedighi, Frauen mit freizügiger Kleidung würden Unzucht in der Gesellschaft verbreiten, brachte sie 185.000 Menschen dazu, an einem Montag im April 2010 nur leicht bekleidet bei der Arbeit zu erscheinen. Dass Facebook-Gruppen zu mehr als für Hobby-Pflege benutzt werden, zeigen auch folgende traurige Beispiele: Der Gruppe »Kinderschänder, für euch eröffnen wir wieder Mauthausen!!« stimmten mehr als 13.000 überwiegend österreichische Nutzer zu, bevor sie nach wenigen Tagen gelöscht wurde. In Hongkong, wie Spiegel Online im November 2009 berichtete, schlossen sich mehrmals mehr als hundert Nutzer zu Selbstmordgruppen zusammen, um sich gegenseitig zum Suizid zu ermuntern. Die Gruppen wurden gelöscht, die Polizei forschte einen Teenager aus der Region als Urheber aus.[7]

Die Plattform

Facebook ist mit seinem Chat, seinen Status-Updates, Fotos und Gruppen eine sehr mächtige Kommunikationsmaschine, aber Facebook ist noch viel mehr. Denn die Firma aus Palo Alto hat geschafft, wonach die meisten Technologie-Firmen dieser Welt streben: Sie ist eine Plattform geworden. Den Begriff (»platform«) hat Microsoft-Gründer und Multi-Milliardär Bill Gates in die Technik-Welt eingeführt: Er beschreibt ein Konzept, nach dem alle erfolgreichen großen IT-Unternehmen der Welt funktionieren. Eine Plattform kann man sich tatsächlich als Plateau vorstellen, als breites Fundament, auf dem andere Firmen aufbauen. Microsoft hat mit dem Betriebssystem Windows, das heute noch die dominante Software ist, auf der PCs laufen, eine solche Plattform geschaffen: Windows liefert die Basis dafür, auf der andere Software-Entwickler ihre Produkte aufsetzen können, ohne bei null – also ein Betriebssystem für die Hardware – anfangen zu müssen. Von Adobe, dem Hersteller des Bildbearbeitungs-Programms »Photoshop«, über Mozillas Firefox-Browser bis hin zu Tausenden Computerspielen, sie alle bauen auf Windows auf. Microsofts ewiger Rivale Apple ist ebenfalls eine Plattform, und zwar in mehrerlei Hinsicht: Das Mac-OS-X-Betriebssystem ist ein Fundament für Software-Entwickler, der iPod ein Produkt, für das Dritthersteller Sound-Docks verkaufen, das iPhone ein Gerät, für das Programmierer Apps, also mehr oder weniger nützliche Mini-Programme designen. Die Liste der Plattformen ließe sich endlos fortsetzen, auch der Online-Händler

Amazon und die Auktions-Plattform eBay, das Plauder-Portal Twitter und das Handy-Betriebssystem Android sind Plattformen.

Anders ausgedrückt: IT-Riesen machen sich, wenn sie eine gewisse Größe erlangt haben, fast immer selbst zu einem Markplatz, anstatt weiterhin alles selbst zu entwickeln. Damit lagern sie die zeit- und kostenintensive Produktion von immer neuen Angeboten und Waren an kleinere Firmen aus und festigen dadurch ihre eigene Marktposition, weil sie den Kunden auf diese Weise mehr Service und Produkte offerieren können als zuvor. Als Zentrum ihres eigenen Ökosystems müssen sie nur mehr dafür Sorge tragen, dass die Plattform stabil ist, und sie können die Regeln definieren. Apple etwa wird immer wieder dafür gerügt, den App Store, in dem Mini-Programme für das iPhone gehandelt werden, zu stark zu reglementieren, weil es immer wieder Apps gibt, die nicht ins Programm aufgenommen werden (meist handelt es sich dabei um Anwendungen pornografischen Inhalts). Microsoft muss seit 17. März 2010 auf EU-Entscheid hin zusätzlich zu seinem Internet Explorer alternative Browser zum Download anbieten, um einen fairen Wettbewerb zwischen den immer wichtiger werdenden Programmen zu gewährleisten.

Seit dem 24. Mai 2007 ist Facebook ebenfalls eine Plattform. Laut David Kirkpatrick, Autor von »The Facebook Effect«, soll Mark Zuckerberg bereits seit 2005 davon geträumt haben, sein Baby in einen Marktplatz für andere Entwickler zu verwandeln. In seinem Streben nach dieser außergewöhnlichen Marktposition soll er es damals sogar geschafft haben, sich von Bill Gates, dem Vater aller Software-Plattformen, beraten zu lassen.[8] Zwei Jahre später war es so weit: Zuckerberg konnte in San Francisco die »Facebook Platform« vorstellen, eine neue Möglichkeit für Entwickler, Zusatz-Programme für die aufstrebende Webseite zu entwickeln. Zum Start wurden etwa »Causes«, ein Dienst, der hilft, Spenden unter Facebook-Mitgliedern zu sammeln, oder die populäre App »iLike«, über die man Songs seiner Lieblingsbands zu Playlisten arrangieren und abspielen kann (iLike wurde ironischerweise 2009 vom Facebook-Konkurrenten MySpace aufgekauft), vorgestellt. Seither hat sich die »Facebook Platform«, glaubt man den offiziellen Zahlen, prächtig entwickelt: Laut Facebook gibt es mehr als eine Million Programmierer und Unternehmer auf der ganzen Welt, die Facebook-Anwendungen entwickeln und anbieten. Mitte 2010 sind mehr als 550.000 dieser Zusatzdienste verfügbar und etwa 70 % aller Facebook-Mitglieder sollen mindestens ein Mal pro Monat eine oder mehrere dieser Apps verwenden. Anders, als es sich Zuckerberg und sein Team wohl erhofft haben, ist die »Facebook Platform« in erster Linie ein Tummelplatz für Spiele geworden. Dem Analysedienst App-

Data (http://www.appdata.com) zufolge waren im Juli 2010 sieben der zehn meist genutzten Anwendungen Games, vom Kartenspiel »Texas Hold'em Poker« über den Klassiker »Mafia Wars« bis hin zum Riesenerfolg »Farm-Ville«, bei dem die Spieler eine virtuelle Landwirtschaft aufbauen. Die Facebook-Games – und andere Apps wie Quizze, virtuelle Geburtstagskarten oder Anbindungen für externe Webdienste wie Twitter – sind nicht deshalb so beliebt, weil sie revolutionär, vollkommen neuartig oder optische Leckerbissen sind. Ihr Erfolg lässt sich auf drei Faktoren zurückführen: Erstens sind sie einfach zu bedienen und können direkt auf der Webseite von Facebook verwendet werden, ohne dass man sich bei einem anderen Internetdienst registrieren muss. Zweitens sind sie hochgradig sozial, weil sie fast immer die gemeinsame Nutzung mit Facebook-Freunden erlauben. Und drittens sind sie gratis – ein Argument, das im Internet immer zieht.

Facebook konnte die Früchte seiner Arbeit bald ernten: Innerhalb eines Jahres schnellte die Nutzerzahl von 24 Millionen registrierten Mitgliedern auf 70 Millionen hoch. Auf den Schultern des Online-Netzwerks wuchsen neue Größen der Internet-Branche heran, allen voran der Spiele-Anbieter Zynga (»FarmVille«, »Mafia Wars«). Auch der Silicon-Valley-Pionier Max Levchin, der in den späten 1990ern den Online-Bezahldienst PayPal mitentwickelte und später für 1,5 Milliarden Dollar an eBay verkaufte, setzt heute mit seiner neuen Firma Slide.com voll auf die Entwicklung von Facebook-Applikationen und versorgt pro Monat mehr als 27 Millionen der Nutzer mit Zusatzanwendungen wie »FunSpace«, »Top Friends« oder »SuperPoke«. Die Firma mit Sitz in San Francisco kann 125 Mitarbeiter aus den Einnahmen mit den Facebook-Applikationen bezahlen, denn auch wenn sie gratis angeboten werden, lässt sich mit ihnen Geld verdienen: Es werden Online-Anzeigen geschaltet und virtuelle Güter verkauft. Anwendungen werden von Firmen auch gerne im Marketing verwendet, um die Nutzer an sich zu binden. So hat die Wiener Software-Schmiede »Die Socialisten« (http://die.socialisten.at/) rund um Andreas Klinger etwa »Mein Klub« für die deutsche Bild-Zeitung gebastelt, über die Nutzer Neuigkeiten über ihr favorisiertes Team bei der Weltmeisterschaft in Südafrika beziehen konnten, oder für den größten österreichischen Radiosender Ö3 den »Ö3 Live Player« programmiert, der den Radio-Stream direkt über ein Facebook-Profil abspielen ließ.

Doch nicht nur Profis basteln Facebook-Apps. Bei einem Aufenthalt in New York 2009 zeigte mir mein Zimmervermieter, als er mitbekam, dass ich IT-Journalist bin, stolz eine App, die er selbst programmiert hatte. Sie sammelte Daten aus den Event-Kalendern der Freunde und zeigte in übersichtlichen Torten- und Balkengrafiken an, wer wie oft Party in welchen Bars und Clubs gemacht hat. Als der Vermieter mein Profil analysieren ließ, fühlte ich mich sofort durchschaut und ausspioniert. Doch eine andere Sache beunruhigte mich später noch mehr: Indem man die App in seinem Profil installiert, erlaubt man dem Macher der Anwendung den Zugriff auf bestimmte Daten. Für die Party-App etwa musste ich zustimmen, Informationen meines Facebook-Kalenders und meiner Freunde an den Anbieter zu geben, damit die App wie vorgesehen funktioniert. Die Datenweitergabe an Dritte ist deswegen notwendig, weil die Anwendungen nicht auf den Facebook-Servern, sondern auf den Servern des Anbieters gerechnet werden. Seit April 2010 dürfen Facebook-Entwickler diese Nutzerdaten nicht nur 24 Stunden, sondern unbegrenzt speichern – allerdings ist hier anzumerken, dass vor dieser Neuregelung niemand kontrolliert hat, was innerhalb der 24 Stunden mit den Informationen passiert und ob der App-Anbieter sie tatsächlich von seinen Servern löscht. Im Falle meines Gastgebers wurde mir, so nett er auch war, mulmig zumute. Abgesehen davon, dass er nicht unbedingt wie ein Experte in Datensicherung wirkte, ließ er seine Wohnung mitten in Hell's Kitchen, einem Viertel in Manhattan, unversperrt. Theoretisch hätte hier jeder hereinspazieren können und sich Datensätze von einigen Hundert Facebook-Mitgliedern auf den USB-Stick laden können. Ich will damit nicht sagen, dass das auch passiert ist, das Beispiel zeigt jedoch, wo die Daten, die eigentlich Facebook anvertraut werden, mit ein paar unbedachten Klicks landen können.

Die dunklen Seiten der »Facebook Platform« wurden mir ein weiteres Mal bewusst, als ich in San Francisco Ende Mai 2010 einem Entwickler-Treffen beiwohnte, das keine 200 Meter vom Hauptquartier des Online-Netzwerks abgehalten wurde. Etwa 70 Entwickler hatten sich zusammengefunden, um von den Facebook-Ingenieuren Aryeh Selekman und Matt Kelly den zugrunde liegenden Code für Facebook-Apps erklärt zu bekommen. Als ich bei Pizza und Softdrinks einen 50-jährigen Chicagoer kennenlernte, der mir erzählte, dass er sich aus finanziellen Gründen zum Programmierer statt zum Journalisten ausbilden ließ und heute von Einnahmen aus Facebook-Anwendungen lebt, wurde mir bewusst, wie tiefe Wurzeln die Plattform bereits geschlagen hat. Offensichtlich kann man Familien und ganze Firmen allein davon versorgen, indem man das Online-Netzwerk mit kleinen Spielen und anderem Software-Krimskrams versorgt. Der Marktplatz, den Zuckerberg und seine Firma um sich aufgebaut haben, ist zur Lebensgrundlage für unzählige Software-Techniker geworden. Für Außenstehende ist dieses

System – es besteht aus mehr als einer Million Entwickler, die sich auf 180 Länder verteilen – undurchschaubar. Mittlerweile gibt es sogar Firmen, die eigene Services für Facebook-Entwickler anbieten. Bei dem Treffen stellte sich etwa das junge Unternehmen AppGoGo vor: Zwei Mittdreißiger mit dem Charme von Autoverkäufern – der eine stellte sich als E-Mail-, der andere als Spam-Experte vor – verkaufen ein Benachrichtigungssystem für Facebook-Spiele und sind damit Dienstleister für den Dienst (das Spiel) für den Dienst (Facebook). Im Klartext heißt das: Wer bei Facebook ein Spiel spielt, dessen Anbieter Kunde von AppGoGo ist, erklärt sich damit einverstanden, dass er regelmäßig per E-Mail über Neuigkeiten benachrichtigt wird. In diese E-Mails, die von AppGoGo verschickt werden, wird natürlich Werbung eingebettet, um Geld zu verdienen – was man durchaus als Spam bezeichnen kann. Nicht umsonst wiesen die beiden AppGoGo-Macher darauf hin, dass man die Filter großer E-Mail-Provider wie Google, Yahoo! oder Microsoft umgehen könne und ihre elektronische Post nicht als Marketing-Spam erkannt werden würde. Diese Praxis ist für arglose Facebook-Nutzer, die sich die Langeweile mit ein paar Minuten Spielen vertreiben wollen, natürlich komplett undurchsichtig, und trotzdem haben sie mit einem Klick ihre E-Mail-Adresse an gleich zwei Firmen weitergegeben.

Der Open Graph

Das, was die »Facebook Platform« für die inneren Angelegenheiten ist, ist der »Open Graph« für das Web außerhalb seiner virtuellen Mauern. Das Online-Netzwerk hört nicht auf der Logout-Seite auf, überall im Internet kann man auf das kleine weiße »f« vor blauem Hintergrund stoßen. Begonnen hat alles mit dem Dienst »Facebook Connect«, der im Mai 2008 vorgestellt wurde und der quasi als verlängerter Arm der Plattform fungierte. Er erlaubte es Nutzern, sich mit ihren Login-Daten von Facebook auch bei anderen Netzdiensten anzumelden, ohne ein neues Profil erstellen zu müssen. Stattdessen lud man mit einem Klick seine persönlichen Informationen (vom Namen und Profilfoto bis zur E-Mail-Adresse und angegebenen Hobbys) bei fremden Webseiten hoch. Für Online-Angebote, die kaum Ressourcen und Möglichkeiten haben, eine eigene Community aufzubauen, war Connect ein Geschenk. Mit ein paar Zeilen Code konnte man ein Login-Feld auf der Startseite einbauen, und schon war die Hemmschwelle, die Nutzer oft haben, wenn sie wieder einmal ihre Daten für die Nutzung eines neuen Services hergeben müssen, drastisch gesunken. Gestartet war Connect mit 24 Partnerseiten, darunter der Social-News-Dienst Digg, die

Video-Chat-Seite Seesmic und der Weblog-Anbieter Six Apart. Der Rest des Webs ließ nicht lange auf sich warten: Eineinhalb Jahre nach dem Start konnten sich Facebook-Nutzer auch bei Bild.de, dem Event-Planer Amiando, dem Chat-Dienst Meebo und 80.000 anderen Webseiten sowie auf der Spielkonsole Xbox 360 und in vielen iPhone-Apps mit ihren Login-Daten anmelden. Pro Monat machten im Dezember 2009 etwa 60 Millionen Mitglieder von dieser Möglichkeit Gebrauch.[9] Webseiten wie die Huffington Post, der wichtigste Polit-Blog der USA, berichteten euphorisch von dem Facebook-Phänomen, das sich nach der Integration des Connect-Knopfes einstellte: Um 500 % soll die Zahl der Nutzer, die von Facebook angesurft kamen, gestiegen sein. Selbst der Web-Riese Yahoo! implementierte die Anbindung an das Online-Netzwerk. Connect hatte aber auch folgenden Effekt: Man konnte sich nicht nur außerhalb einloggen, sondern Facebook auch von außerhalb nutzen. Vom iPhone bis zum Mini-Programm TweetDeck war es nun möglich, Status-Updates auf das eigene Profil zu schreiben, ohne Facebook.com besuchen zu müssen.

Facebook selbst stärkte mit Connect und der zugrunde liegenden Idee, überall im Web genutzt werden zu können, seine Position. Schließlich gab es hunderttausend kleine Gründe und Gelegenheiten mehr mitzumachen, und als Nutzer hatte man immer mehr davon, sich mit echten Daten anzumelden. Wohin Zuckerberg und seine Truppe aber wirklich mit Connect wollten, wurde Ende April 2010 auf der hauseigenen Konferenz »f8« klar, zu der auch ich eingeladen war. Leider machte mir ein isländischer Vulkan namens Eyjafjallajökull einen Strich durch die Rechnung, legte den Flugverkehr über Europa lahm und verhinderte meine geplante Reise nach San Francisco. So saß ich am Abend des 21. April 2010 mit meinem Notebook auf dem Schoß auf der Wohnzimmer-Couch und beobachtete via Live-Stream, wie ein sichtlich nervöser Mark Zuckerberg den Open Graph präsentierte und meinte, dass er damit das gesamte Web »instantly social«, also mit einem Schlag sozial machen wolle. Der Open Graph (ein Marketing-Begriff, der mit der Realität kaum etwas zu tun hat) ist die logische Fortsetzung des Connect-Dienstes und verteilt Facebook noch weiter im Internet als es zu dem Zeitpunkt ohnehin schon der Fall war. Das augenfälligste Beispiel des Open Graph ist der »Like«-Button: Dieser kleine, im Facebook-Blau gestaltete »Daumen hoch«-Knopf kann in jede Webseite eingebettet werden. Surft ein Facebook-Mitglied vorbei und mag, was er geboten bekommt, so kann er auf den »Gefällt mir«-Knopf drücken und damit seinem Interesse an dem ihm aufgetischten Inhalt kundtun. Je mehr »Likes« eine Webseite sammelt, desto stolzer darf der Betreiber auf sie sein: Denn wenn seine Webseite 2000 Facebook-Mitglieder mittels »Gefällt mir« für gut befunden haben, kann er davon ausgehen, dass demnächst noch mehr User angesurft kommen. Schließlich bleibt es nicht dabei, dass der Zähler neben dem blauen Daumen-Symbol um eins nach oben geht. Im Hintergrund passiert Folgendes: Aus dem Klick wird ein Status-Update nach dem Schema »Jakob Steinschaden gefällt die Buchhandlung Kuppitsch«, der automatisch veröffentlicht wird und den alle Facebook-Kontakte in den News Feed gespült bekommen und so davon in Kenntnis gesetzt werden, dass die Buchhandlung Kuppitsch womöglich einen Besuch wert ist. Damit die Wahrscheinlichkeit erhöht wird, dass Menschen auf den Like-Button drücken, werden daneben all jene Namen der Freunde eingeblendet, die schon einmal auf denselben Like-Button geklickt haben. Zusätzlich korrespondiert jeder Like-Button mit einer Facebook Page, die zu der Webseite, der Marke, dem Produkt, dem Artikel, dem Musikstück oder was man sonst eben noch »liken« kann, angelegt wurde. Wer nach dem Klick seine eigene Profilseite ansieht, wird feststellen, dass im Abschnitt »Gefällt mir & Interessen« genau jener Online-Inhalt, der mit einem »Like« bedacht wurde, dazugerechnet wurde.

Die neue »Gefällt mir«-Funktion kommt gut an. Anfang Juli 2010 wurden Facebook zufolge täglich drei Milliarden Like-Buttons geklickt, und 350.000 Webseiten haben das »Social Plugin«, wie der Knopf technisch bezeichnet wird, eingebettet.[10] Wer auf diese Weise mit Facebook kooperiert, hat auch etwas davon, wie Gerald Bäck – Chef der Agentur Digital Affairs, die auch eine Studie für dieses Buch durchgeführt hat – in einem White Paper zusammenfasst: Erstens bringe er mehr Besucher auf die Webseite, weil andere User ihren FreundInnen mitteilen, dass sie einen Artikel, ein Unternehmen, einen Ort oder eine Gaststätte besonders mögen. Dadurch sei es möglich, eine höhere Reichweite für die eigene Website und mehr Besucher zu generieren. Zweitens gewinne man mit dem Like-Button einen neuen Fan für die eigene Facebook-Seite, der ab sofort mit Informationen versorgt werden könne. Und drittens, so Bäck, sei der Like-Button eine niederschwellige Möglichkeit zur Interaktion: Niemand müsse sich mehr umständlich in einem Forum registrieren, um einen Kommentar abzugeben.[11] Außerdem fällt der Kommentar immer positiv aus: Einen Dislike-Button oder eine »Gefällt mir nicht«-Funktion will Facebook nicht einführen, obwohl das von Nutzern tausendfach gefordert wurde.

Neben dem Like-Button gibt es noch eine ganze Reihe an Social Plugins, die Webdienste kostenlos integrieren können: Eine Box, die sich »Live

Stream« nennt, fungiert als eine Art Mini-Facebook auf fremden Webseiten und erlaubt, Status-Updates abzuschicken und den eigenen News Feed zu lesen. Der »Comments«-Kasten könnte in Zukunft vermehrt dazu verwendet werden, Facebook-Nutzern auf einfache Weise zu erlauben, Kommentare auf anderen Webseiten zu hinterlassen. Oder das »Recommendations«-Feld: Es könnte in Zukunft Facebooks Vehikel sein, Werbung auf anderen Webseiten zu schalten. Gemeinsam ist all diesen »Social Plugins« eines: Sie erkennen Facebook-Nutzer, die bei dem Online-Netzwerk eingeloggt sind, automatisch – was gespenstisch sein kann. Denn auch wenn man im Browser www.facebook.com schließt, wird man auf einer fremden Webseite trotzdem mit Namen und Foto angezeigt oder werden einem Facebook-Freunde, die die Webseite schon einmal besucht haben, präsentiert. Die Technik dahinter: Das Social Plugin ist eigentlich eine Webseite in der Webseite, ist also Facebook in anderer Gestalt. Ein Cookie auf der eigenen Festplatte informiert das Social Plugin, dass sich Person X zuvor auf Facebook.com angemeldet hat und jetzt hier vorbeischaut. Das Plugin ruft in Millisekunden die passenden Informationen von den Servern des Online-Netzwerks ab, setzt Fotos und Wörter an den richtigen Stellen ein und – voilà: Facebook kann auf einem Dienst am anderen Ende des Web benutzt und befüllt werden. In diesem Lichte erscheint es nicht mehr ganz so ungewöhnlich, wenn man Mike Schroepfer, Vice President of Engineering bei Facebook, sagen hört: »Es ist gut möglich, dass es eines Tages kein Ding namens Facebook.com mehr geben könnte.« Bis zum dezentralen Netzwerk, das nur als Baustein in jeder Homepage existiert und quasi die Rolle des sozialen Kitts übernimmt, ist es aber wohl noch ein langer und steiniger Weg.

Facebook überall

Das weiße »f« auf blauem Grund ist allgegenwärtig. Es ist nicht nur so, dass das Online-Netzwerk sich auf andere Webseiten ausbreitet und sogar das E-Mail-Programm Outlook erobert hat, es tritt uns mittlerweile an vielen anderen Orten entgegen. Besitzer einer Xbox360-Spielkonsole können ihr Profil am TV-Bildschirm checken. Wer sich Amazons eReader Kindle zugelegt hat, um elektronische Bücher zu lesen, kann Passagen aus den eBooks über mobiles Web auf seinem Facebook-Account veröffentlichen. Natürlich gibt es auch jede Menge T-Shirts, Autoaufkleber, Sofapolster und Kaffeehäferl, die das Facebook-Logo ziert. Ein besonders origineller Fan-Artikel ist der »Like«-Stempel, mit dem man quasi auch Gegenstände in der Offline-Welt mit einem erhobenen Daumen bewerten kann. Zudem kann man Notiz- und Tagebücher kaufen, die sich vom Design der Webseite inspirieren ließen, und wem das alles nicht genug ist, stellt sich einen digitalen Bilderrahmen auf den Kaminsims und lässt sich automatisch Facebook-Fotos der Freunde via Internet auf den Schirm schicken.

Für die Firma aus Palo Alto ist dies alles kostenlose Werbung und hilft ihr, die Marke noch tiefer im Alltag zu verankern. Wohin Facebook aber wirklich will, sind Handys. Im Smartphone-Segment hat man das Ziel schon erreicht. Einer Studie des US-Marktforschers Nielsen zufolge ist die Facebook-App die meistgenutzte Zusatzfunktion in den USA, noch vor Musik, YouTube, Wetterberichten oder Sportmeldungen. Einzig auf Handys, die mit Googles Betriebssystem Android ausgerüstet sind, liegt das Mini-Programm auf Platz zwei hinter Google Maps.[12] Eine Firma aus Großbritannien, die über ein paar Ecken mit Zuckerbergs Firma verbandelt ist, hat sogar ein eigenes Facebook-Handy entworfen, das INQ 1. Dabei wurde das Online-Netzwerk direkt ins Betriebssystem eingebunden, sodass man statt SMS auch Status-Updates schreiben kann, die Kontaktliste gleichzeitig auch die Freundesliste ist und man live chatten kann. Die Herstellerfirma INQ Mobile, ein sehr kleiner Player in der großen Welt der Handy-Branche, hat den Deal aber nicht zufällig bekommen. Immerhin ist sie ein Tochterunternehmen des Hutchison-Whampoa-Konzerns, dessen Chef Li Ka-shing 120 Millionen Dollar (rund 92 Millionen Euro) bei Facebook investiert hat. Auch zu Österreich gibt es eine Verbindung: Dort bietet der Mobilfunker Drei, der ebenfalls zu Hutchison gehört, seinen Kunden exklusiv an, via SMS sein Facebook-Profil updaten zu können. Das heißt aber nicht, dass die anderen Handy-Betreiber nicht auch auf den Zug aufgesprungen sind. Bei Orange gibt es ein eigenes Zusatzpaket zum bestehenden Tarif, das um fünf Euro monatlich den Datentransfer vom Mobiltelefon zum Online-Netzwerk pauschal abdeckt. Kunden von Telering, einer Tochterfirma von T-Mobile, haben es aber wohl am besten erwischt: Sie können seit Juni 2010 kostenlos auf die Website http://0.Facebook.com (auch »Facebook Zero« genannt) surfen und dort eine abgespeckte Version, die auch auf einfachen Handys und bei langsamer Verbindung schnell lädt, abrufen (Stand Juli 2010). Diesen Deal sind neben Telering mehr als 50 Mobilfunker aus mehr als 45 Ländern eingegangen – abgesehen von Österreich, das oft als Testmarkt für mobile Innovationen herhält, sind das in erster Linie Schwellen- und Entwicklungsländer wie Brasilien, Indien, Indonesien, Sudan, Pakistan oder Uganda. Die Strategie ist klar: Facebook will auch Menschen in ärmeren Regionen dazu bringen, sich einzuloggen, und weil sich dort die meisten Menschen keinen Computer mit Internetzugang, sondern nur ein simples Handy leisten können, muss das Online-Netzwerk ihnen gratis über den Mobilfunk zur Verfügung gestellt werden.

Mitte 2010 verlautbarte Facebook-Manager Eric Tseng (jener Mann, der vor seiner Tätigkeit für Zuckerberg bei Google das Betriebssystem Android entwickelte), dass 150 Millionen Mitglieder Facebook auch am Handy nutzen würden. Die mobile Strategie von Facebook basiert in Zukunft aber nicht auf einer für Handy-Displays optimierten Webseite oder Apps für das iPhone, sondern auch auf dem »Open Graph«. Mitte Juli 2010 gab das Unternehmen bekannt, dass die Programmierschnittstelle auch für Handy-Programme geöffnet wird – was de facto heißt, dass der Like-Button und seine verwandten Social Plugins in mobile Apps integriert werden kann. So wie man sich bei erfolgreichen Handy-Spielen wie »Doodle Jump« (Android, iPhone) oder »Spider – Das Geheimnis von Bryce Manor« (iPhone) bereits mit seinem Facebook-Account anmelden kann, könnte man zukünftig neben Artikeln in Nachrichten-Apps den »Gefällt mir«-Knopf antippen oder Handy-Fotos seiner Freunde kommentieren. Was Tseng und Zuckerberg mit großer Sicherheit auch vorschwebt: Die Annotierung der realen Welt mithilfe des mobilen Like-Buttons. Mittels GPS-Ortung und Handy-Foto könnte man in Zukunft auch Orte (z. B. Cafés, Shops) mit einem »Gefällt mir« versehen.

Vorläufig letzter Coup war die Einführung von »Facebook Places«, das zuerst in den USA startete: Diese neue Funktion erlaubt es Nutzern, mit dem Handy an realen Orten »einzuchecken« – also ihren Aufenthaltsort auf ihrem Profil bekanntzugeben. Ihren Facebook-Kontakten wird dann auf einem Kartenausschnitt (dieser kommt vom Facebook-Investor Microsoft und dessen Online-Kartendienst »Bing Maps«) angezeigt, an welcher Position man sich gerade aufhält. In Zukunft soll »Places« neue Werbemöglichkeiten eröffnen, etwa, dass man mit dem Handy ortsbezogene Anzeigen bekommt oder Gutscheine in Shops, in denen man eincheckt, einlösen kann. Höchst kontrovers ist allerdings die Möglichkeit, auch andere Facebook-Freunde an einem Ort einchecken zu können. Zwar müssen diese das einmal erlauben, ab dann können andere aber ihren Aufenthaltsort verraten – Datenschutzprobleme sind hier vorprogrammiert.

Die Firma

Facebook ist ein globales und dezentrales Phänomen. Immer mehr Nutzer strömen in das Online-Netzwerk, das parallel dazu seine Funktionen auf immer mehr fremde Webseiten ausdehnt. Doch die Firma, die die Software macht, ist das genaue Gegenteil ihres Produkts. Sie ist extrem zentralisiert: Gründer Mark Zuckerberg sowie ein kleiner Kreis aus Vertrauten und mächtigen Geldgebern hat das Sagen. Gleichzeitig ist Facebook tief in der Kultur des Silicon Valley verwurzelt, jener Gegend südlich von San Francisco, die wie gesagt das Zentrum der Hightech-Welt bildet und wo alle großen IT-Unternehmen der Welt – von Google, Intel und Yahoo! über Apple, Oracle und eBay bis zu HP, Cisco – sitzen, seit 2004 auch Facebook.

Um Facebook und seine Unternehmenskultur besser zu verstehen, bin ich also Ende Mai 2010 nach San Francisco und von dort weiter in die Bay Area gereist, wie das Gebiet rund um die Bucht von San Francisco auch genannt wird. Ein großer Teil der Bay Area wird vom Silicon Valley (Silizium ist ein fundamentaler Bestandteil von Computer-Chips) bedeckt, das sich von der Stadt der Golden Gate Bridge und der Cable Cars bis hinunter nach San José erstreckt. San Mateo, Redwood City, Foster City, Menlo Park, Mountain View, Cupertino – über die gesamte Region verteilen sich viele verschiedene Städte, deren Grenzen aber de facto ineinander verschwimmen. Das Silicon Valley ist eine faszinierende und gleichzeitig absurd kleinstädtische Gegend ohne wirkliches Zentrum, von der man nie glauben würde, dass sie die Heimat der wichtigsten Hightech-Produkte der Welt ist. Firmengelände, Hauptstraße, Einfamilienhäuser und natürlich viele breite Straßen dazwischen – mehr gibt es weder in Palo Alto noch in Mountain View zu sehen.

An einem sonnigen Nachmittag, als ich mit dem eingangs erwähnten Blogger Robert Scoble gerade die Zukunft von Facebook erörtert hatte, meinte er plötzlich zu mir:»Jetzt zeige ich dir, wie das hier im Silicon Valley läuft.« Er griff zu seinem Telefon, und keine fünf Minuten später stoppte ein teurer Sportwagen vor dem Café, die Tür öffnete sich, und schon saß ein Internet-Unternehmer (ich habe versprochen, seinen Namen nicht zu nennen) bei uns am Tisch und versorgte uns mit dem neuesten Klatsch über das verloren gegangene iPhone, warum Apple eine Handy-Software namens Siri um 200 Millionen Dollar gekauft hatte und warum Googles Handys einfach nicht so formschön waren wie die von Steve Jobs.»Schau dir nur die Parkplätze der beiden Firmen an: Bei Apple stehen lauter wunderschöne Sportwagen in allen Farben herum. Bei Google sind es lauter Durchschnittskarren in Weiß, Grau und Silber. Aus diesem Grund schaut das iPhone super aus und das Google-Handy (– er zeigte auf sein Nexus One, das er in eine ziemlich unschöne Hülle gesteckt hatte –) nicht.« Nach dem belanglosen Plausch, der im gleichen Stil, nur mit anderem Inhalt, in jeder anderen Kleinstadt auf gleiche Weise geführt worden wäre, kam der Internet-Unternehmer zum Geschäftlichen. Mit einigen eindeutigen Hinweisen ließ er uns wissen, welche Hightech-Riesen an seiner eigenen Software Interesse gezeigt hätten und dass diese Infos möglicherweise einen Bericht wert wären. Solche Gerüchte streuen Unternehmer immer dann gerne, wenn sie bald einen »Exit«, also einen Verkauf, machen wollen und versuchen, ihren Marktwert mit Berichten in die Höhe zu treiben. »So läuft das hier im Valley: Eine kleine Firma hat eine tolle Idee, entwickelt sie und verkauft sie dann an eine große Firma«, fasste Scoble später augenzwinkernd zusammen, bevor er mich zu der Präsentation eines neuen Roboters drei Straßen weiter mitnahm – eine Alltäglichkeit im Silicon Valley.

Einer der Hauptgründe, warum gerade die Gegend um Palo Alto zum Hightech-Mekka geworden ist, ist die hiesige Universität Stanford.

»Willkommen im Herzen des Silicon Valley«, begrüßte mich Doktor Burton Lee am Haupteingang der Elite-Hochschule, die zu den reichsten der Welt zählt. Er hatte sich bereit erklärt, mir bei meinen Recherchen für das Buch behilflich zu sein und mit mir eine Tour durch das Unigelände zu machen. Es war ein sonniger Spätnachmittag Ende Mai, und schon der erste Anblick von Stanford überzeugte mich, dass es wohl kaum bessere Orte zum Studieren auf dieser Welt gibt. Die Sonne lachte auf die palmengesäumte Anlage, und eine Gruppe Studenten stimmte sich, auf einer der vielen Grünflächen liegend, mit einer Flasche Rotwein auf das Wochenende ein. Stanfords Geschichte ist typisch amerikanisch: Sie wurde 1891 von Leland Stanford gegründet, der viel Geld mit dem Eisenbahngeschäft und dem Handel mit Goldgräbern verdiente und später in die Politik ging, wie mir Professor Lee erzählte. Wenn man zwischen den vielen Gebäuden der Universität umherschlendert, stößt man überall auf Computer-Geschichte: Der erste Datenspeicher der Welt ist hier ausgestellt, hierher wurde die erste ARPANET-Leitung, Vorgänger vom Internet, gelegt, mit Unigeldern startete eine der größten Computerfirmen der Welt: HP. Außerdem entwickelten hier die Google-Gründer Larry Page und Sergey Brin die PageRank-Formel, die ihrer Suchmaschine zugrunde liegt und gewissermaßen das Fundament ihres Internet-Imperiums ist. Die Branche hat Stanford viel zurückgegeben: Es gibt ein von Yahoo!-Gründer Jerry Yang gesponsertes Gebäude, es gibt das »Gates Computer Science Building« von Microsoft-Gründer Bill Gates und es gibt natürlich von HP gestiftete Labore. Wer hier einen der begehrten und sündteuren Studienplätze ergattert, dem ist ein gut bezahlter Job in der Hightech-Industrie sicher. Viele der 1400 Facebook-Mitarbeiter haben hier studiert, und es gibt sogar einen Kurs, in dem man das Programmieren von Facebook-Applikationen beigebracht bekommt. Die Geschichte von Facebook beginnt aber nicht in Stanford, sondern an einer anderen Elite-Universität: Harvard.

Die Facebook-Story

Die Facebook-Geschichte haben bereits zwei US-Autoren ausführlich behandelt: Zum einen hat Ben Mezrich mit »The Accidental Billionaires. The Founding of Facebook – A Tale of Sex, Money, Genius and Betrayal« 2009 vor allem die Gründungsphase des Online-Netzwerks beleuchtet. Zum anderen hat David Kirkpatrick, den ich persönlich kennengelernt habe, mit »The Facebook Effect. The Inside Story of the Company That Is Connecting the World« die gesamte Firmengeschichte sehr detailreich aufgeschlüsselt. So gern ich beide Bücher gelesen habe, habe ich doch mit beiden Probleme. Mezrichs Buch zeichnet Gründer Mark Zuckerberg nicht als genialen Erfinder, als der er oftmals dargestellt wird, sondern als eiskalten Erfolgsmenschen, dem jedes Mittel recht ist, um Konkurrenten und Mitgründer – vor allem seinen ehemaligen Freund Eduardo Saverin – aus dem Weg zu räumen. »The Accidental Billionaires« dient außerdem dem Columbia-Pictures-Film als Vorlage, der am 1. Oktober 2010 in den US-Kinos anläuft. Dustin Moskovitz, einer der Mitgründer von Facebook, nannte den Filmtrailer »überdramatisiert« und schrieb auf der Webseite Quora: »Es ist interessant, meine Vergangenheit umgeschrieben zu sehen, in einer Art, die unwichtige Dinge hervorhebt und Dinge weglässt, die wirklich gezählt haben.«[13]

Kirkpatrick hingegen ist nicht wie Mezrich ein Kritiker und Aufdecker, sondern ein Sympathisant der Firma. Er hatte bei der Recherche – im Gegensatz zu mir – die volle Unterstützung von Zuckerberg, wurde von ihm sogar ermutigt, das Buch zu schreiben. Was ihm allerdings fehlt, ist die kritische Distanz. Während ich hart darum kämpfen musste, ins Facebook-Hauptquartier zu kommen, ist Kirkpatrick dort zwei Jahre lang ein- und ausspaziert, hat auf Konferenzbühnen schmeichelnde Interviews mit Facebook-Managern geführt, mit Kritikern jedoch kaum gesprochen. »Wenn Sie eine objektive und wahre Geschichte von Facebook suchen, werden Sie bei ihm nicht fündig. Kirkpatrick liebt Facebook wirklich sehr«, schrieb Michael Arrington, der Chef des IT-Blogs Techcrunch, in seiner Rezension über

»The Facebook Effect«.[14] Ich versuche in diesem Kapitel die Geschichte von Facebook übersichtlich zusammenzufassen und werde Mark Zuckerberg weder zum genialen Weltverbesserer hochstilisieren noch als rücksichtslosen Soziopathen verteufeln.

Die Geschichte beginnt im September 2003, als Mark Zuckerberg seine Studentenunterkunft im Kirkland House an der Universität Harvard in Cambridge bei Boston bezieht. Seine Zimmerkollegen sind Chris Hughes und Dustin Moskovitz, außerdem freundet er sich mit Eduardo Saverin an. Der damals 19-jährige Zuckerberg ist ein begnadeter Programmierer und soll schon als Jugendlicher Job-Angebote von Microsoft erhalten haben. In den ersten Monaten seines Psychologiestudiums verwirklicht er zwei Online-Projekte: Das erste nennt sich »Course Match« und soll den Studenten helfen herauszufinden, wer welche Kurse belegt. Das andere ist »Facemash« und sorgt für erste Aufregung. Zuckerberg programmiert leicht betrunken eine Webseite, auf der die Studenten online darüber abstimmen können, welche von zwei gezeigten Personen mehr Sex-Appeal hat. Natürlich wird Facemash sofort dazu benutzt, die heißesten Studentinnen zu küren. Die Webseite wird über Nacht zum Hit am Campus, bringt aber gleichzeitig viele Kritiker auf den Plan, die Facemash sexistisch und rassistisch nennen. Das zweite Problem: Die Fotos, die angezeigt werden, stammen von den Servern der Universität und sind von Zuckerberg in einer Nacht-und-Nebel-Aktion ohne Befugnis heruntergeladen worden. Der Vorfall landet vor Harvards Disziplinarkonferenz, Zuckerberg darf auf Probe an der Universität bleiben.

Spätestens mit dem Erfolg von Facemash wächst in Zuckerberg eine größere Idee heran, die dem Grundprinzip des heutigen Facebook sehr nahekommen dürfte. Doch im November 2003 nehmen die Zwillinge Tyler und Cameron Winklevoss, Studenten an derselben Uni, mit ihm Kontakt auf und verpflichten ihn dazu, den Webdienst »Harvard Connection« zu programmieren. Dieser soll Studenten dazu dienen, sich online zu vernetzen. Doch anstatt den vereinbarten Job zu erledigen, registriert Zuckerberg im Jänner 2004 die Web-Domain Thefacebook.com und schaltet ein Monat später die erste Version von Facebook live. Der Name bezieht sich auf die Jahrbücher, die an US-amerikanischen Universitäten sehr beliebt sind, weil sie den Studenten die Möglichkeit geben, sich in einer Fotosammlung einen Überblick über ihren Jahrgang zu verschaffen. Zuckerbergs erste Mitstreiter sind seine Zimmerkollegen Hughes und Moskovitz sowie Saverin, der sich von Anfang an um die Finanzierung der Webseite kümmert und bemüht ist, Online-Anzeigen zu verkaufen. Die Winklevoss-Brüder werden natürlich sofort auf Thefacebook aufmerksam, als sich immer mehr Studenten dafür anmelden, und sehen sich von Zuckerberg um ihre Idee betrogen. Sie bringen den Fall später vor Gericht und sollen Anfang 2009 Insidern zufolge rund 65 Millionen Dollar (50 Millionen Euro) Entschädigung ausgezahlt bekommen haben. Im Zuge der Streitigkeiten soll Zuckerberg einem Bericht von Businessweek zufolge in die E-Mail-Accounts zweier Reporter der Harvard-Zeitung »Crimson« eingebrochen sein, um sich Insider-Informationen zu beschaffen, und dabei Login-Daten, die diese bei Thefacebook eingegeben hatten, benutzt haben.[15]

Dem Erfolg von Facebook tut dies keinen Abbruch. Im Laufe des Jahres 2004 wird der Dienst auf die Universitäten Stanford, Columbia und Yale ausgeweitet, zehn Monate nach dem Start kann Zuckerberg den millionsten Nutzer auf der Webseite begrüßen. Die wichtigste Entscheidung ist aber, den Sitz der Firma von Harvard an die Westküste nach Palo Alto im Silicon Valley zu verlegen. Dort führt ihn Sean Parker, den Zuckerberg schon aus New York kennt, in die hiesige Start-up-Szene ein. So kommt Thefacebook an seinen ersten Investor, den Internet-Unternehmer Peter Thiel, der ihm 500.000 Dollar (etwa 380.000 Euro) und den simplen Rat »Just don't fuck it up« mit auf den Weg gibt. Als »Büro« der Firma dient ein Haus in Palo Alto, in dem auch Hughes und Moskovitz wohnen. Zuckerberg ist sich des Potenzials seiner Webseite zu diesem Zeitpunkt aber noch nicht voll bewusst. Er spielt lieber mit einer anderen Idee, Wirehog, herum: Die Software soll es den Nutzern erlauben, auf einfache Weise Daten miteinander auszutauschen. Sean Parker, der als Miterfinder von der MP3-Tauschbörse Napster einige Erfahrung mit diesem sogenannten »Filesharing« und den damit verbundenen rechtlichen Problemen hat, bringt Zuckerberg aber schließlich davon ab. In dieser Zeit scheidet außerdem Eduardo Saverin nach Streitigkeiten aus der Firma aus und erhält erst nach einem Rechtsstreit den offiziellen Titel als Mitbegründer von Facebook zurück.

2005 wächst Thefacebook weiter und zählt Ende des Jahres 5,5 Millionen Nutzer. Das bleibt auch großen Medienkonzernen nicht verborgen und im Mai unterbreitet Viacom Zuckerberg ein Kaufangebot. Die Idee ist, den zu Viacom gehörigen Jugendsender MTV um eine neue Online-Präsenz zu ergänzen, aber die Übernahme, bei der 750 Millionen Dollar den Besitzer wechseln sollen, findet nicht statt. Stattdessen steigt die Risikokaptitalfirma Accel Partners mit 12,7 Millionen Dollar ein. Zusätzlich wird das »The« aus dem Firmennamen gestrichen und das Online-Netzwerk, für das sich mittlerweile auch Highschool-Kids und Studenten im Ausland anmelden dürfen, wird fortan unter dem Namen Facebook geführt. Zuckerberg intensiviert außerdem den Kontakt zum Washington-Post-Herausgeber Don Graham, in dem er ein unternehmerisches Vorbild sieht.

2006 ist für Zuckerberg noch immer nicht klar, was heute als fix gilt: Soll er Facebook verkaufen oder nicht? Nach Viacom hat auch der Mediengigant Time Warner sowie der MySpace-Eigentümer News Corporation angeklopft. Schließlich sickert durch, dass Yahoo! eine Milliarde Dollar (etwa 770 Millionen Euro) auf den Tisch legen würde. Doch Zuckerberg lehnt alle Angebote ab und beschließt die Einführung der bis dato am heftigsten kritisierten Funktion. Jeder zehnte Facebook-Nutzer protestiert gegen den neuen »News Feed«, der die Daten der Nutzer für andere so leicht zugänglich macht wie nie zuvor. Facebook kann mit der Einführung einiger neuer Einstellmöglichkeiten der Privatsphäre gegensteuern und im Dezember zwölf Millionen Nutzer verbuchen. Der Grund für das rasante Wachstum: Im September wird der Onlinedienst für alle geöffnet – man braucht zur Anmeldung seither keine E-Mail-Adresse einer Universität oder einer Highschool mehr. Auch in diesem Jahr kommen weitere Investoren an Bord: Greylock Partners, Meritech Capital Partners, Accel Partners sowie Peter Thiels Founders Fund buttern gemeinsam insgesamt 27,5 Millionen Dollar in das Online-Netzwerk.

2007 geht ähnlich weiter wie das Vorjahr. Im Mai startet man die Facebook Platform, die es Fremdentwicklern erlaubt, Zusatzprogramme für den Webdienst zu entwickeln. Weniger genial ist die Einführung des Werbesystems »Beacon«, das erneut für scharfe Kritik an Facebook sorgt. Dabei werden die Einkäufe, die Nutzer auf 44 Partnerseiten wie Netflix, Zappos oder Fandango tätigen, automatisch auf ihren Profilseiten veröffentlicht. Legendär ist ein Vorfall, bei dem ein Facebook-Mitglied auf diese Weise unabsichtlich verriet, dass er seine Freundin zu heiraten gedenkt. Denn alle Facebook-Kontakte bekommen über den News Feed die Nachricht zu lesen, dass er einen »Diamond Eternity Flower Ring« bei Overstock.com gekauft hat. Drei Jahre später muss Facebook in einem außergerichtlichen Vergleich 9,5 Millionen Dollar für die Verletzung der Privatsphäre von Nutzern durch Beacon bezahlen, wie ein Bericht der Los Angeles Times aufdeckte.[16] Auch der Übernahme-Poker geht weiter, ein möglicher Verkauf ist immer noch nicht vom Tisch. Diesmal klopfen die ganz Großen an: Neben Google zeigt sich vor allem Microsoft sehr interessiert. Zuckerberg kann Microsoft-Chef Steve Ballmer aber abwimmeln und einigt sich mit ihm auf ein Investment von 240 Millionen Dollar (etwa 184 Millionen Euro) für winzige 1,6 % der Firma. Damit ist Facebook mit einem Schlag ein 15-Milliarden-Dollar-Unternehmen. Die enge Zusammenarbeit mit Microsoft im Bereich der Anzeigenverkäufe währt aber nicht lange. Im November startet mit Facebook Ads ein eigenes Werbesystem, die Schaltungen des Investors werden abgedreht. Außerdem beginnt Facebook im Juli 2007 mit dem, was alle großen Silicon-Valley-Firmen tun: Zuckerberg kauft mit Parakey (ein Start-up, das auf Web-basierte Betriebssysteme spezialisiert ist) das erste Mal eine andere Firma auf.

Im August 2008 überschreitet Facebook die magische Marke von 100 Millionen Nutzern. Grund dafür sind vor allem die Übersetzungen der Webseite ins Deutsche, Spanische und Französische sowie 21 andere Sprachen, was einen enormen Zustrom an neuen Mitgliedern nach sich zieht. Außerdem konkurriert man ab April dank einem eigenen Chat-Dienst mit Größen wie ICQ, AIM oder Microsofts Live Messenger. Wichtigste neue Technologie aber ist Connect: Diese kann andere Webseiten integrieren, damit sich Facebook-Nutzer mit ihren bestehenden Login-Daten registrieren können – die Expansion des Online-Netzwerks über seine eigenen Grenzen hinaus beginnt. Zuckerbergs Langzeitgefährte Chris Hughes verlässt die Firma, um für Obama den Online-Wahlkampf mitzugestalten, und auch Dustin Moskovitz verabschiedet sich vom Unternehmen. Dafür wechselt Sheryl Sandberg als neuer Chief Operation Officer vom Konkurrenten Google zu Facebook und wird Zuckerbergs rechte Hand. Dieser unternimmt eine Rucksackreise nach Europa und Asien, um der damals 39-Jährigen die Chance zu geben, in seiner Abwesenheit Fuß im Unternehmen zu fassen. Auch 2008 sorgt Facebook – alle Jahre wieder – für Aufruhr: Diesmal ist es das neue Design der Webseite, das den Nutzern nicht zusagt. Mehr als vier Millionen Mitglieder äußern ihren Protest in verschiedensten Gruppen, durchgesetzt wird es trotzdem.

2009 explodiert Facebook. 150 Millionen Mitglieder im Jänner, 175 Millionen im Februar, danach wird nur mehr in 50er-Schritten gezählt. Im April sind es 200, im Juli 250, im September 300 und im Dezember 350 Millionen registrierte Nutzer weltweit. Was überrascht, ist, dass der Marktwert gegenüber dem Microsoft-Deal von 2007 um fünf Milliarden Dollar sinkt. Die russische Investmentfirma Digital Sky Technologies um den Moskauer Yuri Milner kauft sich um 200 Millionen Dollar 1,96 % des Online-Netzwerks und bewertet es damit nur mehr mit zehn Milliarden Dollar. Nichtsdestotrotz tätigt Zuckerberg den teuersten Kauf bisher: Insidern zufolge zahlt er rund 50 Millionen Dollar für den Webdienst FriendFeed. Dessen Chef Bret Taylor braucht nicht lange, um bei Facebook zum CTO (Chief Technology Officer) aufzusteigen. Außerdem wird mit dem Like-Button, mit dem man fortan seine Zustimmung zu Status-Updates oder Fotos von Facebook-Freunden ausdrücken kann, eine der künftig meistgenutzten Funktionen eingeführt. Im September 2009 gibt Zuckerberg bekannt, dass man mittlerweile »cash flow positive«, also kostendeckend wirtschafte. Probleme gibt es auch in diesem Jahr zuhauf: Zum einen stoßen neue Nutzungsbedingungen auf erheblichen Widerstand, weil sich Nutzer plötzlich ihrer Rechte auf ihren selbst erstellten Content (Bilder, Meldungen, Videos etc.) beraubt fühlten. Facebook rudert nach einem medialen Sturm der Entrüstung zurück und kehrt zu den alten »Terms Of Service« zurück. Außerdem sorgen neue Privatsphäre-Einstellungen Ende des Jahres für weitere Aufregung. Ab sofort sind sämtliche Freundeslisten, Profilfotos, Fan-Seiten und Mitgliedschaften in Netzwerken öffentliches Gut und können von jedem eingesehen werden. Außerdem werden Status-Updates automatisch auf »für jeden sichtbar« gesetzt, solange man diese Einstellung nicht ändert – was bedeutet, dass jeder Internetnutzer (nicht nur jeder Freund oder jedes Facebook-Mitglied) sie sehen kann. Anstatt den Nutzern mehr Kontrolle über ihre Daten zu geben, wie Facebook stets versichert, ist genau das Gegenteil der Fall. Immerhin werden die Nutzer auf ihrem Profil gebeten, ihre Einstellungen neu vorzunehmen. Später heißt es offiziell, dass die meisten gar keinen Gebrauch davon machen. Im Zuge der Neuerungen ändert Zuckerberg selbst die Einstellungen auf seinem Profil und macht damit viele seiner Privatfotos öffentlich, die aber bald wieder verschwinden. Außerdem gibt es rechtliche Probleme: Mit dem deutschen Pendant StudiVZ, mit dem man seit 2008 einen Rechtsstreit bezüglich des Diebstahls geistigen Eigentums seitens StudiVZ führt, erreicht man einen Vergleich. Das deutsche Online-Netzwerk zahlt eine nicht bekannte Summe an Facebook. Außerdem klagt Power.com, eine Webseite, auf der Facebook-Nutzer ihre Accounts mit Profilen auf anderen Plattformen (z. B. MySpace, Twitter, Google, LinkedIn) zusammenführen können, Zuckerberg (der Power.com zuvor geklagt hatte). Vorgeworfen wird, Facebook nehme seinen Nutzern die Rechte an ihren hochgeladenen Inhalten, und gefordert wird, dass die AnwenderInnen die Kontrolle über ihre Daten zurückbekommen sollen. Ein US-Gericht weist die Klage ein Jahr später ab.

Im Februar 2010 erreicht Facebook 400 Millionen, Ende Juli 2010 sind schließlich eine halbe Milliarde Menschen und somit fast jeder vierte Internetnutzer weltweit bei dem Online-Netzwerk registriert. Zuckerberg startet in diesem Jahr die bis dato größte Einkaufstour seiner jungen Karriere: Er übernimmt die malaysische Firma Octazen Solutions (Software für den Import von E-Mails), Divvyshot (Foto-Portal), ShareGrove (Spezialist für das

Verteilen von Online-Inhalten) sowie NextStop (Reise-Portal). Außerdem wird der Werdegang der nur sechs Jahre alten Firma von Columbia Pictures nach Mezrichs Buch »The Accidental Billionaires« verfilmt. Der Inhalt des Buchs soll einer Facebook-Sprecherin zufolge zwar nicht der vollen Wahrheit entsprechen, gegen die Ehre einer Verfilmung und den damit einhergehenden riesigen Marketing-Effekt hat man aber offenbar nichts. Schließlich tritt der New Yorker Paul D. Ceglia auf den Plan und behauptet gegenüber dem Wall Street Journal, dass ihm 84 % von Facebook gehören. Er will bereits im April 2003 Mark Zuckerberg mit der Programmierung einer Webseite namens »The Facebook« beauftragt haben und einen entsprechenden Vertrag darüber haben. Wie dieser Rechtsstreit für Zuckerberg ausgeht, steht bei Redaktionsschluss dieses Buches nicht fest. Allerdings soll Ceglia der Justiz schon einmal wegen betrügerischer Absichten aufgefallen sein, weswegen ich annehme, dass seine Klage nicht durchgeht. Außerdem sagt ein Facebook-Sprecher, der Vertrag, den Ceglia haben will, sei vermutlich gefälscht, und Zuckerberg ist sich »ziemlich sicher«, dass es eine solche Vereinbarung nie gegeben hat. Auf der hauseigenen Konferenz f8 im April 2010 wird außerdem der Open Graph präsentiert, und wieder steht Facebook im Kreuzfeuer der Kritik: Im Rahmen der sogenannten »Instant Personalization« gibt Facebook automatisch Daten der Mitglieder an Drittanbieter (Pandora, Yelp, Docs.com) weiter, damit diese ihre Inhalte den Interessen der Nutzer anpassen können. Das und die immer undurchsichtiger gewordenen Privatsphäre-Einstellungen rufen weltweit Kritiker auf den Plan, vor allem aber in Deutschland. Einen Monat später muss sich Zuckerberg der Presse stellen und die Weltöffentlichkeit mit wieder neuen, vereinfachten Privatsphäre-Einstellungen beruhigen.

Wie der Zufall es wollte, fiel dieser Termin genau mit meinem Besuch im Silicon Valley zusammen, und ich ließ es mir nicht nehmen, an der Pressekonferenz teilzunehmen, die in Facebooks neuem, von der Firma Studio O+A um viel Geld gestaltetem Hauptquartier in Palo Alto stattfand.

Hausbesuch

»Hack« steht in großen Lettern auf den Glasschiebetüren, die vor Besuchern der Facebook-Zentrale in Palo Alto auseinandergleiten und den Weg zur Rezeption freigeben. Wer die Adresse nicht kennt und nur zufällig bis ans Ende der S California Avenue im kalifornischen Palo Alto fährt, würde kaum auf die Idee kommen, dass hier das Hauptquartier der zweitgrößten Webseite der Welt liegt. Das Facebook-Logo, auf das man im Netz überall stößt, ist in dieser Straße nicht präsent. Lediglich ein Steinquader in der perfekt gemähten Wiese vor dem Gebäude zeugt in kleinen Buchstaben von der Anwesenheit des Internet-Unternehmens – aus unerfindlichen Gründen wurde er aber nicht blau, sondern rot angemalt. Das Grundstück gehört zum Stanford Research Park und wird von der gleichnamigen Universität, die keine 15 Minuten Fahrweg entfernt liegt, verpachtet. Neben Facebook haben sich auch Skype, Nokia, VMware und natürlich ein Silicon-Valley-Urgestein, der Computerriese Hewlett-Packard, auf dem Gelände angesiedelt.

Ich kann nicht genau sagen, was ich mir vom Facebook-Hauptquartier erwartet hatte, aber mit Sicherheit nicht das, was ich zu sehen bekam. Kein futuristischer Hightech-Bau, keine moderne Glas-Stahl-Konstruktion, kein Designer-Büro begrüßten mich – Facebook hat sich lieber in einem ehemaligen HP-Labor, das in den 1960er-Jahren errichtet worden war, einquartiert. Die Gegend, in der die Firma sitzt, überraschte mich nicht minder: Palo Alto ist mit etwa 60.000 Einwohnern eine US-Kleinstadt aus dem Bilderbuch und erfüllt jedes erdenkliche Klischee. Gleich gegenüber der Facebook-Zentrale beginnt die Idylle, mit lieblichen Einfamilienhäusern, weißen Gartenzäunen und zurechtgestutzten Grünflächen. Weil ich noch etwas Zeit hatte, fuhr ich ein paar Runden durch die Wohngegend, um die Welt, durch die sich Mark Zuckerberg und sein Team täglich bewegen, hautnah zu erleben. Je länger ich durch die Straßen fuhr, desto mehr fühlte ich mich in eine TV-Serie versetzt, die der Welt in schönen Bildern die Lebensqualität der US-amerikanischen Vorstadt vor Augen führen will: Basketballkörbe über dem Garagentor, Kreidezeichnungen in der Hauseinfahrt, knorrige alte Bäume, die zum Klettern einladen. Als ich schließlich dem Milchmann begegnete, der gerade seine Ware von Tür zu Tür auslieferte, wurde mir klar: Facebook sitzt mitten in einem Familienparadies in einer der reichsten Gegenden der Welt, einer Kleinstadt, in der man sein Auto unversperrt am Straßenrand abstellt und seine Nachbarn regelmäßig zum Barbecue in den Hintergarten einlädt. Zuckerberg hat die perfekte Welt vor der Haustür, und wenn man ihn über eine bessere, offenere Welt reden hört, dann hat er wohl diese Gegend vor seinem inneren Auge.

Zwar versucht Facebook, sich möglichst unauffällig in diese Idylle einzugliedern, doch ganz gelingt das nicht. »Da gegenüber will ich nicht wohnen, in letzter Zeit ist hier zu viel los«, sagte Parkwächter Pete, der für Facebook arbeitet, zu mir. Er war mit der Aufgabe, den unaufhörlich ankommenden Besuchern die letzten freien Parkplätze zuzuteilen, sichtlich überfordert. Ähnlich hektisch ging es auch in der Lobby hinter den Glasschiebetüren zu. Es war 11 Uhr vormittags, und ohne Unterlass kamen immer neue Gruppen von Facebook-Mitarbeitern an, zückten ihre Chipkarten und betraten jene heilige Hallen, in die schon viele vordringen wollten, in die aber nur die wenigsten hineindürfen. Einige Business-Leute gingen sichtlich gestresst noch einmal ihre Unterlagen am Notebook durch, die sie wohl einem der Facebook-Manager präsentieren wollten, um mit der Firma ins Geschäft zu kommen. Ich selbst hatte das Glück, einen Facebook-Mitarbeiter kennengelernt zu haben, der sich bereit erklärt hatte, mir das Hauptquartier von innen zu zeigen. Ich hatte ihm offen erklärt, Journalist zu sein und ein Buch über Facebook zu schreiben – weswegen es keine zehn Minuten dauerte, bis sich Kommunikationschefin Elizabeth Linder (eine Ex-Google-Mitarbeiterin) meiner annahm und mich im Eiltempo und einem Dauerlächeln im Gesicht durch das Gebäude führte.

Facebook ist – wie sollte es auch anders sein – ein Großraumbüro. Die Schreibtische sind in Gruppen organisiert, teilweise durch Grünpflanzen voneinander getrennt. Für wichtige Meetings gibt es kleinere und größere Sitzungsräume, die durch Glastüren oder große Fenster einsehbar sind. Inmitten des Schreibtischmeeres steht auch Zuckerbergs Platz, der bei meiner Besichtigung wie immer unaufgeräumt war. »Dass Mark auf der gleichen Ebene wie seine Mitarbeiter sitzt und sein Büro große Glaswände hat, soll das offene Denken des Unternehmens widerspiegeln«, erklärte mir Linder. Zuckerberg selbst war bei meinem ersten Besuch – am nächsten Tag sollte ich wiederkommen – nicht zugegen, aber dennoch stets präsent, wie Linder meinte. Sein Lieblingsbild – »Der Sohn des Mannes« von dem belgischen Surrealisten René Magritte – ist in vielfachen Kopien im ganzen Gebäude verteilt. Das Motiv: Vor dem Gesicht eines Geschäftsmannes schwebt ein grüner Apfel. Die Mitarbeiter, die das Großraumbüro bevölkern, scheinen allesamt aus den Gebäuden der Universität Stanford, die gleich neben dem Facebook-Hauptquartier stehen, zu kommen. Zwischen 20 und 30, vorwiegend männlich und in studentischem Look, stecken sie ihre Köpfe in einen der zwei Dell-Monitore, die auf den meisten Schreibtischen stehen. Sie dürfen sich aussuchen, mit welchem Betriebssystem sie arbeiten. Wie ich erfuhr, bevorzugen die Systemtechniker Windows, während die Designer, die die Webseite gestalten, eher auf Apple-Rechner setzen. Wenn sie eine Pause brauchen, stehen ihnen eine Kaffeeküche, die Kantine (hier wird drei Mal pro Tag eine kostenlose Mahlzeit gereicht), der Garten hinter dem Gebäude (mit Basketballplatz) sowie das Flachdach für Grill-Partys zur Verfügung. Wenn sie mit ihren Kollegen in den Außenstellen (die mehr als 1400 Mitarbeiter verteilen sich auf Büros in Austin, Atlanta Birmingham, Michigan,

Chicago Dallas, Detroit, New York, Venice Beach, Washington, Dublin, Hamburg, London, Mailand, Paris, Stockholm, Sydney, Toronto und Hyderabad in Indien) plaudern wollen, können sie einen Live-Videochat benutzen – möglicherweise eine Funktion, die einmal auch für alle Facebook-Nutzer als zusätzlicher Kommunikationskanal freigeschaltet wird.

Die wichtigste Annehmlichkeit ist vermutlich der Shuttle-Service, der die Mitarbeiter jeden Tag in San Francisco und anderen Städten der Bay Area einsammelt und zum Hauptquartier karrt. Die schwarzen Mercedes-Benz-Busse, die im Fünf-Minuten-Takt eintrudeln, würden auch hoher Prominenz alle Ehre machen. »Die sind besser als Limousinen, weil man drinnen sogar stehen kann«, sagte einer der Fahrer zu mir und gewährte mir einen kurzen Blick ins Wageninnere. Außen sind die Busse verspiegelt, innen mit edlen Ledergarnituren ausgestattet. Früher boten sie sogar WLAN-Internet, was aber wieder abgeschafft wurde, als man bemerkte, dass auf der Autobahn Fremde gratis mitgesurft waren. Heute steigen die Facebooker über UMTS-Modems in ihren Notebooks ins Web ein. Einigen dürfte der luxuriöse Arbeitsweg und das Prestige, bei einer der wichtigsten Internetfirmen zu arbeiten, zu Kopf gestiegen sein: Mit dem Gehabe von Rockstars (Sonnenbrillen bei Regenwetter, aufgestellten Krägen und Zugangschips, die demonstrativ an bunten Badges an den Jeans festgemacht waren), schlenderten sie an mir vorbei, als ich gerade das Gebäude verließ. Einige wirkten noch ziemlich verschlafen, was durchaus an den langen Arbeitstagen liegen kann. Mit dem sogenannten »Hackathon« (ein Neologismus aus den Begriffen »hacken« und Marathon«) hat man die Nachtschicht bei Facebook sogar zu einem monatlichen Fixpunkt gemacht: Dabei handelt es sich um eine Art Party, auf der aber nicht getanzt, getrunken und geflirtet wird, sondern Facebook-Mitarbeiter eine Nacht lang eigene Ideen wälzen dürfen. Einer dieser Hackathons fand unter dem Motto »Hack the building« statt – seit dieser Nacht ist nicht nur auf der Eingangstür, sondern an vielen anderen Wänden des Gebäudes das Wort »Hack« zu lesen. Als Hacker werden oft Computerspezialisten bezeichnet, die ihre Kenntnisse dazu nutzen, unerlaubt in IT-Systeme einzudringen, um dort Daten zu stehlen. Tatsächlich ist bekannt, dass einige Hacker, die in Facebooks Datenbanken vorgedrungen sind, heute bei der Firma als Sicherheitstechniker arbeiten. »Hack« steht aber auch dafür, als Programmierer querdenken zu dürfen und Computer-Codes auf bisher unbekannte Weise einzusetzen.

Nachdem ich das Facebook-Hauptquartier verlassen hatte, plauderte ich noch einmal kurz mit Parkwächter Pete, der, wie sich herausstellte, schon bei Yahoo!, Cisco und Apple Autos gehütet hatte. Sogar ihm war bewusst, in welchen Schwierigkeiten Facebook zu der Zeit (es war Ende Mai 2010) steckte. »Die Privatsphäre-Einstellungen versteht vielleicht ein Nerd, aber ein Durchschnittsmensch wie meine Mutter? Sogar die Politiker in Washington befassen sich mittlerweile damit«, wusste Pete. Genau diese vielfach kritisierten Privatsphäre-Einstellungen sollten mich am nächsten Tag noch einmal in die Facebook-Zentrale bringen – und diesmal war »Zuck«, wie der Facebook-Chef von Freunden genannt wird, anwesend.

Mark Zuckerberg

Als ich am nächsten Morgen in der Facebook-Cafeteria Platz nahm, fiel mir als erstes nicht Mark Zuckerberg, sondern COO Sheryl Sandberg, die Nummer zwei der Internet-Firma, auf. Hier sollten die neuen Privatsphäre-Einstellungen präsentiert werden, und ich hatte es mit einigen Schwierigkeiten (wieder hatte man versucht, mich abzuwimmeln) unter den exklusiven Kreis der Agentur-Journalisten geschafft, die dem Event beiwohnen durften. Sandberg jedenfalls schlenderte umher, tratschte mit Bloggern, begrüßte Agentur-Fotografen und flüsterte den PR-Mitarbeitern einige letzte Anweisungen ins Ohr. Niemand bemerkte, dass Mark Zuckerberg schon längst den Raum betreten hatte. Fast eingeschüchtert stand er auf der Fensterseite, nippte an einem Energy-Drink, den er sich wohl aus einem der Facebook-Kühlschränke geschnappt hatte, und schien in Gedanken noch einmal seinen Text durchzugehen – so wie es viele Studenten machen, bevor sie ihre Semesterarbeit dem Plenum präsentieren. Erst als Robert Scoble, der Blogger, mit dem ich mich über Zuckerberg unterhalten hatte, den 26-Jährigen in ein Gespräch verwickelte, wurde die wartende Fotografenmeute der Anwesenheit des Internet-Stars gewahr. Ein Blitzlichtgewitter brach über den Facebook-Chef herein. Der setzte zwanghaft ein schmales Lächeln auf und ließ den plötzlichen Rummel um seine Person über sich ergehen. Fünf Minuten später stellte er sich dann einer der schwierigsten Aufgaben seines jungen Lebens: Er musste erklären, warum Facebook immer wieder aufs Neue versucht, möglichst viele Daten der Nutzer öffentlich, also für jeden Internetnutzer einsehbar zu machen. »Das sind die Informationen, die andere brauchen, um jemanden bei Facebook finden zu können. Wenn einige dieser Informationen nicht standardmäßig für alle einsehbar sind, wird es für Freunde aus der echten Welt sehr schwer sein, dich zu finden. Wenn man etwa die Möglichkeit, eine Nachricht empfangen zu können, nur seinen Freunden gibt, wird dich niemand kontaktieren können, der noch nicht dein Freund ist«, ließ Zuckerberg die Welt wissen. »Wir wollen, dass Facebook ›out of the box‹ funktioniert. Wenn nur die Leute, die du kennst, deine Informationen auf der Seite sehen können, dann wird es sehr schwer sein, mit neuen Freunden zu interagieren.« Und er beteuerte: »Ich will nicht missverstanden werden. Wir glauben wirklich an Privatsphäre und daran, den Menschen Kontrolle über ihre Daten zu geben.«

Sheryl Sandberg, die links neben mir saß, ließ Zuckerberg keine Sekunde aus den Augen. Die 41-Jährige ist die Erwachsene in dem sehr jungen Unternehmen und verfolgte Zuckerberg mit jener Aufmerksamkeit, mit der eine Lehrerin ihren Schüler beobachtet. Sandberg ist neben Marks Freundin Priscilla Chan die wichtigste Frau in seinem Leben. Sie leitet das Tagesgeschäft von Facebook und bringt dabei ihre ganze Erfahrung ein, die sie bei ihrem vorherigen Arbeitgeber Google gesammelt hat, wo sie den Anzeigenmarkt (»AdSense«) betreute. Zudem ist sie Vorstandsmitglied bei Walt Disney und Starbucks, war Beraterin von Bill Clinton und wird als eine der mächtigsten Geschäftsfrauen der Welt gehandelt. Nach der Pressekonferenz ergriff ich die Gelegenheit, Sandberg zu interviewen. »Egal, ob du deine Informationen einen oder hundert Freunde sehen lässt, wirst du immer dieselbe Werbung zu sehen bekommen. Wir geben niemals Daten an die Werbetreibenden, sondern platzieren die Anzeigen selbst«, sagte Sandberg zu mir, um noch einmal zu unterstreichen, was Zuckerberg eine halbe Stunde zuvor versucht hatte zu erklären. Die Managerin machte auch deutlich, dass Facebook immer darauf achten würde, dass einige personenbezogene Daten für andere einsehbar sein müssen und immer sein werden. »Die Seite würde anders nicht funktionieren. Der Grund, warum nicht alles vor Freunden verborgen werden kann, ist, weil dann niemand Freunde hätte. Einige Daten müssen offen sein, damit man von anderen gefunden werden kann«, so Sandberg. Ihr Schützling, so wurde während seiner einstündigen Präsentation deutlich, tat sich nicht so leicht wie sie, über die neuen Privatsphäre-Einstellungen zu sprechen. Der Kloß in seinem Hals war ihm deutlich anzuhören. Zuckerberg musste noch nicht oft solche Situationen, in denen er Fehler eingestand, durchmachen. Schließlich ist das Leben des Facebook-Chefs stark vom schnellen Erfolg geprägt. Genie, Milliardär, Visionär – der am 14. Mai 1984 in White Plains nahe New York geborene Sohn eines Zahnarztes und einer Psychologin hat schon viele Bezeichnungen bekommen, die jedem schmeicheln würden. Doch abgesehen von seinen Ideen und einigen Sagern – »Privatsphäre ist nicht länger eine soziale Norm« ist wohl sein berühmtester – weiß man eigentlich nicht viel über ihn. Auf seinem Facebook-Profil – das schon früh in eine Facebook Page umgewandelt wurde, damit er mehr als 5000 Freunde haben kann – ist nicht viel über ihn zu erfahren. Zu seinen persönlichen Interessen gehören »Offenheit«, »Dinge, die helfen, Menschen zu vernetzen«, »Revolutionen« und »Minimalismus«. So weit, so nichtssagend. Aus den wenigen Bildern, die er hochgeladen hat, lässt sich ebenfalls nicht viel lesen – abgesehen davon, dass an ihm wohl kein Fotograf von Weltformat verlorengegangen ist. Ganze zwölf Bilder von seiner Weltreise, die er 2008 unternommen hat, schafften es auf seine Seite, darunter Schnappschüsse vom Brandenburger Tor in Berlin, einem alten Trabi, der ihn offenbar besonders faszinierte, sowie Bilder aus Istanbul, Nepal und Indien. Ein Detail der Reise soll nicht unerwähnt bleiben, zeigt es doch, dass Zuckerberg gerne in den Fußstapfen großer Männer wandelt: In Indien unternahm er eine kleine Pilgerfahrt zu einem Aschram, einem hinduistischen Gebetszentrum im Himalaya, allerdings nicht aus religiösen Gründen (Zuckerberg wurde nach jüdischem Glauben erzogen und bezeichnet sich selbst als Atheist). Dieselbe Gebetsstätte soll bereits von Apple-Chef Steve Jobs (dessen MacBooks er bevorzugt), dem Google-Erfinder Larry Page sowie dem eBay-Mitbegründer Jeff Skoll besucht worden sein, weswegen Zuckerberg wohl eher als Tourist auf den Spuren großer IT-Persönlichkeiten einzustufen ist.[17]

Die andere große Reise seines Lebens fand innerhalb der Grenzen der Vereinigten Staaten statt, als er Facebook von der Universität Harvard nach Palo Alto im Silicon Valley führte. Hier soll er in einem kleinen Apartment wohnen, das nur einen kurzen Fußweg vom Facebook-Hauptquartier entfernt liegt. Auch sonst dürfte »Zuck« keine Star-Allüren an den Tag legen, sondern eher das Leben eines durchschnittlichen Mittzwanzigers führen, der zufällig auch Chef einer der wichtigsten Internetfirmen der Welt ist. Er mag Green Day und den schwedischen Musikdienst Spotify, hat ein Android-Handy, isst gerne frittiertes Hühnchen, kommuniziert am liebsten via Instant Messenger und trägt meist Turnschuhe, Jeans und einen Kapuzenpulli. Sein Markenzeichen, das wohl nur deshalb zu einem wurde, weil an seinem Erscheinungsbild nichts Außergewöhnliches zu entdecken ist, hat er mittlerweile abgelegt: In den ersten Jahren von Facebook wurde Zuck meist in Adidas-Badeschlapfen gesichtet, die er auch für wichtige Treffen mit hochrangigen Geldgebern nicht abgelegt haben soll. Dafür hat der Kapuzenpulli, den er öffentlich nur ein einziges Mal ausgezogen hat, eine besondere Bewandtnis: Auf dem Innenfutter ist ein Emblem gedruckt, das ein Facebook-Grafiker entworfen hat und drei sich in der Mitte kreuzende Pfeile auf hellblauem Grund zeigt. So mystisch, wie es sich anhört, ist die

Sache aber nicht: Ein Pfeil ist mit »Graph«, einer mit »Stream« und einer mit »Platform« beschriftet – jeder steht somit für eine zentrale Technologie von Facebook. Auf dem Kreis, der hinter den Pfeilen liegt, ist keine lateinische Geheimbotschaft, sondern lediglich das Firmenmotto »Making the world open and connected« zu lesen. Was allerdings stutzig macht: Jeder Mitarbeiter hat als Dankeschön einen identischen Pulli bekommen. Zuckerberg sieht seine Belegschaft offensichtlich als eingeschworene Gemeinde, die allein imstande ist, Software zu entwickeln, die die Welt besser macht.

»Er ist wirklich schwer zu lesen«, sagt Chris Hughes, der als einer der Mitbegründer von Facebook gilt, heute aber nicht mehr für das Unternehmen arbeitet, über Zuckerberg. »Es ist schwer, normal mit ihm zu kommunizieren.«[18] Das ist wohl mit ein Grund, warum Zuckerbergs Mitstreiter, mit denen er Facebook in Harvard gründete, alle nicht mehr bei Facebook sind. Neben Chris Hughes, der Facebook 2008 verließ, um den Online-Wahlkampf von Barack Obama mitzugestalten, hat auch Dustin Moskowitz dem Online-Netzwerk den Rücken gekehrt, um einen neuen Webdienst namens Asana zu starten. Von seinem Uni-Freund Eduardo Saverin, mit dessen Geld die ersten Ausgaben von Facebook gedeckt wurden, trennte sich Zuckerberg im Streit: Saverin war anfangs für den Verkauf der Online-Anzeigen zuständig, entfernte sich von der Firma aber immer mehr, als Zuckerberg ins Silicon Valley übersiedelte. Je tiefer Zuckerberg in die Geschäftemacherei und Denkweise des Hightech-Mekkas gezogen wurde, desto weniger konnte er mit seinem einstigen Freund, der in New York geblieben war, anfangen. Wie Ben Mezrich in seinem Buch »The Accidental Billionaires« sehr dramatisch beschreibt, muss der Bruch der Freundschaft mit dem Eintritt von Sean Parker in Zuckerbergs Leben begonnen haben. Er ist der Mitgründer von Napster, einer Software, die Ende der 1990er für eine Revolution der Musikwelt sorgte, weil sie es auf einfache Weise erlaubte, Songs aus dem Internet zu laden, und die Musikindustrie zum Toben brachte. Nachdem Napster nach erheblichen rechtlichen Problemen und Klagen im Jahr 2002 vom deutschen Verlagskonzern Bertelsmann gekauft worden war, suchte Parker nach dem nächsten großen Ding – und fand es in Zuckerbergs Facebook. Während Parkers Einfluss auf Zuckerberg wuchs – er brachte ihn etwa in Kontakt mit Peter Thiel, dem ersten Investor –, schwand jener von Saverin, und schließlich sollte er durch windige Verträge um seine Anteile an der Firma gebracht werden. Erst eine Klage dürfte Saverins Namen zurück in die offizielle Liste der Gründer gebracht haben, und heute gehören ihm 5 % von Facebook. Sean Parkers Zeit als Vertrauter von Zuckerberg war ebenfalls begrenzt: Nach einem Drogen-Vorfall auf einer Party, in den er involviert war, musste er von seiner zuvor erlangten Manager-Position, vor allem auf Drängen einiger Facebook-Investoren, zurücktreten. Dennoch gehören ihm heute noch etwa 4 % des Unternehmens. Andere enge Mitarbeiter wie Matt Cohler, Jeff Rothschild, Adam D'Angelo und Owen Van Natta haben sich ebenfalls von Zuckerberg, der sich zunehmend mit hochrangigen Ex-Googlern umgibt, verabschiedet. Jeder von ihnen hält einige Promille an Facebook. Dass Zuckerberg einige Zeit lange den Spruch »I'm CEO...bitch!« (»Ich bin der Boss...Schlampe«) auf seine Visitenkarte hat drucken lassen, kann man entweder als Studentenscherz deuten oder aber als Botschaft eines Erfolgsbesessenen, der keine Konkurrenten (nicht einmal Freunde) neben sich duldet.

David Kirkpatrick zeichnet in seinem Buch »The Facebook Effect« ein anderes Bild von Zuck: Er beschreibt ihn als Denker, als jungen Mann der großen Visionen, als einen, der nicht auf Geld aus ist, sondern etwas bewegen will. Sein Notizbuch hat er »Book Of Change« getauft, und seinen darin festgehaltenen Ideen hat er ein Gandhi-Zitat (»Be the change you want to see in the world«) vorangestellt. »Das erste Mal traf ich Zuckerberg zum Lunch«, schreibt Kirkpatrick. Es war jener Tag, an dem der Facebook-Chef neue Privatsphäre-Einstellungen nur in den News Feed eingeführt hatte, um die aufgebrachte Nutzergemeinde, die sich in ihrer Privatsphäre verletzt fühlte, zu beruhigen. »Er begann augenblicklich über soziale Netzwerke und Facebooks Rolle darin zu sprechen. Er ließ den Aufruhr, den er in den vergangenen Tagen versucht hatte niederzustampfen, fast völlig außer Acht. Er sprach in großen und visionären Worten.« An anderer Stelle beschreibt Kirkpatrick, wie Zuckerberg im Schneidersitz im Facebook-Hauptquartier zu versammelter Mannschaft spricht, die ihm aufmerksam lauscht. Solche – und andere Darstellungen, die ihn als Genie, als Revolutionär menschlicher Kommunikation – beschreiben, geben Zuckerberg die Charakterzüge eines Propheten. Auf seiner Konferenz f8 im April 2010 »predigte« er etwa Folgendes: »Es gibt ein altes Sprichwort, das besagt, dass wenn man in den Himmel kommt, alle Freunde dort sind und alles so ist, wie man es gerne hätte. Also lasst uns zusammen eine Welt schaffen, die genauso ist.« Das passende Werkzeug für solche Großtaten ist seiner Meinung nach Facebook, das die Welt transparenter und offener zu machen imstande ist. Seine hochtrabenden Aussagen kann man aber auch in einem anderen Licht sehen, wie etwa die Süddeutsche Zeitung über seinen Auftritt am Werbefestival »Cannes Lions 2010« kommentierte: »Zuckerberg drischt Phrasen, die ganze Zeit. Jeder Satz wirkt weichgespült, seines Inhalts und seiner Substanz beraubt. Welche PR-Schule hat der Mann durchlaufen? Eine Dreiviertelstunde lang geht das so. Zuckerberg spricht schnell, sagt aber nichts.«[19]

Vielleicht sollte man Zuckerbergs bisheriges Schaffen einfach nüchtern folgendermaßen zusammenfassen: Ein Student von der US-Westküste ist so schlau, mit einer Idee, die viele andere ebenfalls hatten, ins Zentrum der Internet-Branche zu ziehen, um sich dort von seinen Mitgründern zu trennen und mit den richtigen Kontakten sowie deren Geld und Know-how einen Onlinedienst aufzubauen, der nicht die gleichen Fehler macht wie seine Konkurrenten.

Wem gehört Facebook?

Mark Zuckerberg wird oft als der jüngste Milliardär der Welt bezeichnet. Seinem Lebensstil – er bewohnt ein kleines Apartment in Palo Alto und fährt einen braunen Sportwagen der Marke Acura – ist das allerdings nicht anzumerken. Seine Firma wirft offiziell seit September 2009 Gewinn ab, aber seither kann Zuckerberg kaum eine Milliarde Dollar auf sein Konto gescheffelt haben. Die Geschichte vom jüngsten Milliardär der Welt geht auf eine Liste des Wirtschaftsmagazins Forbes zurück, die im März 2008 veröffentlicht wurde. Mit einem geschätzten Vermögen von 1,5 Milliarden Dollar wurde er damals in der Rangliste der reichsten Menschen der Welt auf Platz 785 eingereiht – einfach aufgrund des Umstandes, dass seine Firma damals auf diesen Wert geschätzt wurde. Im März 2010 hatte Zuckerberg bei Forbes über 500 Rangplätze eingeholt: Mit einem Wert von vier Milliarden Dollar soll er auf Rang 212 der reichsten Menschen der Welt liegen. Doch die vielen Milliarden sind theoretisch und liegen nicht auf Zuckerbergs Bank. Bleiben also nur die Investorengelder, die seit dem Jahr 2004 in mehr oder weniger regelmäßigen Abständen, jedenfalls in immer größeren Beträgen in die Firma fließen. Doch auch hier wurde ich, je mehr ich nachrechnete, stutzig. Maximal 1,056 Milliarden Dollar (828 Millionen Euro) sind bis Juli 2010 offiziellen Quellen zufolge für Anteile an der Firma ausgegeben worden – davon wurden jedoch 310 Millionen Dollar nicht an Facebook selbst, sondern für Anteile gezahlt, die sich andere Investoren zu einem früheren Zeitpunkt gekauft hatten. Man kann also davon ausgehen, dass abgesehen von eigenen Einnahmen aus dem Geschäft mit Online-Anzeigen 745,8 Millionen Dollar (586 Millionen Euro) effektiv in die Facebook-Kassen geflossen sind. Ein Milliardär ist Zuckerberg also höchstens auf dem Papier und ihm alleine gehört die Firma auch schon lange nicht mehr – weshalb bei einem Verkauf oder Börsengang sich nicht nur er allein, sondern einige andere Firmen und Persönlichkeiten die Hände reiben würden. Denn die Riege um Mark Zuckerberg ist gleichzeitig eine Kerngruppe im Silicon Valley, die viel Macht und – sieht man sich ihre Verbindungen genauer an – fast inzestuöse Züge hat.

Im Silicon Valley läuft die Sache folgendermaßen: Auf der einen Seite gibt es junge, talentierte Menschen mit Ideen, die sie verwirklichen wollen. Auf der anderen Seite stehen große Risikokapitalfirmen (VCs, »Venture Capitalists« genannt) mit Geldtöpfen, die oft mehrere hundert Millionen Dollar groß sind. Diese Investoren (auch »Angel-Investoren« oder »Inkubatoren« genannt) verteilen ihr Kapital auf mehrere vielversprechende Start-ups und hoffen, dass eines davon an die Börse geht oder an eine größere Firma verkauft wird. Dann bekommt man für das Geld, um das man sich früh sehr günstig Anteile an dem Start-up gesichert hat, sehr viel mehr Geld zurück. Professor Burton Lee von der Universität Stanford vergleicht das Silicon Valley mit einem Trichter: Auf der einen Seite werden unzählige Internet-Start-ups hineingeschüttet, auf der anderen Seite komme regelmäßig ein neues Yahoo!, ein neues Google oder ein neues Facebook heraus, wie er mir erklärte. Für das Start-up oder den Jungunternehmer bedeutet das Folgendes: Er kann seine Idee mit dem Risikokapital im Rücken viel schneller aufbauen (im Internet-Business ist das essenziell), muss aber – bei Erfolg, versteht sich – früher oder später entweder einen Börsengang (IPO) wagen oder verkaufen. Schließlich wollen seine Investoren Bares sehen. Die zweite Grundregel: Je früher man investiert, desto günstiger. Wer zu spät kommt, zahlt oft Hunderte Millionen Dollar für einen Bruchteil der Prozente, die der erste Kapitalgeber für viel weniger Geld bekommen hat.

An erster Stelle der langen Liste der Facebook-Geldgeber steht der Hightech-Investor Peter Thiel. Der gebürtige Deutsche, der heute zu den einflussreichsten Persönlichkeiten des Silicon Valley gehört, ist der erste Geldgeber von Mark Zuckerberg. Die beiden lernten sich im Sommer 2004 kennen, kurz nachdem Zuck seinen Firmensitz von Harvard nach Palo Alto verlegt hatte. Damals bewies Thiel ein zweites Mal Gespür für »the next big thing«. Einmal hatte er schon eine Nase für einen erfolgreichen Webdienst: Als er 1998 am Campus der Universität Stanford dem damals 23-jährigen Informatikstudenten Max Levchin begegnete, sollte ein Stückchen Internetgeschichte geschrieben werden. Levchin spielte damals mit der Idee, einen einfach zu bedienenden Bezahldienst zu entwickeln, der mit der eigenen E-Mail-Adresse zur Verifizierung verknüpft war. Thiel erkannte das Potenzial, schmiss seinen Managerjob hin und investierte 240.000 Dollar in Levchins Idee. Der Schritt sollte sich auszahlen: Im Jahr 2002 kaufte sich eBay das mittlerweile börsennotierte Web-Unternehmen, das PayPal geworden war, um 1,5 Milliarden Dollar. Thiel, der als CEO von PayPal fungierte, soll bei dem Deal 60 Millionen erhalten haben, die er zuerst in einen Ferrari Spider, später in junge Start-ups investieren sollte.[20] Eines davon war Facebook: Nur sieben Monate nach der Gründung des damaligen Studenten-Netzwerks führte er die erste Investmentrunde an, die Zuckerberg insgesamt 600.000 Dollar einbrachte. Für 500.000 Dollar (etwa 385.000 Euro) kaufte sich Thiel 10,2 % von Facebook und bekam einen Sitz im »Board«, wie im angloamerikanischen Raum der Aufsichtsrat bzw. Vorstand einer Firma genannt wird. Jeweils 40.000 Dollar spendierten Reid Hoffman, Chef des Business-Netzwerks, sowie Marc Pincus, der etwa ein Jahr zuvor das Online-Netzwerk Tribe.net gegründet hatte und heute Chef des Facebook-Spiele-Anbieters Zynga (z. B. »FarmVille«) ist. Die restlichen 20.000 Dollar verteilen sich auf kleinere Geldgeber. Peter Thiel hält heute etwa 3 Prozent an Facebook und dürfte die restlichen 7 Prozent für viele Millionen an andere Facebook-Investoren verkauft haben. Das Online-Netzwerk hatte damals weniger als 1,5 Millionen Mitglieder und wurde auf einen Wert von 4,9 Millionen Dollar (etwa 3,9 Millionen Euro) geschätzt.[21]

Die zweite Finanzierungsrunde folgte etwa ein halbes Jahr später, im April 2005.

»Eine Menge Leute im Silicon Valley haben uns schief angesehen und gefragt: ›Warum macht ihr das?‹«, berichtete mir Sonali De Rycker, eine der PartnerInnen der Investmentfirma Accel, im Juni 2010 in München.

Ich war extra angereist, um die indischstämmige Britin und zweifache Mutter zum Interview im Rahmen der Konferenz »DLD Women« zu treffen und die seltene Gelegenheit zu nutzen, eine Vertreterin eines Facebook-Geldgebers vors Mikrofon zu bekommen. »Facebook ist ein absolut simples, sauberes und intuitives Produkt, egal ob du Fotos hochlädst, eine Message verschickst oder mit Freunden kommunizierst. Wir sahen, dass es einen Bedarf für Netzwerke in der Offline-Welt gab, also warum sollte es diesen Bedarf nicht auch online geben?«, so De Rycker. »Wir haben auf ein gutes Team und ein gutes Produkt gesetzt – und viel Glück gehabt, aber das gehört zu unserem Business.« Für 12,7 Millionen Dollar (etwa zehn Millionen Euro) sicherte sich Accel Partners etwa 10 Prozent an Facebook.

»Unser Geschäft läuft so: Wir geben der Firma Geld und bekommen dafür Anteile. Wenn die Firma an die Börse geht oder übernommen wird, verkaufen wir diese Anteile und machen dadurch fabelhaften Gewinn«, erklärte mir De Rycker. »Aber es gibt noch einen anderen, indirekten Nutzen: Wenn man an Bord einer solchen Rakete und Mitglied des Vorstands ist, hat das Vorteile, wenn es um das nächste Investment, das nächste Facebook geht.« Einer der Partner bei Accel, Jim Breyer, bekam mit dem Einstieg einen Sitz im Vorstand von Facebook und damit in drei Punkten wesentlichen Einfluss auf Zuckerbergs Firma. »Der erste Punkt ist die Erfahrung. Der Weg eines Start-ups ist wie ein Film, und diesen Film haben wir Hunderte Male gesehen. Du weißt, was auf die Firma zukommt, weil du die Geschichte schon zehn, 20 Mal gesehen hast, und kannst mit dieser Erfahrung helfen, Fehler zu vermeiden. Der zweite Punkt ist das Personal: Wenn eine der Firmen, bei denen wir im Vorstand sitzen, einen neuen Finanzchef braucht, haben wir durch unsere Investments in vielen anderen Firmen Zugang zu Talenten. Der dritte Punkt sind unsere Kontakte: Wir können den Firmen Türen öffnen und ihnen einen unfairen Vorteil im Kampf gegen Konkurrenten verschaffen«, so De Rycker. Accel Partners, deren Firmensitz übrigens nicht unweit von Facebook in Palo Alto liegt, hat die Finger in vielen anderen Internetdiensten im Spiel. Vom Gutschein-Portal Groupon über den Online-Stammbaum MyHeritage bis zum Handy-Werbungsspezialisten AdMob, der um 850 Millionen Dollar (etwa 655 Millionen Euro) von Google gekauft wurde – überall steckt Accel-Geld. Jim Breyer hat selbst eine Million in Facebook gesteckt und hält heute 1 Prozent der Firma. Er ist ein mächtiger Mann, schließlich ist er auch Vorstandsmitglied bei der größten Handelskette der Welt, Wal-Mart, beim Notebook-Hersteller Dell und bei dem Comic-Riesen Marvel Entertainment (z. B. Spider-Man, X-Men).

Seit dem Einstieg von Breyer hält sich ein Gerücht hartnäckig: Facebook soll über Accel Partners eine Verbindung zum US-Geheimdienst CIA haben, da im Vorstand der Risikokapitalfirma ein gewisser Gilman Louie sitzt, der gleichzeitig Chef der Firma In-Q-Tel ist. Diese wurde 1999 mit Geldern der CIA gegründet, um Hightech-Unternehmen zu finanzieren und den Geheimdienst so immer am neuesten Stand der Technik zu halten. Eine der Spezialitäten von In-Q-Tel soll sogenanntes Data Mining sein, also die automatisierte Auswertung von Daten zur Erkennung von Mustern. Diese Verbindung zwischen Facebook und der CIA ist natürlich delikat, impliziert sie doch, dass der US-Geheimdienst Verhaltensprofile über Personen im ganz großen Stil anlegt.

Sonali De Rycker von Accel Partners dementierte das Gerücht, als ich sie damit konfrontierte, und will den Namen Gilman Louie nie gehört haben.

»In den vergangenen zehn Jahren war er sicher nicht bei Accel. Ja, Facebook schaltet Werbung und macht damit Geld, aber es gibt keine große Verschwörung im Hintergrund.«

Ziemlich genau ein Jahr, nachdem Accel Partners bei Facebook einstieg, kam im April 2006 die nächste Investmentrunde. Diesmal legten drei Firmen insgesamt 27,5 Millionen Dollar (etwa 21 Millionen Euro) zusammen. Neben Meritech Capital Partners war wieder Peter Thiel am Zug, der diesmal über seine neue Investmentfirma The Founders Fund Geld für Facebook übrig hatte. Der interessanteste Geldgeber ist aber diesmal Greylock Partners: Einer der Partner dort ist Reid Hoffman, Chef des Business-Netzwerks LinkedIn, der schon einmal Kapital in Zuckerbergs Webdienst gesteckt hatte. Der wichtigere Name ist aber Howard Cox, der sowohl als Partner bei Greylock[22] als auch auf der offiziellen Seite von In-Q-Tel, der bereits erwähnten CIA-Firma, als Vorstandsmitglied auftaucht.[23] Damit gibt es tatsächlich eine direkte und nachweisbare Verbindung zwischen Facebook und dem US-Geheimdienst. Außerdem soll die CIA Personal über den Webdienst rekrutieren und seit März 2010 ist auch die US-Bundespolizei FBI in dem Online-Netzwerk. »Undercover-Agenten sollen als fiktive Persönlichkeiten in sozialen Netzwerken wie Facebook, MySpace oder Twitter aktiv werden. So sollen Informationen über Verdächtige und Alibis überprüft werden. Auch Zeugen oder Informanten könnten über die Freundeslisten gefunden werden, heißt es in dem Dokument des US-Justizministeriums«, so ein Artikel im KURIER.[24]

Sowohl Greylock als auch Meritech halten heute jeweils 1 bis 2 Prozent an Facebook und trieben Facebooks Marktwert damals auf etwa eine halbe Milliarde Dollar (etwa 385 Millionen Euro) – fünf Mal so hoch wie noch ein Jahr zuvor. Für die bisweilen größte Sensation sollte aber Microsoft im Oktober 2007 sorgen: Um 240 Millionen Dollar (185 Millionen Euro) kaufte sich der Software-Riese winzige 1,6 % an Facebook und machte Zuckerbergs Firma über Nacht 15 Milliarden Dollar (11,6 Milliarden Euro) schwer. Steve Ballmer, der mehr als energische Chef des Software-Konzerns, hatte damit aber kaum sein Ziel erreicht. Denn ursprünglich wollte er Facebook kaufen, schon allein deswegen, um dem Erzrivalen Google eins auszuwischen. Larry Pages und Sergey Brins Unternehmen hatte Ballmer bereits zur Weißglut getrieben, weil sie ihm kurz nacheinander zwei Deals vor der Nase weggeschnappt hatten. Zuerst hatten sie Microsofts Angebot an MySpace, für 1,15 Milliarden Dollar drei Jahre lang Werbung zu schalten, unterboten und mit 900 Millionen Dollar dieses Geschäft für sich beschlossen. Kurze Zeit darauf, Anfang 2007, kaufte Google Microsoft den Werbespezialisten Double-Click vor der Nase weg, und ein drittes Mal wollte Ballmer auf keinen Fall verlieren. »Warum kaufen wir dich nicht einfach um 15 Milliarden Dollar?«, soll der um 28 Jahre ältere Manager zu Mark Zuckerberg bei einem Meeting in Palo Alto gesagt haben.[25] Zuck ließ sich nicht davon beeindrucken und verkaufte Ballmer lediglich 1,6 % seiner Firma. So ist es kein Wunder, dass, wann immer Facebook neue Funktionen und Dienste einführt, Microsoft-Produkte von Anfang an mit an Bord sind. Die Spielkonsole Xbox360 ist genauso mit dem Online-Netzwerk verknüpft wie das E-Mail-Programm Outlook, die Chat-Software »Windows Live Messenger« oder die Online-Bürosoftware Docs.com, eine Gratisversion von Microsofts »Office«. Im Wettstreit mit dem übermächtigen Feind Google ist für Ballmer aber wohl am wichtigsten, dass er seine Suchmaschine Bing, die bereits öffentliche Statusmeldungen der Mitglieder durchforstet, mithilfe von Facebook in Zukunft stärken könnte.

Einen Monat nach Microsoft stieg ein anderes Schwergewicht der Business-Welt ein, das sich gut mit Netzwerken auskennt: Der Unternehmer Li Ka-shing aus Honkong, der unter den Top 15 der reichsten Menschen der Welt ist und mit Hutchison Whampoa einen Milliardenkonzern aufgebaut hat. Ihm gehören weltweit mehr als 50 Industriehäfen, Hotel- und Supermarktketten sowie das Mobilfunkunternehmen »3«, das auch in Österreich operiert. Li Ka-shing investierte im November 2007 etwa 60 Millionen Dollar (46,4 Millionen Euro) und verdoppelte den Betrag vier Monate später. Er besitzt heute knapp 1 Prozent von Facebook. In China gibt es das Sprichwort, dass von jedem Dollar, der in Hongkong ausgegeben wird, fünf Cent in Li Ka-shings Tasche wandern, wie ich bei einem Besuch der asiatischen Metropole erfuhr. Er ist sehr aktiv, was Internet-Investments angeht, und hat viele Millionen Dollar in den Internettelefonie-Service Skype, den Musikdienst Spotify, die iPhone-App Siri (Apple kaufte sie sich um 200 Millionen Dollar) sowie die Handy-Software DoubleTwist investiert. »Als ich mich mit Li Ka-shing in Peking traf, war ich überrascht, wie bescheiden er ist«, erzählte mir die DoubleTwist-Gründerin Monique Farantzos in ihrem Büro in San Francisco. »Er ist überhaupt nicht so, wie man es sich von einem so reichen Mann erwarten würde. Er trägt nicht einmal eine teure Uhr.« Die treibende Kraft hinter seinen Investitionen dürfte allerdings seine Frau sein, die im Silicon Valley häufig auf der Suche nach neuen Start-ups ist.

Seit Jänner 2008 sind auch Europäer bei Facebook an Bord, und auch bei ihnen handelt es sich um keine Unbekannten: Die Samwer-Brüder aus

Deutschland haben sich über ihren European Founders Fund um 15 Millionen Dollar (rund 11,6 Millionen Euro) an Facebook beteiligt. Alexander, Marc und Oliver Samwer hatten schon immer ein Gespür für Internet-Trends und haben damit viel Geld gemacht: 1999 ließen sie sich von der Auktionsplattform eBay inspirieren und bauten mit Alando eine deutsche Kopie, die sie nur sechs Monate nach dem Start um 50 Millionen Dollar an das Vorbild verkauften. Danach gründeten sie gemeinsam mit den Elektrohandelsketten MediaSaturn und Electronic Partner den kontroversen Webdienst Jamba, der Klingeltöne und Handy-Software in sehr aggressiver Weise vor allem an Jugendliche verkaufte. Vor allem in Deutschland und Großbritannien wurde Jamba heftig dafür kritisiert, Minderjährige zu kostspieligen Monatsabonnements zu verführen, ohne sie über die Konsequenzen aufzuklären. Die Samwer-Brüder kamen aber ungeschoren davon und verkauften Jamba 2004 um rund 233 Millionen Euro an das US-Unternehmen VeriSign. Mit den Millionen, die sie dabei einsackten, wechselten sie vom Gründer-Business ins Geschäft mit Risikokapital und positionierten sich fortan mit dem European Founders Fund, der nicht zufällig so ähnlich heißt wie Peter Thiels Founders Fund, als Geldgeber für Webdienste. Der Facebook-Konkurrent StudiVZ und der YouTube-Klon MyVideo sollen Insidern zufolge genauso durch sie mitfinanziert worden sein wie Facebook und – keine große Überraschung – das Geschäftsnetzwerk LinkedIn.

Im Mai 2008 borgte sich Facebook 130 Millionen Dollar (etwa 100 Millionen Euro) von TriplePoint Capital, um seine immer größeren Ausgaben decken zu können. Gelder dieser Risikokapitalfirma mit Sitz im Silicon Valley stecken außerdem in YouTube, Slide.com sowie Segway, dem Hersteller der außergewöhnlichen, zweirädrigen Elektroroller, die immer öfter auf Europas Straßen und Gehsteigen zu sehen sind. Weitaus mehr Aufsehen erregte aber der Einstieg des russischen Internet-Millionärs Yuri Milner und seinem Unternehmen Digital Sky Technologies: Im Mai 2009 kaufte der Moskauer um 200 Millionen Dollar (rund 154 Millionen Euro) exakt 1,96 % an Facebook. Auch Milner hat überall die Finger im Spiel, wo große Onlinedienste Millionen Nutzer anziehen. »Es ist, als ob man einen Teil des Internets kaufen würde«, sagte er damals über seine Investition. Ihm »gehören« im Übrigen noch einige andere wesentliche Teile des Internet: Er kaufte sich etwa um 140 Millionen Euro die einst sehr populäre Chat-Software ICQ und ist am größten russischen Mailanbieter Mail.ru genauso beteiligt wie an dem russischen Online-Netzwerk Vkontakte, eine unverhohlene Facebook-Kopie. Zusätzlich hat er dem Facebook-Spiele-Giganten Zynga 180 Millionen Dollar (etwa 140 Millionen Euro) spendiert, um weitere 100 Millionen Dollar seine Facebook-Anteile auf etwa 5 Prozent erhöht und sich damit in die beneidenswerte Situation manövriert, selbst für Geldgeber interessant zu sein. So hat das chinesische Unternehmen Tencent, das den in China mit Abstand beliebtesten Chat-Dienst QQ betreibt, 300 Millionen Dollar (230 Millionen Euro) bei Milner investiert. Im Juli 2010 hat sich schließlich Naspers, ein südafrikanischer Medienkonzern, um 388 Millionen Dollar (etwa 300 Millionen Euro) genau 28,7 % von Digital Sky Technologies und damit indirekt bei Facebook eingekauft. Zu guter Letzt hat sich auch ein Rockstar Anteile von Facebook gesichert: Bono Vox, Sänger der irischen Gruppe U2, kaufte sich gemeinsam mit seinen Geschäftsfreunden von Elevation Partners um insgesamt 210 Millionen Dollar (rund 160 Millionen Euro) geschätzte 1,5 % von Zuckerbergs Unternehmen. Auch diese Investition dürfte kein Zufall sein: So ist Mark Bodnick von Elevation Partners dem Weblog Techcrunch zufolge der Schwager von Facebook-COO Sheryl Sandberg.[26]

Neben diesen Firmen gibt es eine ganze Reihe von Personen, denen ebenfalls Teile an Facebook gehören. Mark Zuckerberg hält 24 %, sein Ex-Mitgründer Dustin Moskovitz und Eduardo Saverin 6 bzw. 5 Prozent. Die ehemaligen Mitarbeiter Matt Cohler, Jeff Rothschild, Adam D'Angelo und Owen Van Natta halten jeweils weniger als 1 Prozent. Der Kreis, der wirklich das Sagen hat, ist jedoch sehr klein: Im Vorstand der Firma sitzen neben Mark Zuckerberg, Accel-Partner Jim Breyer und Founders-Fund-Chef Peter Thiel der Silicon-Valley-Veteran Marc Andreessen sowie der Herausgeber der Washington Post, Don Graham. Diese vier stehen Zuck mit Rat und Tat zur Seite und entscheiden über die Zukunft der Firma mit. Paul Madera vom Investor Meritech Capital Partners und David Sze von Greylock Partners schließlich haben Aufsichtspositionen inne. Sie dürfen zwar an Vorstandssitzungen teilnehmen, haben jedoch bei Mehrheitsentscheidungen kein Stimmrecht.

Zusammengefasst lässt sich konstatieren, dass sich rund um Facebook das »Who is Who« der internationalen Hightech-Branche geschart hat. Auch wenn der Termin von Zuckerberg immer weiter hinausgeschoben wird, ist somit eines fix: Wenn der Zenit erreicht ist und Facebook nicht mehr weiterwachsen kann, ist ein Börsengang oder ein Verkauf der Firma unausweichlich. Denn die vielen Investoren – außer Südamerika und Australien sind mittlerweile alle großen Weltregionen vertreten – werden dann etwas für ihr Geld sehen wollen. Bis dahin könnte aber noch einige Zeit vergehen, denn Facebook setzt sein Wachstum weiter fort – auch hierzulande und beim Nachbarn.

Nutzung in Österreich und Deutschland

Sowohl in Österreich als auch in Deutschland ist Facebook das Online-Netzwerk Nummer eins. Spätestens als Facebook im März 2008 die deutschsprachige Version seines Dienstes gestartet hatte, wechselten Nutzer scharenweise von lokalen Angeboten zu dem Webdienst aus Palo Alto. In Österreich waren MySpace und der regionale Mitspieler Sms.at lange Zeit die meistgenutzten Netzwerke, im nördlichen Nachbarland sind auch heute noch vor allem die VZ-Netzwerke ein sehr starkes Bollwerk gegen den US-Service. Die Social-Media-Agentur Digital Affairs (www.digitalaffairs.at), die im Februar 2010 von Judith Denkmayr und Gerald Bäck unter Beteiligung der beiden Agenturen Ecker & Partner und PXP in Wien gegründet wurde, ist führend bei der Erhebung von Zahlen und Fakten rund um Webdienste wie Netlog, Twitter oder Facebook. Wer wissen will, wie viele Twitter-Nutzer es in Österreich gibt, welche Vor- und Nachteile sich durch die Integration eines Like-Buttons ergeben oder welche Fehler selbst Großkonzernen wie Procter & Gamble bei Online-Kampagnen unterlaufen, wendet sich an Digital Affairs. Denkmayr und Bäck – Sie können den beiden auf Twitter unter @Linzerschnitte bzw. @geraldbaeck folgen – haben exklusiv für dieses Buch eine Studie über die Facebook-Nutzer in Österreich und Deutschland gemacht und mir diese zur Verfügung gestellt.

Die Erhebung vom 1. Juli 2010 brachte folgende Ergebnisse:[27]

	Österreich		Deutschland	
Gesamtnutzerzahl	2.084.960		9.948.620	
Geschlecht	*gesamt*	*in %*	*gesamt*	*in %*
männlich	1.035.500	49,67 %	4.835.020	48,60 %
weiblich	1.020.200	48,93 %	4.933,520	49,59 %
keine Angabe	29.260	1,40 %	180.080	1,81 %
Alter	*gesamt*	*in %*	*gesamt*	*in %*
13 bis 20 Jahre	593.160	28,45 %	2.405.540	24,18 %
20 bis 30 Jahre	757.520	36,66 %	3.774.980	37,94 %
30 bis 40 Jahre	401.920	19,26 %	2.100.160	21,11 %
40 bis 50 Jahre	214.200	10,27 %	1.085.680	10,91 %
über 50 Jahre	118.160	5,67 %	582.260	5,85 %
keine Angabe	0	0,00 %	0	0,00 %

Der Studie zufolge waren mit dem Stichtag 1. Juli 2010 etwa 2,1 Millionen Österreicher Mitglied bei Facebook, das entspricht fast exakt 25 % der Gesamtbevölkerung. In Deutschland hat das Online-Netzwerk noch keine so große Verbreitung: Mit fast zehn Millionen Mitgliedern waren zum Zeitpunkt der Erhebung etwa 12 % aller Deutschen bei Facebook angemeldet. In beiden Ländern verteilen sich die Geschlechter sehr regelmäßig auf etwa 49 %, 1 bis 2 Prozent der Nutzer haben es offensichtlich bevorzugt, kein Geschlecht anzugeben. Da es in der Realbevölkerung beider Länder jeweils einen leichten Überhang an Frauen gibt, kann man bei Facebook davon ausgehen, dass noch eine Spur mehr Männer dem Online-Netzwerk zusprechen.

Sehr überraschend sind die Ergebnisse für die Altersstufen der Nutzer. Sie zeigen deutlich: Facebook ist keine Teenager-Plattform, sondern vor allem unter den 20- bis 40-Jährigen weit verbreitet. Am stärksten sind die Twens, also die 20- bis 30-Jährigen vertreten: In Österreich machen sie 36,66 %, in Deutschland 37,94 % aus. Man kann also davon ausgehen, dass sich jeder dritte Nutzer in den beiden Ländern in den Zwanzigern befindet. Die zweitgrößte Gruppe sind die Teenager der Altersstufe 13 bis 20 Jahre. Sie machen in Österreich 28,45 %, in Deutschland 24,18 % aus. Drittgrößte Gruppe sind die 30- bis 40-Jährigen, die in beiden Ländern jeweils etwa 20 % der Gesamtnutzer stellen. Auch jenseits der 40 gibt es mittlerweile Aktivität auf Facebook: Zwischen 10 und 11 % der Nutzer gehören in diese Altersgruppe. Aber auch nach dem 50. Lebensjahr ist noch nicht Schluss mit dem Online-Netzwerken, denn immerhin 5 bis 6 % der Facebook-Mitglieder haben bereits ein halbes Jahrhundert Lebenserfahrung.

»Facebook hat ein irres Wachstum. Pro Monat kommen in Österreich zwischen 80.000 und 100.000 neue Profile dazu«, so Gerald Bäck von Digital Affairs. Bleibt dieser Trend konstant, sind mit Ende 2010 etwa 2,6 Millionen Österreicher oder knapp 31 % der Gesamtbevölkerung bei Facebook. »Weil man bei Facebook sehr genau Zielgruppen erreichen kann, ist es bei einigen Werbern bereits beliebter als Google«, so Bäck weiter. Allerdings zeigt seine Analyse auch, dass es viele Facebook-Nutzer mit der Angabe persönlicher Daten nicht so genau nehmen: So haben in Österreich 48 %, in Deutschland sogar 57 % keine Aussage darüber getroffen, welchen Familienstand (»Single«, »in einer Beziehung«, »verlobt« »verheiratet« oder »verwitwet«) sie haben. Bei der Angabe der Ausbildung waren die Österreicher und Deutschen noch ungenauer: Jeweils nur etwa 10 bis 11 % verraten bei Facebook, ob sie einen »Hochschulabschluss« haben oder »Student« oder »Schüler« sind. Auch die Auswertung der sexuellen Orientierung brachte keine brauchbaren Informationen. Die Ergebnisse zeigen allerdings deutlich: Facebook hat es geschafft, von seinem ursprünglichen Publikum aus (Studenten) in alle Altersgruppen vorzudringen und Männer und Frauen gleichermaßen zu begeistern. Mit dem Bild, dass Facebook eine Webseite für computersüchtige, männliche Teenager ist, kann endgültig aufgeräumt werden. Eines ist aber auch klar: Die Daten über die Nutzer, mit deren Genauigkeit sich Facebook gegenüber der Werbewelt immer gerne brüstet, sind bei Weitem nicht so exakt, wie sie sein könnten, zumindest nicht im deutschsprachigen Raum. Offensichtlich existieren immer noch sehr viele Profile, die sich auf einige wenige persönliche Informationen beschränken, auch kann man davon ausgehen, dass es noch sehr viele Fake-Accounts oder Zweit-Profile gibt, in denen falsche Namen, Adressen oder Geburtsdaten angegeben werden und in gewissem Umfang außerdem sogenanntes »Gender Swapping«, also die Angabe des falschen Geschlechts, betrieben wird.

Auch der österreichische IT-Journalist und Blogger Georg Holzer betreibt regelmäßig Facebook-Forschung. Er schreibt Anfang Juli 2010 über die Alters- und Geschlechterverteilung der österreichischen Facebook-Nutzer: »Bei jüngeren Frauen hat Facebook eine deutlich höhere Verbreitung, die sich dann im Alter bei Männern nach oben hin ins Gegenteil umkehrt.« Auch seine Analysen basieren auf jenen Daten, die die Nutzer selbst in ihre Profile tippen. »Hier zeigt sich übrigens auch, wie relativ ungenau die Zahlen von Facebook sind. In Österreich gibt es laut Statistik Austria 45.641 Frauen im Alter von 14 Jahren, Facebook will 48.660 weibliche Mitglieder in dieser Altersgruppe haben«, so Holzer.[28]

Das Zeitalter der Netzwerke

ocial Networking kostet viel Arbeitszeit«, »Malware-Bedrohung in
Social Networks steigt«, »Social Networks: Identität beliebte Diebesbeute«: Im deutschsprachigen Raum hat sich der Begriff »Social
Network« längst durchgesetzt, und wer die Nachrichten verfolgt, weiß, dass
dabei von Facebook und Konsorten geredet und geschrieben wird. Allerdings wird der Begriff eigentlich falsch verwendet. Denn soziale Netzwerke
haben vorerst einmal gar nichts mit dem Internet zu tun, sondern sind so alt
wie die Menschheit selbst. Clans, Familien, Armeen, Unternehmen, Freundeskreise, Mannschaften im Sport – überall dort, wo Menschen miteinander
zu tun haben (interagieren), entstehen soziale Netzwerke, die man auf einer
Makroebene gesehen als Gesellschaft bezeichnen kann. An Universitäten
gibt es eine eigene Wissenschaft, die Soziologie, die sich damit beschäftigt,
wie dieses Geflecht aus Individuen funktioniert. Wenn ich also von sozialen
Netzwerken im Internet schreibe, verwende ich lieber den Begriff Online-
Netzwerk.

Surft man auf die Startseite von Facebook, bekommt man einen ersten
Eindruck davon, wie so ein soziales Netzwerk, würde es ein Kind auf ein
Blatt Papier zeichnen, aussieht: Kleine gelbe Kopfsymbole, die stellvertretend für einzelne Menschen stehen, sind durch blaue Striche miteinander
verbunden. Manche Punkte stehen im Zentrum und sind mit vielen anderen
Punkten verbunden, andere an den Rändern sind nur mit einer oder zwei Linien an das Beziehungsgeflecht gebunden. Hinter diesem spinnennetzähnlichen Netzwerk haben die Facebook-Grafiker eine simplifizierte Weltkarte
eingezeichnet, um darzustellen, dass sich der ganze Globus ein virtuelles
Stelldichein auf der Webseite gibt. Wenn man sich aber eine Weile mit der
scheinbar banalen Grafik auseinandersetzt, wird man darauf kommen, dass
sie gar nicht so banal ist. Suchen Sie sich zwei gelbe Köpfe aus, die möglichst
weit voneinander entfernt sind – etwa den, der über Südamerika schwebt,
und den, der über Japan hängt. Jetzt zählen Sie die Stationen, die Sie passieren müssen, um von einem gewählten Punkt zum anderen zu gelangen.
Egal, welche zwei Punkte man sich aussucht, man wird bemerken, dass man
nie mehr als eine bestimmte Zahl an Hüpfern benötigt: 6. Während meiner
Recherchen zu Facebook, Online-Communitys und sozialen Netzwerken
bin ich wiederkehrend auf interessante Zahlen gestoßen, die einmal in diesem Buch, einmal in jenem Artikel auftauchten: 3, 5, 6, 130 und 150. Anstatt mich aber in Numerologie zu verlieren, wollte ich den Zahlen auf den
Grund gehen und verstehen, was sie mit sozialen Netzwerken zu tun haben.

Bei der Zahl 6 wurde ich zuerst fündig: Ab 1967 führte der US-Sozialpsychologe Stanley Milgram, der für seine Experimente zum Gehorsam des Menschen gegenüber Autoritäten weltberühmt wurde, einige weniger bekannte Versuche durch, deren Ergebnisse später als das »Kleine-Welt-Phänomen« bekannt wurden. Milgram stellte sich zwei Jahre, bevor sich Universitäten und Forschungseinrichtungen in den USA über eine neue Technologie namens »Internet« zu vernetzen begannen, die Frage, um wie viele Ecken jeder Mensch mit jedem anderen Menschen auf diesem Planeten bekannt ist. Er gab 60 zufällig ausgewählten Personen in den US-Städten Omaha (Nebraska) und Witchita (Kansas) die Aufgabe, jeweils ein Paket an eine Zielperson in Boston, jener Stadt nahe der Universität Harvard, an der er forschte, zu schicken. Wenn sie die Person aber nicht persönlich kannten, durften sie das Päckchen nicht direkt an deren Adresse schicken, sondern nur an eine ihnen bekannte Person, von der sie annahmen, dass diese die Zielperson persönlich kennen könnte. Jede weitere Person, die dadurch zur Zwischenstation des Pakets wurde, musste ebenso verfahren. Von den 60 gestarteten Paketen gelangten drei tatsächlich auf diese Weise an ihr Ziel – mit dem Ergebnis, dass sie im Schnitt 5,5 (aufgerundet 6) Stationen passieren mussten. Milgram leitete daraus folgende These ab: Jeder Mensch in den USA ist mit jedem anderen US-Bürger über durchschnittlich sechs Ecken bekannt.

1969 und 1970 wiederholte Milgram sein Experiment mit jeweils größerer Personenanzahl, in beiden Jahren erreichten etwa 30 % der Pakete ihr Ziel. In zwei wissenschaftlichen Aufsätzen dokumentierte Milgram seine Untersuchungen und fasste seine Beobachtungen unter dem Schlagwort »Small-World-Phenomenon« zusammen. Die überraschenden Ergebnisse riefen natürlich bald Kritiker auf den Plan, die die Aussagekraft der Ergebnisse in Zweifel zogen und die Versuchsanordnung als unzureichend bezeichneten. So kann man Milgram etwa vorhalten, dass er seine Hypothese auf Basis einer sehr kleinen Zahl von eingetroffenen Paketen aufbaute, während das Gros der Sendungen verlorenging. Außerdem lässt sich die »Kleine-Welt-These« nicht so einfach auf den gesamten Erdball umlegen, schon allein deshalb, weil Menschen ohne Postadresse gar nicht die Chance haben, auf diese Weise erreicht zu werden.

»Obwohl Kritiker einige schlagkräftige Argumente gegen die Übertragung dieser These auf die Weltbevölkerung anbringen konnten, wird die Hypothese gerade im Bereich der OSN (Online Social Networks, Anm.) gerne wieder aufgewärmt und als eine Art ›urban legend‹ weitergegeben«, schreiben Anja Ebersbach, Markus Glaser und Richard Heigl in ihrem wissenschaftlichen Buch »Social Web«.[29] Milgrams These fasziniert auch heute noch und hat viele andere Forscher inspiriert, der Sache auf den Grund zu gehen. 1998 haben die US-Soziologen Duncan Watts (er wechselte später zum Internetkonzern Yahoo!) und Stephen Strogatz an der Columbia Universität in New York ein Computerexperiment gestartet, um Milgrams These zu überprüfen. In einer Simulation gelang es ihnen, sechs Millionen virtuelle Punkte (sie repräsentierten die Weltbevölkerung) so miteinander zu verbinden, dass man von jedem beliebigen Punkt über höchstens sechs Knoten zu jedem anderen beliebigen Punkt gelangen kann – eine Bestätigung der Idee Milgrams.[30]

Fünf Jahre später, 2003, sorgte Watts wieder für Aufsehen in der Wissenschafts-Community. Gemeinsam mit Peter Sheridan Dodds und Doby Muhamad veröffentlichte er eine neue Studie, die das »Kleine-Welt-Phänomen« von Milgram noch einmal bestätigte – diesmal aber nicht als Simulation der echten Welt, sondern als Untersuchung elektronischer Post. In einer aufwendigen Studie hatten die drei Wissenschaftler den E-Mail-Verkehr von 60.000 Testpersonen aus 166 Ländern analysiert. Die Probanden hatten die Aufgabe, eine von 18 Zielpersonen, deren E-Mail-Adresse sie nicht kannten, zu erreichen, indem sie die E-Mail über andere Kontakte verteilten. Dobbs, Muhamad und Watts kamen zu Ergebnissen, die die Small-World-These ein weiteres Mal plausibel machten.[31] Wieder fünf Jahre später, im Jahr 2008, nahmen sich zwei Microsoft-Wissenschaftler des »Kleine-Welt-Phänomens« an und versuchten herauszufinden, ob die These auch auf Chat-Dienste übertragbar ist. Jure Leskovec und Eric Horvitz untersuchten 30 Milliarden Chat-Protokolle von 240 Millionen Nutzern des Microsoft-Dienstes »MSN Messenger« und fanden heraus, dass der durchschnittliche Weg zwischen zwei Personen über 6,6 Knoten – also andere Personen – führt.[32]

Diese kleine Anzahl an Ecken – bei Milgram waren es ursprünglich 5,5, bei Dobbs, bei Leskovec und Horvitz 41 Jahre später 6,6 –, die zwischen allen Menschen sowohl offline als auch online liegen, ist faszinierend, suggeriert sie doch, dass die Welt ein Dorf ist und Menschen anderer Kulturen nur einen Katzensprung voneinander entfernt sind. In Online-Netzwerken wie Facebook, die diese Vernetzungen zwischen Menschen sichtbar machen, sind wir regelmäßig verblüfft, wenn wir auf den Profilen anderer gemeinsame Bekannte entdecken, von denen wir es nie für möglich gehalten hätten. Allerdings darf man nicht den Fehler machen, zu glauben, man stünde tatsächlich auf fast magische Weise mit jedem anderen Menschen auf dieser Welt – verstärkt durch Facebook – über sechs Ecken in Kontakt. So wie

Facebook auf seiner Startseite ein Freundes-Netzwerk abbildet, ist die echte Welt natürlich nicht.

»Auch wenn es einen direkten Link zwischen zwei Personen gibt, können Welten zwischen ihnen liegen«, erklärte mir Harald Katzmayr, Chef des Instituts FAS.research mit Büros in Wien und New York. Er hat sich auf die professionelle Analyse von sozialen Netzwerken spezialisiert und zählt Unternehmen wie Sony, Ikea, Cisco, OMV, Siemens sowie österreichische Mobilfunker zu seinen Kunden. Netzwerk-Analysen sind, auch wenn sie in der breiten Öffentlichkeit kaum bekannt sind, kein illustres Hobby einiger verschrobener Wissenschaftler, sondern ein Riesengeschäft, wie mir Katzmayr erklärte. Das US-Militär etwa investiere Millionen von Dollars in diesen Forschungszweig: An der Carnegie Mellon University in Pittsburgh, Pennsylvania, würde etwa sogenanntes »Pattern Recognition« betrieben, um anhand der Analyse bestimmter Zielpersonen und deren Aktivitäten auf Facebook terroristisches Verhalten zu erkennen. Außerdem sei Iraks Ex-Diktator Saddam Hussein, der im Dezember 2003 von US-Soldaten festgenommen, mithilfe einer Netzwerk-Analyse seines realen Umfeldes ausgeforscht worden. Wenn Sie in heimischen Medien über Studien bezüglich Österreichs mächtigster Manager stolpern, stammen diese mit ziemlicher Sicherheit aus Katzmayrs Feder.

»Der soziale Graph ist kein flaches Land. In Wirklichkeit ist er geprägt von Bergen und Tälern, und manchmal sind zwischen zwei Personen riesige Klüfte«, so der Netzwerkforscher. »Das ist, wie wenn man am Rio Grande steht und in die USA hinüberschaut. Man bräuchte nur hinüberzuschwimmen und wäre im gelobten Land, und trotzdem ist es unendlich weit weg.«

Ein Fehler, den viele begehen, ist, Online-Netzwerke wie Facebook als Abbild realer sozialer Netzwerke zu sehen. Doch so einfach wie das Bild auf der Facebook-Startseite ist das echte Leben nicht. Auch wenn man sich theoretisch sehr leicht mit Menschen in China, Kuba oder dem Iran – sofern diese überhaupt einen Internetzugang haben und die politische Web-Zensur zu umgehen wissen – vernetzen könnte, gibt es nach wie vor sprachliche, kulturelle und geografische Hürden (Zeitzonen!), die eine Beziehung, die tiefer geht als das Bestätigen einer Freundschaftsanfrage, erschweren bis unmöglich machen. Das Netzwerk jedes Einzelnen, das zu anderen Menschen spinnt, ist um vieles komplexer, weil die verschiedenen Links unterschiedliche Qualität haben.

Laut Katzmayr pflegt jeder Mensch zwei bis vier Beziehungen zu anderen Menschen, die er als die wichtigsten sozialen Kontakte sieht und über die er regelmäßig Bestätigung bekommt. Das können die Eltern, ein Lebenspartner, Geschwister, der beste Freund/die beste Freundin, manchmal auch der Chef oder ein sehr wichtiger Kunde sein. Rund um diesen innersten Kreis an Vertrauten baut man ein sogenanntes Kernnetzwerk auf, das im Durchschnitt aus etwa fünf bis acht Personen besteht – Arbeitskollegen, weitere gute Freunde, Verwandte etc. gehören dazu. Die 5 ist ebenfalls eine jener Zahlen, auf die ich im Zuge meiner Recherchen mehrmals gestoßen bin. Denn am 21. April 2010, als Mark Zuckerberg den neuen »Open Graph« in San Francisco präsentierte, ließ er außerdem einen seiner neuen Mitarbeiter, den FriendFeed-Gründer Bret Taylor, dessen Firma Zuckerberg zuvor aufgekauft hatte, auf die Bühne. Vor versammelter Entwickler-Gemeinde verriet Taylor ein fundamentales Prinzip, nach dem Online-Netzwerke wie Facebook funktionieren:

»Wir haben viel Zeit darauf verwendet, um herauszufinden, wie wir neue Nutzer auf der Webseite in aktive Nutzer auf der Webseite verwandeln. Dann sind wir auf diese magische Anzahl an Freunden gestoßen, die ein Nutzer mindestens finden muss, um zu einem aktiven Nutzer zu werden: fünf. Wenn ein Nutzer keine fünf Freunde auf der Webseite findet, ist es sehr unwahrscheinlich, dass er jemals wieder zurückkommt. Wir haben aber nie herausgefunden, warum es gerade fünf sind.[33] Hätten sich Taylor und seine FriendFeed-Mitarbeiter die Mühe gemacht, durch ein paar Soziologiebücher zu schmökern, wären sie wohl bald auf die sozialen Kernnetzwerke gestoßen, die sich in genau dieser Größenordnung abspielen und eine fundamentale Funktion im menschlichen Zusammenleben erfüllen. Ihre Lektion haben Taylor und Zuckerberg aus der Zahl 5 aber definitiv gezogen: Ihre Webdienste tun alles dafür, um einem neuen Mitglied nach dem ersten Login möglichst viele bekannte Gesichter, zu denen man Kontakt aufnehmen kann, zu zeigen, und zwar mit kontroversen und bedenklichen Techniken, die vielfach kritisiert wurden.

Rund um die Kernnetzwerke bauen Menschen ihren sozialen Graph weiter aus, wobei die Beziehungen zu jenen Personen, die sich am Rand dieses Netzes befinden, immer schwächer werden. Wie wir diese Netzwerke bilden, ist von Mensch zu Mensch unterschiedlich, allerdings gibt es einige Konstanten in der westlichen Gesellschaft, wie mir der Netzwerk-Analytiker Katzmayr erklärte. Je nach sozialem Status bilden wir sie unterschiedlich aus: Angehörige der Arbeiterklasse etwa haben ein nach außen sehr geschlossenes Netzwerk. In der Mittelschicht bewegen sich Personen in mehreren Netzwerken, die sich nicht überlappen (z. B. Arbeit, Familie, Freunde). In der

Oberschicht hat man auch verschiedene Netzwerke, allerdings solche, die sich gegenseitig überlappen – Geschäftspartner sind oft Freunde, Familienangehörige oft in derselben Firma. Wie groß ein solches Netzwerk ist, das eine Person um sich herum aufbaut, variiert selbstverständlich, doch auch hier bin ich auf eine weitere interessante Zahl gestoßen: 150.

Anfang der 1990er versuchte der britische Anthropologe Robin Dunbar, der heute an der Universität Oxford arbeitet und über Facebook forscht, herauszufinden, wie viele stabile soziale Beziehungen ein Mensch im Durchschnitt haben kann. Dazu untersuchte Dunbar den Gehirnaufbau von Säugetieren und verglich sie mit der Gruppengröße, in denen diese jeweils leben. Daraus errechnete er für einen ersten wissenschaftlichen Artikel jenen Wert, der heute als die »Dunbar-Zahl« bekannt ist. Sie besagt, dass die kognitiven Fähigkeiten einen Menschen auf etwa 150 soziale Beziehungen beschränken, er also zu maximal 150 Menschen stabilen Kontakt aufbauen kann. Dunbar, den seine Entdeckung offensichtlich faszinierte und der eine fundamentale Zahl entdeckt zu haben glaubte, suchte nach weiteren Beweisen für seine Theorie und wurde in der Vergangenheit fündig: So hätten Dörfer in der Jungsteinzeit immer etwa 150 Menschen beherbergt, außerdem wären Armeeinheiten von der Zeit des römischen Imperiums bis ins 16. Jahrhundert immer etwa 150 Mann stark gewesen.

Die Zahl 150 ist auch insofern erstaunlich, weil sie grob der durchschnittlichen Anzahl an Freunden, die die über 500 Millionen Nutzer auf Facebook haben, entspricht, nämlich 130. Manifestiert sich eine Jahrtausende alte Struktur menschlichen Zusammenlebens heute auf einer virtuellen Plattform? Sind wir trotz des technischen Fortschritts und der schier unendlich scheinenden Möglichkeiten zu zwischenmenschlicher Kommunikation genetisch trotzdem nur für die Beziehungsgeflechte, die aus der Größe eines Dorfes entstehen, gerüstet? Solche Schlussfolgerungen aus ein paar Zahlen zu ziehen, ist natürlich problematisch.

»Die Komplexität eines Netzwerkes steigt exponentiell mit der Anzahl der Mitglieder. Daher haben wir eine enden wollende Kapazität, diese Komplexität sozialer Beziehungen zu managen. Diese Kapazitätsgrenzen sind lange vor den 150 Kontakten erreicht«, so Netzwerk-Analytiker Katzmayr. Das kann man sehr gut mit dem Metcalfeschen Gesetz zeigen, das der US-Wissenschaftler Robert Metcalfe (er ist auch der Erfinder des Ethernet, jener kabelgebundenen Technologie, mit der wir heute noch viele Computer an das Internet anschließen) in den 1970ern aufgestellt hat. Es besagt, dass der Nutzen eines Kommunikationssystems mit dem Quadrat der Anzahl der Teilnehmer wächst.[34] So ist etwa ein einziges Telefon nutzlos, weil man damit niemanden anrufen kann. Bei zwei Telefonen gibt es immerhin eine mögliche Verbindung, bei fünf Telefonen sind es zehn, bei zwölf Telefonen schon 66. Nimmt man die durchschnittliche Zahl von Facebook-Freunden, 130, gibt es zwischen diesen 8385 mögliche Verbindungen. Natürlich ist nicht jeder eigene Facebook-Kontakt mit allen anderen vernetzt, allerdings zeigt die Rechnung deutlich, wie komplex bereits eine recht kleine Gruppe von Menschen werden kann. Andererseits trifft man, das werden auch Sie sicher feststellen, immer wieder auf wahre Netzwerker, die Gott und die Welt (und somit weit mehr als 150 Personen) kennen und sich in den Bruchteilen einer Sekunde Gesprächsfetzen in Erinnerung rufen können, die Jahre zurückliegen (in Kommunikationsberufen sind solche Talente schwer gefragt).

Eine Zahl bin ich Ihnen noch schuldig: die 3. Sie hat weniger mit Freundeskreisen und Online-Bekanntschaften als vielmehr mit Macht zu tun – zumindest theoretisch. Im September 2009 veröffentlichten der Harvard-Professor Nicholas A. Christakis und sein Kollege James H. Fowler von der University Of California in San Diego ihr gemeinsames Werk »Connected« (was auch ein schöner Titel für mein Buch gewesen wäre, aber was soll's). Darin beschäftigen sie sich mit den fundamentalen Funktionsweisen sozialer Netzwerke, den Einfluss auf das Verhalten anderer und leiten daraus ihre »Three Degrees Of Influence Rule« ab.

»Alles, was wir tun oder sagen, tendiert dazu, durch unser Netzwerk zu wogen und eine Auswirkung auf unsere Freunde (erster Grad), die Freunde unserer Freunde (zweiter Grad) und die Freunde der Freunde unserer Freunde (dritter Grad) zu haben. Unser Einfluss wird sukzessive schwächer und endet an einer sozialen Barriere, von der wir durch drei Grad geteilt sind«, schreiben Christakis und Fowler.[35] In der Praxis hieße das Folgendes: Angenommen, ich habe fünf Freunde, und jeder dieser Freunde und deren Freunde haben wiederum fünf Freunde. Dann würde meine persönliche Entscheidung, vom iPhone auf ein Handy mit Android-Betriebssystem zu wechseln, über 100 andere Menschen in ihrer Entscheidung, welches Handy sie sich kaufen sollen, beeinflussen. Meine eigenen fünf Freunde würde mein Entschluss deutlich mehr beeinflussen, jemand, der über drei Ecken mit mir bekannt ist, deutlich schwächer, aber immerhin.

Christakis und Frowler führen in ihrem Buch einige Beispiele an, wie ihre Drei-Ecken-Regel in der Praxis beobachtbar ist. Im Jahr 2000 hatten die beiden eine Studie in der Kleinstadt Framingham, Massachusetts, durchgeführt und eine repräsentative Stichprobe von etwa 1000 Menschen zu ih-

72

rem Gefühlszustand befragt. Danach legten sie eine Karte der Beziehungen zwischen den Befragten an und verzeichneten, welche Leute sich als »glücklich« und welche sich als »unglücklich« eingestuft hatten. »Mathematische Analysen des Netzwerks zeigen, dass eine Person um 15 % wahrscheinlicher glücklich ist, wenn sie direkt mit einer Person vernetzt ist, die glücklich ist«, so die Autoren. Sind Menschen über zwei Ecken miteinander bekannt, wäre die Wahrscheinlichkeit, dass sich beide als »glücklich« einstufen, um 10 % höher als beim Durchschnitt, bei drei Ecken um 6 %. Danach gibt es keinen feststellbaren Einfluss mehr, nach der vierten Ecke ist also Schluss. Räumliche Distanz soll laut Christakis und Fowler ebenfalls eine wichtige Rolle spielen: So wäre der Glückseffekt sehr viel stärker, wenn die Personen innerhalb eines Radius von einer Meile wohnen würden. Beim Glücklichsein hören die Beispiele aber nicht auf: So zeigen die beiden US-Wissenschaftler, dass auf ähnliche Weise das Gefühl des Alleinseins Auswirkungen auf Freunde und Freundesfreunde haben kann oder die Wahrscheinlichkeit, dass man zunimmt, steigt, wenn Sozialkontakte selbst an Gewicht zunehmen. Beeinflussungseffekte seien auch bei Nachahmungstätern von Selbstmorden zu sehen, was auch als der »Werther-Effekt« (nach Johann Wolfgang von Goethes Roman »Die Leiden des jungen Werther«) bezeichnet wird, allerdings spielen hier wohl eher Medienberichte als Bekanntschaften eine Rolle. So hat man in Wien nach der Einführung des U-Bahn-Systems 1978 einen Anstieg von Selbstmorden bemerkt. Als man einige Jahre später darauf reagierte und in Absprache mit den Medien Selbstmordversuche in der U-Bahn aus der Berichterstattung heraushielt, verringerten sich die Fälle bald wieder.

Auf Wahlen lässt sich die »Three Degrees Of Influence«-Regel ebenfalls übertragen. In einem Computer-Modell errechneten Christakis und Fowler, dass man mit der Entscheidung, wählen zu gehen, im Durchschnitt drei und theoretisch sogar bis zu 30 Personen dazu motivieren würde, ebenfalls ihre Stimme abzugeben. Würde man drei Dutzend Menschen dazu bringen, wählen zu gehen, so die Autoren, könne man indirekt bis zu 1000 andere ebenfalls zum Urnengang bewegen. Ob diese Art der gegenseitigen Beeinflussung auch auf Online-Netzwerke wie Facebook übertragbar ist, ließen die Wissenschaftler allerdings offen.

Für den österreichischen Netzwerk-Analytiker Harald Katzmayr gehört die »Three Degrees Of Influence Rule« eher ins Reich der »Küchen-Psychologie«. Weil man sich eher mit Gleichgesinnten umgebe, die ähnliche Interessen und Meinungen haben, sei es nicht sonderlich überraschend, dass man als Wähler theoretisch bis zu 30 Menschen beeinflussen könne, ebenfalls wählen zu gehen. Außerdem hänge es stark von vielen anderen Faktoren als lediglich einer Verbindung über gemeinsame Freunde ab, wie groß der eigene Einfluss auf andere ist: die eigene Energie (Geld, Macht, Einfluss), die Netzwerkstruktur (wie stark überlappt sich das eigene Netzwerk mit denen anderer Personen) sowie die Art der Botschaft (die Entscheidung zu einem Handy beeinflusst andere leichter als die Empfehlung zu einer Partei).

Der Annahme, dass man mithilfe von Facebook und diesem Beeinflussungsmodell errechnen könne, wie etwa eine Wahl ausgeht, erteilt Katzmayr eine Abfuhr. »Grundsätzlich hat die Offline-Welt eine andere Dynamik, und zu glauben, dass die Online-Welt ein Abbild der Offline-Welt ist, ist eine große Verwechslung«, so der Netzwerk-Analytiker. »Der Wert eines Netzwerks ergibt sich durch die Menge der Kontakte mal der Aktivität, also der Transaktionen zwischen den Kontakten. Wenn diese Kontakte aber nichts zu transagieren haben, schieben sie sich im Prinzip gegenseitig nur Luft zu. Wenn wir uns also ständig nur Links zuschicken und diese weiterverschicken, heißt das noch längst nicht, dass wir einen Wert erzeugen.« Katzmayr, der selbst drei Jahre im Silicon Valley gelebt und den Boom der Online-Netzwerke hautnah miterlebt hat, sieht Facebook heute sehr kritisch. »Mein Job als Netzwerk-Analytiker ist es, reale Netzwerke dahingehend zu analysieren, wo die Machtzentren sind. Diese Machtzentren lachen über das, was gerade passiert. Die reale Macht, die realen Deals, die reale Wirtschaft, die passieren vollkommen woanders. Sicher kann man damit viel kommunizieren und seine Ich-AG promoten, aber auf der Ebene, die ich analysiere, hat Facebook überhaupt keinen Wert. Die meisten Leute wissen nicht – wie sollen sie auch –, dass es sehr kühle Überlegungen bezüglich Facebook gibt. Ich habe schon so viele zynische Diskussionen miterlebt, wo wirklich mächtige Menschen (Namen möchte er keine nennen, Anm.) sagen, dass Facebook die Leute beschäftigt hält und sie eine Ruh' geben. Die sehen Facebook als nichts anderes als eine Beschäftigungstherapie für die Masse«, so Katzmayr in dem Interview, das ich Anfang Mai 2010 in Wien mit ihm führte.

Ob man sich bei Facebook intensiv mit sozialen Netzwerken und sozialwissenschaftlichen Erkenntnissen auseinandergesetzt hat, ist fraglich, wie etwa Bret Taylors Aussage auf der f8-Konferenz zeigt. Was aber hat die Grafiker der Firma aus Palo Alto dazu bewegt, symbolisch ein Netzwerk auf die Startseite zu zeichnen, in dem jeder Punkt mit jedem anderen um höchstens sechs Ecken verknüpft ist? Haben sich Zuckerberg und sein Team Milgrams Studienergebnisse und seine »Six Degrees Of Separation«-These aus dem Jahr 1967 zu Gemüte geführt? Kann sein, aber es gibt eine einfachere Erklärung, wie man bei Facebook auf das »Kleine-Welt-Phänomen« gestoßen sein könnte. 1997 bis 2001 gab es bereits ein Online-Netzwerk im Silicon Valley, das Menschen online miteinander verbunden hat und heute weitgehend in Vergessenheit geraten ist. Sein Name? Natürlich SixDegrees.com.

Vom ersten Login zum Online-Netzwerk

Am 29. Oktober 1969, zwei Jahre nach Milgrams Kleine-Welt-Experimenten, wurde die erste E-Mail-artige Botschaft zwischen zwei Computern übertragen. An einem Ende stand ein Rechner des Computerwissenschaftlers Leonard Kleinrock an der University Of California, Los Angeles (UCLA), am anderen ein Computer in Douglas Engelbarts Labor im Stanford Research Institute (SRI) nahe der Universität Stanford bei San Francisco, die ich für meine Recherchen besuchte. Zwischen diesen beiden ersten Knotenpunkten des ARPANET, dem Vorläufer vom Internet, sollte also eine Nachricht geschickt werden, die allerdings nicht so geflügelt formuliert war wie etwa Neil Armstrongs »Kleiner Schritt für einen Menschen, großer Schritt für die Menschheit«-Sager, als er 1968 als Erster den Mond betrat. Die Buchstaben L, O und G waren die drei ersten Zeichen, die in Los Angeles eingetippt und 650 Kilometer weiter nördlich auf einem Monitor auftauchten – aus dem banalen Grund, weil sich Kleinrock und sein Team auf Engelbarts Rechner einloggen wollten. Mehr als die drei Buchstaben brachte die Verbindung nicht zustande, weil dann der Computer in Stanford abstürzte.

Über 40 Jahre später ist das Wörtchen »Login« fixer Bestandteil unserer Sprachkultur und steht fürs Online-Sein, fürs Dabeisein, fürs Mitglied-Sein. Jeder zweite Facebook-Nutzer, also mehr als 250 Millionen Menschen, loggen sich offiziellen Zahlen zufolge täglich bei dem Online-Netzwerk ein und machen daraus etwas, was viele als »Social Web« bezeichnen. Erst im zweiten Jahrtausend, so scheint es, ist das Internet so menschenfreundlich und einfach geworden, dass es auch zu sozialen Zwecken genutzt werden kann. Sieht man sich die Geschichte des Internet, das zuerst militärischen und dann wissenschaftlichen Zwecken diente, genauer an, stellt man aber fest, dass Computer-Technologie schon immer »gemenschelt« hat und Facebook nur die jüngste Ausprägung dieser Entwicklung ist. So soll der Psychologieprofessor Joseph Carl Robert Licklider bereits in den späten 1950er-Jahren erste Gemeinschaftsphänomene beobachtet haben, als sein damaliger Arbeitgeber, der Rüstungslieferant BBN, seine Großrechneranlage mehreren Benutzern zugänglich machte und diese das System nicht nur zur Arbeit, sondern auch zum gegenseitigen Austausch verwendeten.[36] In den frühen 1960er-Jahren gab es außerdem das PLATO-System (»Programmed Logic for Automated Teaching Operations«) an der University of Illinois, das für computerbasiertes Lernen entwickelt worden war. Der Computerspezialist David R. Wolley, der mit PLATO zuerst als Student in Kontakt kam und später an dem Projekt mitarbeitete, beschreibt seine Beobachtungen, wie das System genutzt worden war, folgendermaßen: »Zwei Dekaden, bevor das World Wide Web auf die Bühne trat, leistete PLATO Pionierarbeit bei Online-Foren und Message Boards, E-Mail, Chats, Instant Messaging, Fernzugriff auf Computer und Multiplayer-Spielen und war damit vielleicht die erste Online-Community der Welt.« So wurde auf Basis von PLATO etwa ein Live-Chat namens »Talkomatic« programmiert, der vom Prinzip her kaum anders funktionierte Chat-Dienste heute – so poppten am anderen Ende getippte Zeichen live am Monitor auf und bis zu fünf Nutzer konnten gleichzeitig damit von verschiedenen Arbeitsplätzen der Universität miteinander kommunizieren. Weil mit »Personal Notes« ab 1974 auch eine Art E-Maildienst zur Verfügung stand, stellte sich bald die Frage nach einer Identität, die jedem PLATO-Nutzer zugewiesen werden konnte, um seine Aktionen im System für andere nachvollziehbar zu machen. Außerdem wurden in den 1970ern Mehrspieler-Games wie »Spacewar«, »Avatar«, »Empire« oder »Airfight« programmiert, die über das PLATO-System gezockt wurden.[37]

Mehr als zwei Jahrzehnte, bevor Tim Berners-Lee 1989 am Schweizer CERN (Europäische Organisation für Kernforschung) das Hypertext-System »World Wide Web« erfand, über das wir heute auf Webseiten zugreifen und Verlinkungen folgen, gab es also schon Ausformungen einer Online-Community. Sie erinnert stark an heute: Chatten, gemeinsames Spielen über geografisch verteilte Computer sowie die Frage der Online-Identität sind zentrale Merkmale von Facebook. Mit der Erfindung der E-Mail 1965 wurde ebenfalls lange, bevor das Web im heutigen Sinn entstand, das nach wie vor zentrale Online-Kommunikationsmittel geboren. Das @, das der E-Mail-Pionier Ray Tomlinson als maschinenlesbares Zeichen für elektronische Post jeder Adresse einschrieb, ist heute übrigens im Museum Of Modern Art in New York als historisches Symbol ausgestellt. E-Mail war eigentlich nicht gezielt geplant, und Lawrence Roberts, einer der Initiatoren des Internet-Vorläufers ARPANET, soll damals gesagt haben, dass der Austausch von Nachrichten unter den Nutzern eines Netzwerks »kein wichtiger

Beweggrund für ein Netzwerk wissenschaftlicher Computer« sein würde. Natürlich sollte er sich gründlich täuschen, weil E-Mails sofort zur privaten Kommunikation verwendet wurden, vor allem, weil sie schneller als die Post, billiger als ein Ferngespräch waren und man auf lästige Formalitäten verzichten konnte – weil man alles in allem also Zeit, Geld und Aufwand sparte. E-Mail war auch jene Technologie, die Basis der ersten Online-Diskussionsgruppe Ende der 1970er wurde, als sich in der Mailingliste »SF Lovers« (SF steht als Kürzel für »Science Fiction«) Liebhaber futuristischer Ideenwelten zusammenschlossen.

Den offiziellen Titel der ersten Online-Community trägt aber nach wie vor »The WELL« (»Whole Earth Lectronic Link«), die 1985 von Stewart Brand and Larry Brilliant gegründet wurde. Brand war Redakteur des Magazins »Whole Earth Review«, das über Computer und Software berichtete (und 2003 eingestellt wurde), und er wollte mit »The WELL« den Dialog zwischen Lesern und Schreibern auch auf virtueller Ebene anfachen. Durch die große Anteilnahme der Nutzer entwickelte The WELL schnell eine Eigendynamik: In sogenannten »conferences« organisierten sich Diskussionsgruppen zu den verschiedensten Themen – von Politik über die Beatles bis hin zu Comics –, innerhalb derer man unter »topics« spezielle Aspekte des Überthemas besprach. Die WELL-Mitglieder, die eine monatliche Gebühr entrichteten, konnten sich Pseudonyme zulegen, mussten sich aber mit echtem Namen anmelden und waren so gesehen nicht wirklich anonym online unterwegs. Außerdem wurde The WELL zum primären Online-Treffpunkt der Fans von Grateful Dead – kein Wunder, hatten sowohl der Onlinedienst als auch die Musikgruppe ihre Heimat in San Francisco. Eines der Mitglieder von The WELL war Howard Rheingold, ebenfalls ein Redakteur bei »Whole Earth Review«, der zum Ruf des Onlinedienstes einiges beitrug. 1993 veröffentlichte er das lesenswerte Buch »The Virtual Community«, in dem er die Geschichte von The WELL nacherzählt, sie als erste Online-Community der Welt bezeichnet und etwa berichtet, wie Menschen im Cyberspace eine Art Parallelwelt mit starken Wurzeln in der Realität errichteten, sich über die virtuelle Verbindung gegenseitig bei Krankheiten beistanden, sich verliebten, Freundschaften schlossen und Online-Rollenspiele spielten.

Die US-Autorin Clara Shih, die 2009 ihren Business-Ratgeber »The Facebook Era« veröffentlicht hat, sieht Online-Netzwerke als jüngste Spitze einer langen Reihe technologischer Entwicklungen, die etwa alle zehn Jahre fundamentale Änderungen im gesellschaftlichen Umgang mit Computern bringen. In den 1970ern, der Blütezeit des PLATO-Systems, waren sogenannte Mainframe-Computer »state of the art«. Diese riesigen Zentralrechner, die sich ausschließlich große Firmen wie Banken, Fluglinien oder Versicherungen, aber mit Sicherheit keine Privatpersonen leisten konnten, wurden durch sogenanntes »Time Sharing« für mehrere Personen gleichzeitig nutzbar gemacht: Die Rechen-Power wurde in kleine Portionen aufgeteilt, die mehrere Mitarbeiter von verschiedenen Terminals aus nutzten. In den 1980ern, als etwa auch The WELL entstand, brach die Ära des PC (Personal Computer) an. Viel kleinere und billigere Maschinen fanden ihren Weg in die Eigenheime der Menschen und wurden dank grafischer User Interfaces, die Symbole für Programme und Ordner für Dateien boten, auch für Laien verständlich und relativ einfach verwendbar. Dann brach in den 1990ern die Zeit des World Wide Web (WWW) an und mit ihm entstand neben vielen anderen Diensten wie Suchmaschinen und Shopping-Webseiten eine Fülle an Online-Communitys. Unter den bekannteren waren Dienste wie Tripod, Angelfire und vor allem GeoCities, die der stark ansteigenden Zahl an Websurfern eine Online-Heimat bieten wollten.[38] GeoCities war 1999 die drittgrößte Webseite der Welt, hatte 3,4 Millionen Nutzer und wurde schließlich von Yahoo! um fantastische 3,5 Milliarden Dollar aufgekauft. Jedes Mitglied bekam kostenlos zuerst sechs, dann elf, später 15 Megabyte Online-Speicher für Bilder, Links und Texte zur Verfügung gestellt, eine eigene URL zugeteilt und konnte sich dann einer sogenannten »Cyber-City« anschließen. Trotz großer Pläne, GeoCities über Werbung zu finanzieren und einen Online-Marktplatz daraus zu machen, zog Yahoo! im Oktober 2009 den Stecker. An der 1990er-Jahre-Ästhetik des Web-Dinosauriers inklusive billig wirkender GIF-Animationen kann man sich heute noch unter http://wonder-tonic.com/geocitiesizer/ erfreuen, die jeder beliebigen Webseite eine GeoCities-Optik verpassen kann.

Als vierte Revolution nach Mainframes, dem PC und dem World Wide Web sieht Clara Shih den »Online Social Graph«, jenes soziale Netzwerk von Menschen, das online abgebildet wird und dort weiterwachsen kann. Gingen die anderen drei Computer-Revolutionen vom Arbeitsplatz aus (Geräte und Internetzugang waren anfangs teuer), so dreht sich der Spieß mit Online-Netzwerken um. »Es ist eine Bewegung, die uns zuerst persönlich und erst in zweiter Linie beruflich betrifft«, schreibt Shih.

1997 wurde diese »Online Social Graph«-Ära mit dem Start der Webseite SixDegrees.com eingeleitet, jener Seite, die im Namen Bezug auf die Milgram-Experimente nahm und die Facebook-Grafiker zum Design der Startseite inspiriert haben könnte. Bei SixDegrees.com konnte man viele Funktionen, wie man sie heute bei Online-Netzwerken findet, nutzen: Freundschaften schließen, Nachrichten verschicken, Fotos hochladen. Außerdem setzte der Webdienst schon früh auf das sogenannte Schneeballsystem: Anstatt sich selbst im Internet und in anderen Medien zu bewerben, fragte man die eigenen Mitglieder nach den E-Mail-Adressen ihrer Bekannten und lud diese per elektronischer Post in das Online-Netzwerk ein. Zentral war aber mit Sicherheit, dass die Nutzer ihr eigenes Netzwerk bis zur dritten Ecke durchsuchen und einsehen konnten. 2001 musste die Webseite aber aufgrund kommerziellen Misserfolgs eingestellt werden, und einer der Gründer, Adam Seifer, gestand 2006 in einem Interview, dass man mit der Idee wohl ein paar Jahre zu früh drangewesen sei.

Oft werden Online-Communitys und Online-Netzwerke in einen Topf geworfen und synonym verwendet – nicht ganz zu Unrecht, schließlich war der Übergang zwischen den beiden Formen menschlicher Online-Freundschaften fließend. Doch zwischen beiden Konzepten gibt es einige grundlegende Unterschiede, die nachhaltigen Einfluss auf deren Verwendung haben. Die deutschen Online-Forscher Christoph Mörl und Mathias Groß zeigen in ihrem Buch »Soziale Netzwerke im Internet« den Unterschied zwischen diesen beiden Formen auf: Bei Online-Communitys steht ein gemeinsames Thema der Mitglieder im Vordergrund. Das war bei der ersten Online-Community »The WELL« nicht anders, dort organisierten sich die Nutzer rund um Interessensgebiete wie Musikgruppen oder Politik. Durch diese Fokussierung auf Themen entstehen Gruppen, die sich nach außen abgrenzen – oftmals ist eine kostenpflichtige Registrierung notwendig, um teilnehmen zu dürfen. Das Online-Rollenspiel World Of Warcraft ist ein gutes Beispiel dafür: Pro Monat zahlen die Nutzer etwa 13 Euro Mitgliedsbeitrag, um sich dann zu Gilden zusammenzuschließen. In solchen Gruppen entsteht außerdem meist eine Hierarchie, da ein Ziel verfolgt wird: Um ein Level meistern zu können, braucht es einen Feldherrn, der in der Online-Schlacht den Überblick behält und Aufgaben an die anderen delegiert. In einem Diskussionsforum gibt es fast immer einen Moderator, der Nutzer, die gegen die Netiquette (= vereinbarte Verhaltensregeln) verstoßen, aus dem Forum ausschließen kann.[39]

Nach gänzlich anderen Regeln, so Christoph Mörl und Mathias Groß, ticken Online-Netzwerke. Nicht die Diskussion, sondern die Vernetzung selbst ist die Motivation zur Teilnahme. Damit steht auch nicht eine Gruppe, sondern das Individuum im Fokus – was man schon daran erkennt, dass jeder Facebook-Nutzer nach dem Einloggen andere Inhalte präsentiert bekommt, die jeweils auf ihn und seine Interessen zugeschnitten sind. Diese Ich-Zentrierung hat keine Hierarchisierung der Nutzer zur Folge, denn das vorrangige Ziel – die Vernetzung mit anderen – wird täglich aufs Neue erfüllt und braucht die Unterstützung durch andere nicht. Zwar muss man auch bei Online-Netzwerken Mitglied werden und sich mit möglichst echten Daten registrieren, Mitgliedsgebühren wie bei vielen Online-Communitys gibt es aber nur in den seltensten Fällen, um die Hürde zur Teilnahme möglichst niedrig zu halten und die Möglichkeiten zur Vernetzung zu maximieren – je mehr Mitglieder, desto mehr Knotenpunkte entstehen und desto mehr Zeit verbringen die Nutzer auf der Seite. Betreiber von Online-Netzwerken müssen sich deswegen nach anderen Einnahmequellen umsehen.

Die Konkurrenz im Rückspiegel

Facebook hier, Facebook da, Facebook überall – fast scheint es so, als würde es eine Dekade nach der Gründung des ersten Online-Netzwerks keine Alternativen mehr geben. Gesehen (und vergessen) hat die Welt schon viele vergleichbare Dienste, aber in solche Höhen – mehr als 500 Millionen Nutzer – hat sich bei Weitem noch keiner dieser Konkurrenten geschraubt. Spätestens nachdem Facebook den einstigen Marktführer, das um das Thema Musik aufgebaute Online-Netzwerk MySpace, hinsichtlich der Mitgliederzahlen im Juni 2008 überholte, war klar, dass man es bei Zuckerbergs Webseite mit etwas Nachhaltigerem zu tun hatte als mit einem vorübergehenden Hype.

In den folgenden Kapiteln versuche ich zu erklären, warum ehemalige Größen im Geschäft wieder in der Versenkung verschwunden sind, welche Mitspieler international unter dem Druck von Facebook leiden, welche vielfältigen Spezialisierungen sich im Schatten des riesigen Online-Netzwerks ausformen – und am Beispiel Österreich zeige ich, wie sich die hiesige, kleine Start-up-Szene in Abhängigkeit des Internet-Riesen begibt.

Gestrauchelte Giganten
Nutzer von Online-Netzwerken stecken viel Zeit und viel Liebe in die Pflege ihrer Profile, bilden ihren Freundeskreis virtuell nach und bauen neue Bekanntschaften auf. Einen Teil ihrer Kommunikation – vor allem den unverbindlicheren – verlegen sie auf Freunde-Plattformen und beginnen mit zunehmender Nutzung, diese Webseiten als Bestandteil ihres täglichen so-

zialen Lebens zu sehen. Doch nichts ist für die Ewigkeit. Vielmehr waren große Online-Netzwerke, wie man aus heutiger Sicht weiß, eher kurzlebig. Die drei wichtigsten Beispiele für den Niedergang solcher Webseiten sind Friendster, Bebo und MySpace. Alle drei waren einmal gefeierte Newcomer, strebten ihrem Zenit zu und waren schneller wieder auf dem Weg nach unten als es ihnen lieb war.

Bei Friendster, das in Mitteleuropa nie eine große Rolle spielte, handelt es sich eigentlich um jenen Webdienst, der als Prototyp aller heute gebräuchlichen Online-Netzwerke gelten kann. Sein Gründer, der Kalifornier Jonathan Abrams, verweigerte mir leider ein Interview für dieses Buch, ein Insider ließ mich jedoch wissen:»Er denkt, dass er Social Networks erfunden hat.« Abrams jedenfalls wollte in Mountain View, nahe San Francisco, Friendster als Alternative zu Ryze aufbauen, das sich auf die Pflege von Business-Kontakten spezialisierte. In den Jahren nach dem Start im März 2002 wurde Friendster schnell zum Erfolg. Schon eineinhalb Jahre nach der Gründung konnte man, wie die Wiener Kommunikationswissenschaftlerin Martina Mara in ihrem Buch »Narziss im Cyberspace« (VWH, 2009) rekonstruierte, das millionste Mitglied auf der Seite begrüßen. Erst jetzt nahmen sich die Medien des jungen Themas an, was Friendster endgültig in die Oberliga spülte. Ein Kaufangebot von Google über 30 Millionen Dollar soll Abrams in dieser Zeit ausgeschlagen haben. Abrams wurde unter anderem von »Entertainment Weekly«, einem wichtigen US-Magazin für Filme, Musik und Popkultur, zum »Friendliest Man Of The Year« gewählt – eine unmissverständliche Botschaft, dass das Online-Netzwerk im Mainstream angekommen war.

Das darauf folgende Interesse wurde für Friendster zum Stolperstein. Explosionsartig überschritt die Webseite die 50-Millionen-Nutzer-Grenze, was fatale Folgen hatte. Denn mit einem derartigen Ansturm schien selbst Abrams nicht gerechnet zu haben. Die Server brachen in Folge regelmäßig unter der Last der eintreffenden Zugriffe zusammen, was den Nutzern natürlich ganz und gar nicht zusagte. Ein Dienst, der nicht jederzeit verfügbar war und bei dem man eine gefühlte Ewigkeit warten musste, bis die Webseite reagierte, konnte die Nutzer nicht lange bei sich halten. Als Facebook während seiner Expansion auf immer mehr Universitäten ähnlich starken Andrang verzeichnete, sorgten sich Mark Zuckerberg und sein damals kleines Team am meisten darum, genug Server-Kapazitäten zu haben. Dem »Friendster«-Schicksal wollte man auf keinem Fall zum Opfer fallen.

Doch Friendster hatte mit zwei weiteren Problemen zu kämpfen. Das

Online-Netzwerk war, wie heute alle anderen Online-Netzwerke, rund um die Verbindungen zwischen den einzelnen Usern aufgebaut. Jedem Mitglied war erlaubt, all jene Profile einzusehen, mit denen man um maximal vier Grade vernetzt war. Deswegen begannen immer mehr Nutzer, so viele Friendster-Kontakte wie nur möglich zu sammeln, um auf immer mehr Profile zugreifen zu können. Diese Praxis verwässerte sehr schnell die eigentliche Intention von Friendster, den realen Bekanntenkreis im Internet abzubilden. Jene Nutzer, die Friendster als Abbild ihres realen Freundeskreises sahen, fühlten sich bald von den Cyber-Stalkern, die Zugang zu möglichst vielen Nutzerdaten haben wollten, verfolgt. Dazu kam noch das Problem der »Fakester«: Dabei handelte es sich um Personen, die sich nicht mit echtem Namen und echtem Foto bei dem Online-Netzwerk anmeldeten, sondern lieber in die Identitäten Prominenter oder fiktiver Charaktere schlüpften. Die Betreiber der Webseite bekamen Wind von der Sache und versuchten, dem Trend Einhalt zu gebieten: Sie begannen, die »Fakesters«, also die gefälschten Profile zu löschen, was unter den Nutzern für Unruhe sorgte. Aufgrund der technischen Probleme und des fehlenden Vertrauens in die Provider, so resümiert Martina Mara, verließen zwischen 2004 und 2006 viele US-Nutzer Friendster und wandten sich zwei neuen aufstrebenden Plattformen im Netz zu: MySpace und Facebook.[40]

Damit verschwand Friendster nach etwa vier Jahren wieder aus der öffentlichen Wahrnehmung – zumindest aus der westlichen. Denn die Freunde-Plattform hat in Malaysia eine neue Heimat gefunden. In der Zeit, als die US-Nutzerzahlen dahinschwanden, waren jene in Südostasien stark gewachsen. Dem englischen Wikipedia-Eintrag zufolge soll Friendster 115 Millionen registrierte Mitglieder und etwa 60 Millionen Nutzer pro Monat auf der Webseite haben. 90 % davon sind aus Asien, vorwiegend Malaysia, Philippinen, Indonesien, Singapur, Südkorea, China und Japan. Ende 2009 traf das Unternehmen MOL Global, das sich auf Online-Bezahlsysteme spezialisiert hat, eine nachvollziehbare Entscheidung: Man kaufte Friendster zu 100 % um angeblich etwa 100 Millionen Dollar. »Der Zusammenschluss mit Friendster wird die Social-Network-Industrie transformieren, weil so eine hoch intuitive und erfolgreiche Social-Media-Seite mit einer integrierten Bezahl-Plattform sowie einem Content-Netzwerk, das Spiele, Geschenke, Musik und Videos bietet, kombiniert wird«, sagte MOL-Chef Ganesh Kumar Bangah anlässlich der Übernahme. Ziel sei es, das wichtigste Online-Netzwerk in Südostasien aufzubauen. Das große Geld sieht MOL Global in den Vermarktungsmöglichkeiten von Online-Spielen (es gibt Partnerschaften mit etwa 70 Spiele-Publishern) sowie der Verzahnung von Friendster mit den hauseigenen Online-Bezahlsystemen. Der Verkauf virtueller Güter für Online-Spiele ist ebenso denkbar wie eine Verbindung zur physischen Welt, in der man als Friendster-Mitglied Vergünstigungen in Geschäften bekommt. Immerhin betreibt MOL Global Franchise-Shops von Starbucks, 7-Eleven oder Wendy's. Im Juni 2010 ging MOL Global von etwa 75 Millionen Friendster-Nutzern aus.

Jener Gigant, der Friendster ab 2003 die Nutzer abspenstig machte, ist MySpace. Anders als die meisten Online-Netzwerke wurde MySpace nicht im Silicon Valley, sondern in Los Angeles gegründet, der Hauptsitz befindet sich noch heute in Beverly Hills. Offiziell wird immer Tom Anderson als Erfinder von MySpace gesehen, und er ist jenes Mitglied, das Nutzer automatisch als ersten Freund bekommen, wenn sie sich anmelden. In Wirklichkeit hat aber ein Team des Marketing-Unternehmens »Intermix Media« die Webseite, die lange mit dem Slogan »A Place For Friends« warb, entworfen – mit dem Ziel, das Friendster-Konzept um eigene Ideen zu erweitern. Als Friendster etwa sieben Autostunden weiter nördlich in Mountain View durchstartete, begannen Tom Anderson, Chris DeWolfe und Josh Berman unter der Aufsicht von Intermix-Media-Chef Brad Greenspan im August 2003 an einem eigenen Online-Netzwerk zu basteln. Innerhalb von zehn Tagen war eine erste Version fertig. MySpace ging es nicht wie Friendster darum, echte Nutzerinformationen abzufragen, sondern ließ die Mitglieder im Grunde tun, was sie wollten. Spitznamen, Tiere als Profilbilder, gefälschte Identitäten – nur eine Minderheit meldete sich mit echtem Namen an. Die Webseite wurde schnell zu einer Plattform, auf der man seinen Interessen, Einstellungen und Meinungen auf möglichst schrille und bunte Art Ausdruck verlieh. Die Software erlaubte es jedem, sein Profil individuell anzupassen. Mit »Layout-Generatoren« und »MySpace-Editoren« entstand eine Fülle an Webdiensten, die auf nichts anderes spezialisiert waren, als MySpace-Nutzern das Bearbeiten ihrer Profile zu erleichtern. In einer knappen halben Stunde ließ sich nun eine eigene Homepage basteln, nur mit ein paar zusammenkopierten Codezeilen, mit per rechter Maustaste »ausgeborgten« Bildern anderer Homepages sowie mit Widgets von Drittanbietern – und das alles gratis. Für Sara Lacy, die für den führenden Hightech-Blog Techcrunch schreibt und das Buch »Once You're Lucky, Twice You're Good: The Rebirth of Silicon Valley and the Rise of Web 2.0«, das einen exzellenten Blick hinter die Kulissen des Internet-Business gewährt, verfasst hat, ist diese freie Gestaltung sogar die Erklärung für den (zeitweiligen) Erfolg von MySpace. »Der Hauptgrund, warum My

Space Friendster geschlagen hat und zu einer der größten Seiten im Web wurde, sind die endlosen Möglichkeiten zur Selbstdarstellung. Du kannst Musik, Videos, sogar HTML-Codes benutzen, um sicherzugehen, dass deine Seite wie keine andere aussieht«, schrieb sie 2008.

Natürlich dauerte es nicht lange, bis gefälschte Profile von berühmten Persönlichkeiten bzw. historischen Figuren wie Mahatma Gandhi oder Jesus von Nazareth bei MySpace auftauchten. »Das ist nicht notwendigerweise schlecht. Man kann etwa Gandhi als virtuellen Freund hinzufügen, um seine Bewunderung für die Person auszudrücken«, sagte mir Travis Katz, der Ex-International-Chef von MySpace, Ende 2008. Wenn jedoch Identitätsdiebstahl vorliege, würde ein gefälschtes Profil aus dem Netz entfernt. »Ich will aber etwa politische Parodien nicht verbieten. Während der US-Wahlen gab es witzige Videos über Sarah Palin. Ich glaube, das ist ein wichtiger Teil des politischen Diskurses in einer Gesellschaft«, so Katz weiter. Die »Fakesters«, deren Profile bei Friendster gelöscht worden waren, fanden bei MySpace jedenfalls eine neue Online-Heimat für ihre teilweise wilden Kreationen virtueller Identitäten.

Zusätzlich setzte MySpace sehr bald auf Musik: Es wurden eigene Profilseiten angeboten, auf denen sich Bands – von Stadionrockern wie U2 bis zu Garagen-Punks aus Berlin – in Wort, Bild und Ton präsentieren können. Die normalen Nutzer werden mit einem Klick Fan der Gruppe und bekommen fortan Nachrichten über Konzerte, neue Songs oder Berichte aus dem Studio. Aus dieser direkten Vernetzung von Musikern mit ihren Fans entstand schnell der Mythos, MySpace wäre eine neuartige Talentschmiede, in der nicht große Musiklabels diktierten, wer in die Charts und auf die großen Bühnen dieser Welt kommt, sondern die Fan-Basis. Fälschlicherweise wird oft die britische Rockband »Arctic Monkeys« als besonders plakatives Beispiel für die Kraft von MySpace herangezogen. In mehreren Interviews mit Musikmagazinen betonte die Band aber immer, dass ohne ständiges Auftreten und die Bereitstellung kostenloser Demo-Songs auf der bandeigenen Webseite sich der Erfolg wohl nicht eingestellt hätte. Nichtsdestotrotz ist MySpace eine Webseite geworden, auf der man von beinahe jeder Band Songs findet und diese gratis anhören kann. Dies, die mannigfaltigen Möglichkeiten der Selbstinszenierung sowie die schrille Beinahe-Gesetzlosigkeit von MySpace (oft auch als »MTV der Internet-Generation« bezeichnet) hat vor allem Teenager angesprochen. Die US-Wissenschaftlerin Danah Boyd brachte 2007 in einer vielbeachteten Untersuchung einen interessanten Unterschied zwischen MySpace und Facebook zutage[41]: Ihre Untersuchungsergebnisse zeigten, dass sich neben Altersunterschieden vor allem die Klassenunterschiede in der US-Gesellschaft auch in der Nutzung von Online-Netzwerken manifestierten. Aufgrund der Zugangsbestimmungen – MySpace war für jeden offen, Facebook bis 2007 nur für Studenten – ergab sich schnell folgende Nutzerstruktur: Highschool-Kids waren meist auf MySpace anzutreffen, College-Studenten bei Facebook. Nach der Analyse von über 10.000 Online-Profilen und Interviews von Netzwerk-Nutzern stellte sie außerdem fest, dass der sozioökonomische Status ebenfalls eine Rolle bei der Wahl des Webdienstes war. Kinder aus wohlhabenderen Familien, in denen Bildung hochgehalten wurde, tendierten dazu, Facebook zu wählen, während Kinder von Eltern, die nie ein College besucht hatten, sich eher bei MySpace einfanden. Auch Angehörige ethnischer Minderheiten – etwa asiatischer, hispanischer oder afroamerikanischer Abstammung – würden laut Boyd eher dazu neigen, sich bei MySpace einzuloggen.

Bevor Facebook MySpace Nutzer abspenstig machen konnte, wuchs die Webseite aus Los Angeles zu einem Giganten heran. 2005 registrierten sich pro Tag 70.000 neue Nutzer, was die Kaufgelüste großer Medienkonzerne weckte. Viacom, dem Unternehmen wie das Filmstudio Paramount Pictures, die TV-Sender Comedy Central oder MTV gehören, zeigte Interesse. In der Chefetage schien man schon vor Augen zu haben, wie man dem damals 24 Jahre alten Musiksender MTV mit dem jungen Internet-Start-up einen frischen Anstrich verpassen könnte. Doch die Verhandlungen sollten zugunsten eines anderen Riesen aus der ersten Medien-Liga ausfallen: Im Sommer 2005 kaufte der australische Medienmogul Rupert Murdoch, der seinem News-Corporation-Imperium aus Tageszeitungen, Filmstudios und TV-Kanälen einen führenden Webdienst hinzufügen wollte, MySpace um 580 Millionen Dollar (rund 447 Millionen Euro). Ursprünglich wollte sich Murdoch die Suchmaschine Ask.com zulegen, einer seiner Vertrauten riet ihm jedoch, ins boomende Social-Network-Business einzusteigen. Ein paar Monate später gab es wieder Grund, MySpace mit einem Millionen-Deal in Verbindung zu bringen: Diesmal ließ man Google seine Online-Werbung und sein Suchfeld auf der Webseite einblenden und kassierte in den nächsten drei Jahren insgesamt 900 Millionen US-Dollar (etwa 690 Millionen Euro) dafür. Damit drängte Google Microsoft und Yahoo!, die den Deal ebenfalls wollten, aus dem Geschäft, und zur Vertragsunterzeichnung flogen die Google-Gründer Larry Page und Sergey Brin höchstpersönlich per Helikopter nach Pebble Beach südlich von San Francisco. Auf der Party waren Rockmusiker Bono und Tony Blair, damals britischer Premierminister, ebenfalls zu Gast.

Das Geschäft lief also blendend und im August 2006 registrierte sich das 100-millionste Mitglied, angeblich aus den Niederlanden, auf der Webseite. 15 Monate nach der Übernahme waren die Einnahmen der Webseite – auf der einen Seite Online-Werbung, auf der anderen die Google-Zahlungen – von zuvor einer Million auf 50 Millionen Dollar pro Monat gewachsen, wie aus einem Bericht der »Financial Times« hervorgeht.[42] Doch selbiger Artikel beschreibt auch, dass sich die Dinge Anfang 2008 gegen MySpace zu richten begannen. Facebook hatte stark aufgeholt und im Juni 2008 sollte Zuckerbergs Webseite MySpace bei etwa 115 Millionen Nutzern überholen. Außerdem griff Murdoch, der Tom Anderson und Chris DeWolfe, den beiden MySpace-Chefs, zuvor freie Hand in der Leitung gelassen hatte, plötzlich in die Firmenpolitik ein. Ohne es vorher intern zu kommunizieren, ließ er die Öffentlichkeit wissen, dass MySpace 2008 eine Milliarde Dollar an Werbeeinnahmen machen würde. Damit lastete sowohl von innen als auch von außen großer Druck auf MySpace. Auf der einen Seite musste man zusehen, dass genug Besucher auf die Webseite kamen, um mit Facebook mitzuhalten und Google zufriedenzustellen, auf der anderen Seite musste man die eigene Werbung forcieren, um Murdochs Ziel zu erreichen. Weil der News Corporation der Umsatz wichtiger war, blieben Neueinführungen von Funktionen auf der Strecke. Später sollen sich ehemalige MySpace-Mitarbeiter darüber beschwert haben, dass Neuerungen durch die Bürokratie im Unternehmen oft im Keim erstickt wurden. Ein Beispiel ist die geplante Implementierung der Web-Technologie Ajax, die Facebook sehr schnell eingeführt hatte. Sie sorgte dafür, dass sich, wollten die Nutzer etwa eine Nachricht an Freunde verschicken, nicht mehrere zusätzliche Fenster im Browser öffneten, sondern alles auf der gleichen Webseite ablaufen konnte. Aus Nutzersicht sehr positiv, passte das dem Anzeigen-Team natürlich nicht in den Plan – schließlich bedeutete das, bei weniger Seitenaufrufen auch weniger Werbung schalten zu können. Ein anderes Beispiel ist, wie die »Financial Times« berichtet, der E-Mail-Importer von Facebook, der automatisch alle E-Mail-Kontakte eines Mitglieds zu Facebook einlädt. Dieser soll zu einer Steigerung von 40 % mehr Facebook-Nutzern in den Monaten nach der Einführung gesorgt haben, während die MySpace-Zahlen stagnierten.

Chris DeWolfe und Tom Anderson hatten bald genug von den Streitereien mit dem Mutterkonzern und verließen das Unternehmen (DeWolfe soll Insidern zufolge auf ruppige Weise gefeuert worden sein). Der neue Chef Owen Van Natta, ein ehemaliger, hochrangiger Facebook-Mitarbeiter, sollte MySpace wieder auf Kurs bringen. Er hatte Facebooks 240-Millionen-

Dollar-Deal mit Microsoft eingefädelt und verfügte als ehemaliger Amazon-Executive über das nötige Know-how, eine so große Internet-Firma zu leiten. Van Natta leitete eine Rückbesinnung von MySpace auf Musikinhalte ein, indem der Dienst »MySpace Music Videos« gestartet wurde und man mit iLike die beliebteste Facebook-Applikation bei Facebook und mit Imeem ein Musik-Streaming-Portal aufkaufte. Die zusätzliche Fokussierung auf Filme und TV zeigte Erfolg: Die Premiere von »Twilight – New Moon«, ein Vampir-Film, lockte mehr Zuseher an als das Debüt eines Shakira-Videos bei Facebook ungefähr zur gleichen Zeit. Allerdings währte Van Nattas Engagement bei MySpace nicht lange, schon zehn Monate nach seinen Amtsantritt legte er im Februar 2010 den Posten zurück. Das Duo Mike Jones und Jason Hirschhorn ersetzte ihn. Sie mussten ein Drittel der Angestellten einsparen, was MySpace heute zu einer kleineren Firma als Facebook macht. Im Mai 2010 war MySpace der Web-Analyse-Seite »ComScore« zufolge die größte Musikseite, ansonsten ist es sehr still um die einstige Social-Networking-Größe geworden. Einzig als Facebook ins Kreuzfeuer der Datenschutzkritiker geriet, war man sehr schnell, die Status-Updates der Mitglieder automatisch auf »privat« zu setzen. MySpace hatte in Österreich, vielleicht auch wegen der regen alternativen Musikszene, immer einen guten Stand und ist heute unter Jugendlichen noch weit verbreitet.

Es gibt aber noch ein drittes Beispiel eines gescheiterten Webdienstes, der auf dem Weg zum Netzwerk-Riesen war und der um noch mehr Geld als MySpace verkauft wurde. Das kleine weiße »b« in einem roten Kreis, das als Logo der Webseite Bebo (das Kunstwort steht als Kürzel für »blog early, blog often«) dient, ist in Mitteleuropa kaum bekannt. Auf den britischen Inseln dürfte es aber jeder Teenager, der sich zur Internet-Generation zählt, sofort mit seinen Online-Freunden assoziieren. Gegründet im Juli 2005, als Facebook noch ein College-Phänomen in den USA war, wurde Bebo in Großbritannien und Irland schnell zu einer der wichtigsten Webseiten. Die beiden Erfinder, das Ehepaar Michael und Xochi Birch, boten Nutzern kostenlos an, digitale Freundeskreise aufzubauen. Schrittweise wurden weitere Funktionen eingeführt, die allesamt zum Ziel hatten, Inhalte für die junge Zielgruppe auf die Seite zu holen. Bei »Bebo Music« konnten sich Bands eigene Webseiten anlegen, um sich und ihre Songs zu präsentieren. »Bebo Authors« sollte Schriftsteller dazu animieren, einzelne Kapitel ihrer Bücher auf der Webseite zu veröffentlichen, und mit der »Bebo Open Media Platform« gab man TV-Sendern und Musikanbietern die Möglichkeit, Audio- und Video-Content unter den Bebo-Nutzern zu verbreiten. Bebo selbst übernahm die

Vermarktung der Bannerwerbung und konnte 2007 8,8 Millionen Pfund (etwa 10,6 Millionen Euro), 2008 6,2 Millionen Pfund (zirka 7,5 Millionen Euro) einstreifen. Im Zuge der Expansion wurde der Firmensitz außerdem nach San Francisco verlegt.Der Erfolg von Bebo blieb in der Chefetage des Internetdienstleisters AOL nicht unbemerkt. Der Konzern, der einmal der größte Internet-Anbieter der Welt war – an dem Google bis 2009 mit einer Milliarde Dollar beteiligt war und der 2001 eine sagenhafte 184-Milliarden-Dollar-Fusion mit dem Medien-Giganten Time Warner einging –, war nach dem Platzen der Dotcom-Blase ins Hintertreffen geraten. Mit Bebo wollte man sich ein Plätzchen im wachsenden Social-Network-Geschäft sichern und kaufte sich den britischen Webdienst im März 2008 um 850 Millionen Dollar. Der Deal ließ Michael und Xochi Birch als Millionäre zurück, für die eigenen Angaben zufolge 40 Millionen Nutzer wurden AOL-Dienste wie die Instant-Messenger AIM und ICQ zum Chatten in Bebo integriert. Im Mai 2008 verlautbarte man außerdem, dass auf der Webseite pro Monat eine Milliarde Videos angesehen würden, was einem Drittel des Volumens von Marktführer YouTube entspräche. Danach hörten sich die Positiv-Schlagzeilen über Bebo jedoch auf und mit dem Online-Netzwerk ging es bergab. Sinkende Nutzerzahlen und Werbeeinnahmen sowie ein größer werdender Schuldenberg dürften AOL, das seinerseits 2009 von Time Warner getrennt wurde, im April 2010 dazu veranlasst haben, Bebo verkaufen oder ganz einstellen zu wollen. Auch personell zeichnete sich das Ende vorzeitig ab: Im April 2010 wechselte die frühere Bebo-Chefin Joanna Shields zu Facebook, um das Business Development in Europa, dem Mittleren Osten und Afrika zu übernehmen. Der britische Guardian fasste das Problem, das zum Niedergang von Bebo geführt hatte, folgendermaßen zusammen: »Start-ups fahren selten gut, wenn sie unter die Fittiche eines bürokratischen Unternehmens genommen werden, und Bebo könnte ebenfalls darunter gelitten haben, sich AOL, einer Firma, die selbst schon bessere Tage gesehen hat, anzuschließen.«[43] Mitte Juni 2010 schließlich trennte sich AOL von Bebo und verkaufte den Webdienst einschließlich der Daten von etwa 50 Millionen angemeldeten Nutzern an die Investment-Firma Criterion Capital Partners mit Sitz in Los Angeles. Der Kaufpreis belief sich Gerüchten zufolge auf weniger als zehn Millionen Dollar – der Wert von Bebo hatte sich innerhalb von nur zwei Jahren um das 85-fache verringert.

Bei Facebook ist man sich der Niedergänge von Friendster, MySpace und Bebo natürlich stets bewusst. Ihre Fehler wird Facebook tunlichst vermeiden, was man fast täglich beobachten kann: Neue Technologien, die aufstrebenden Mitbewerbern einen Vorteil verschaffen, werden so schnell wie möglich ebenfalls integriert (z. B. Geolocation), um nicht wie MySpace einmal das Nachsehen zu haben. Die Speicher-Kapazitäten sind Insidern zufolge immer sehr großzügig dimensioniert, damit man nicht wie Friendster an Server-Problemen zerbricht. Einem Verkauf an einen Konzern, der Facebook zu einer von vielen Tochterfirmen machen würde, ist Mark Zuckerberg immer aus dem Weg gegangen.

Die regionalen Mitspieler

Mit der Abwanderung des Netzwerk-Urgesteins Friendster nach Südostasien, der Aufgabe von Bebo und der Umorientierung von MySpace in Richtung Entertainment-Portal gehört der englischsprachige Raum de facto Facebook, wie regelmäßig aktualisierte Statistiken auf der Webseite www.checkfacebook.com zeigen. In den USA waren im Juni 2010 mehr als 40 % (oder 125 Millionen Menschen), in Kanada sogar fast 55 % (etwa 16 Millionen) der Gesamtbevölkerung bei Facebook registriert. Größtes Facebook-Land nach den USA ist Großbritannien, wo zu diesem Zeitpunkt knapp 45 % (etwa 27 Millionen) der Bevölkerung Mitglied waren. Auch in zwei kleineren Ländern ist Facebook weit verbreitet: In Norwegen sind etwa 52 %, in Chile etwa 41 % der Bevölkerung angemeldet. Freunde und Kollegen kann man mit folgender Berechnung beeindrucken: Facebook ist mit mehr als einer halben Milliarde Mitgliedern der drittgrößte Staat der Erde, größer als die Europäische Union, und wird nur von den beiden Riesen Indien und China geschlagen. Das Online-Netzwerk hätte diesem Vergleich zufolge Länder wie die USA (308 Millionen Einwohner), Brasilien (191 Millionen) oder Russland (173 Millionen) bereits um Längen überholt. Diese Vergleiche halte ich aber für nicht zulässig, da Facebook, auch wenn es die sozialen Regeln für digitales Zusammenleben definiert, eher wenig mit einem realen Staat gemein hat.

Viel interessanter ist ein Blick auf jene Länder und Kontinente, in denen Facebook noch nicht über 40 % der Einwohner vereinnahmt hat. Zwar ist Zuckerbergs Webdienst in vielen Regionen – so auch in Österreich und Deutschland – zur Nummer eins aufgestiegen, doch dahinter tummeln sich viele andere konkurrierende Online-Netzwerke, die teilweise schon länger am Markt sind als Facebook. Gerade in Deutschland, einem der wichtigsten Werbemärkte der Welt, hat sich eine ganze Reihe an vergleichbaren Plattformen etabliert. Dem Marktforschungsunternehmen Nielsen zufolge ist Facebook seit Anfang Mai 2010 das größte Online-Netzwerk mit knapp zehn

Millionen Mitgliedern. Auf Platz zwei liegt StayFriends.de mit etwa sieben Millionen Usern, dritter ist Wer-kennt-wen.de mit etwa sechs Millionen Nutzern. Erst danach kommen die VZ-Netzwerke, die eigentlich für den größten medialen Wirbel gesorgt haben: StudiVZ (kurz für Studentenverzeichnis) zählt etwa vier Millionen, MeinVZ etwa 3,7 Millionen, SchülerVZ etwa 3,3 Millionen registrierte Mitglieder. Die Nielsen-Statistik berücksichtigte nicht Lokalisten.de: Diese wären eigenen Angaben zufolge (3,5 Millionen Nutzer) größer als SchülerVZ.

Abgesehen von StayFriends.de gehören die deutschen Online-Netzwerke allesamt zu großen Medienhäusern: Wer-kennt-wen.de gehört zu 100 % der RTL Interactive GmbH, die alle Aktivitäten des Privatsenders jenseits des klassischen TV-Geschäfts abwickelt. Lokalisten.de, beliebt vor allem in Süddeutschland, tritt zwar noch als eigenständige GmbH auf, tatsächlich gehören der ProSiebenSat.1 Media AG, dem direkten Konkurrenten von RTL, 90 % des Internetdienstes. Auch die VZ-Netzwerke ticken nicht anders, schließlich gehören sie der mächtigen Verlagsgruppe Georg von Holtzbrinck mit Sitz in Stuttgart. Das Haus ist an der Zeitung »Die Zeit« genauso beteiligt wie an den Verlagen Rowohlt und S. Fischer, der Partner-Börse Parship.de, der IT-Nachrichtenseite Golem.de sowie dem Hörbuch-Shop Audible.de.

Die StudiVZ-Geschichte ist wohl am interessantesten, da sie eng mit jener von Facebook verwoben ist. Die Webseite wurde in Berlin im November 2005 von den Studenten Ehssan Dariani und Dennis Bemmann gegründet und sah damals schon verdächtig ähnlich aus wie die von Facebook: Statt Facebook-Blau wurde die Markenfarbe Rot gewählt, ansonsten war man sich in Sachen Zielgruppen (Studenten) und Funktionen (»Gruscheln« als Pendant zum Facebook-»Poke«) zum Verwechseln ähnlich – was rechtliche Folgen hatte. Im Juli 2008 verklagte Facebook StudiVZ, weil der Dienst Aussehen, Funktionen und Dienste kopiert habe. Die beiden Firmen einigten sich außergerichtlich, Facebook stand allerdings als Gewinner da. StudiVZ habe sich zur Zahlung einer ungenannten Summe bereit erklärt, berichtete »Spiegel Online« im September 2009, über die genaue Summe wurde nichts bekannt. Zu diesem Zeitpunkt gehörte StudiVZ längst dem Holtzbrinck-Verlag, der, um mehr Menschen anzusprechen, zusätzlich die Plattformen SchülerVZ und MeinVZ startete. Es gibt aber noch eine Verbindung zwischen Facebook und StudiVZ: Sie haben die gleichen Geldgeber. Die Samwer-Brüder gaben StudiVZ 2005 eine unbekannte Summe Startkapital, etwa zweieinhalb Jahre später kauften sie sich über ihren European Founders Fund bei Facebook ein. Geschätzt wird das Investment auf zehn bis 15 Millionen Euro. Damals distanzierten sie sich schon von StudiVZ. »Facebook ist um Lichtjahre voraus«, sagte Alexander Samwer in einem Interview mit Spiegel Online.[44]

In anderen europäischen Ländern entstanden ebenfalls regionale Online-Netzwerke, wenn auch nicht so zahlreich wie in Deutschland. In Schweden etwa etablierten sich sehr früh gleich zwei Dienste: Lunarstorm und das kleinere Playahead. Sie fanden fruchtbaren Boden, immerhin ist Schweden in Sachen Internet-Penetration unter den führenden Ländern und versorgte seine Bevölkerung sehr früh mit Breitband-Internet, was hohe Nutzungszahlen in der Bevölkerung zur Folge hatte. Dem deutschen Internet-Blog »Netzwertig.com« zufolge sollen die beiden Freunde-Plattformen ihren Höhepunkt (1,7 Millionen bzw. 600.000 Nutzer) 2006 erreicht haben. 2010 bedeutete für beide das Ende: Playahead wurde im März, Lunarstorm im Sommer geschlossen. In den Benelux-Ländern gibt es zwei wichtige Online-Netzwerke: In den Niederlanden ist Hyves eigenen Angaben zufolge weit verbreitet und will über zehn Millionen Mitglieder zählen. Somit wären über 60 % aller Niederländer Mitglied der Webseite. Im Nachbarland Belgien hat sich Netlog etabliert. Netlog setzt allerdings nicht nur auf das Ursprungsland, sondern bietet seine Dienste in fast 40 Sprachen an. In Österreich konnte Netlog, im Schatten von Facebook und StudiVZ und ohne medialen Rückenwind, zum drittgrößten Online-Netzwerk aufsteigen. Frankreich hat mit Skyrock eine eigene, im Ausland kaum bekannte Freunde-Plattform bekommen, die eigenen, nicht ganz glaubwürdigen Angaben (auf der Webseite läuft ein Zähler mit, der im Sekundentakt einen neuen Nutzer verbucht) zufolge 22 Millionen Profile zählen soll. In Großbritannien konnte sich, wie schon gezeigt, Bebo etablieren, das dort eine Zeit lang sogar größer war als MySpace, danach jedoch bald an Bedeutung verlor. Tuenti ist in Spanien zur meistbesuchten Webseite herangewachsen, etwa drei Millionen Nutzer sollen sich auf der von Madrid aus geführten Webseite regelmäßig einloggen. Die Popularität des technologisch sehr innovativen Dienstes – Tuenti führte vor Facebook einen Location-Dienst für Handys ein – hat sehr schnell die Telefonica, eines der größten internationalen Telekommunikationsunternehmen (in Deutschland unter der Marke O2), auf den Plan gerufen. Sie kaufte um 70 Millionen Euro 85 % von Tuenti und könnte versuchen, in Südamerika, wo der Konzern unter dem Namen Movistar agiert, ein Anti-Facebook aufzubauen. Allerdings würde man damit nicht nur Facebook, sondern auch Google auf die Zehen treten: Seit 2004 betreibt der Internet-Konzern sein eigenes, in Europa kaum bekanntes Online-Netzwerk namens Orkut, das etwa 100 Millionen registrierte Nutzer hat. Dieses konnte allerdings in seinem Heimatland nie so recht Fuß fassen, verbreitete sich viral jedoch vor allem in Brasilien und hat dort heute etwa 15 Millionen Mitglieder – zehn Millionen mehr als Facebook (Stand Juni 2010). Damit teilt Orkut ein ähnliches Schicksal wie Hi5, das zwar ebenfalls von Kalifornien aus betrieben wird, aber eher in Südamerika genutzt wird, vor allem in Peru.

Der asiatische Kontinent ist ebenfalls sehr heterogen und hält für Facebook einige potente Konkurrenten parat. In Russland und russischsprachigen Ländern wie der Ukraine hat sich Vkontakte durchgesetzt: Etwa 70 Millionen Nutzer loggen sich regelmäßig auf der Webseite ein, die zweieinhalb Jahre nach Facebook online ging und diesem verdächtig ähnlich sieht. Vkontakte und Facebook haben außerdem denselben Investor, den Moskauer Internet-Unternehmer Yuri Milner und sein Unternehmen Digital Sky Technologies (DST). Diese Firma wiederum hat Verbindungen zu einem der führenden Online-Netzwerke in China. Denn DST selbst hat Investitionen (300 Millionen Dollar) vom chinesischen Internet-Konzern Tencent erhalten, der mit QQZone, einem Anhängsel des unglaublich populären chinesischen Chat-Dienstes QQ, selbst ein Online-Netzwerk betreibt. Wichtigste Freunde-Plattform in China ist aber zurzeit RenRen, bei der ein Besuch der Startseite ein Déjà-vu-Erlebnis auslöst: Genauso wie beim russischen Vkontakte glaubt man aufgrund des weiß-blauen Designs und der sehr reduzierten Benutzer-Oberfläche Facebook vor sich zu haben.

Der südostasiatische Raum hält ebenfalls eine kleine Überraschung bereit. Denn Länder wie Malaysien, die Philippinen, Indonesien oder Singapur sorgen heute, wovon bereits die Rede war, für die meisten Zugriffe auf den einstigen König der Online-Netzwerke: Friendster, das 2002 in Mountain View gegründet wurde, befindet sich wie erwähnt im Besitz der malaysischen Firma MOL. Japan und Südkorea haben ebenfalls eigene Internetdienste hervorgebracht: Über 35 % (18 Millionen) aller Südkoreaner sind Mitglied bei Cyworld, über 20 % (27 Millionen) aller Japaner haben sich bei Mixi.jp registriert. Facebook ist in diesen beiden Ländern übrigens noch ein Zwerg: Nur jeweils etwa eine Million Menschen haben sich bei dem weltweiten Marktführer registriert.

Facebook mit über einer halben Milliarde Nutzer ist zwar mit Abstand das größte Online-Netzwerk, aber noch lange nicht am Ziel angelangt. Zuckerbergs Ambitionen sind freilich klar: Mit Übersetzungen seines Webdienstes in über 70 Sprachen will er Vkontakte, RenRen oder Friendster die

Nutzer abspenstig machen. In Europa, aber auch in Ländern wie Chile oder Ägypten, hat Facebook bereits einen Sog erzeugt, der große Bevölkerungsteile angezogen hat. Der Italiener Vicenzo Coesenza hat in seinem Weblog[45] eine Weltkarte erstellt, die die Facebook-Expansion deutlich vor Augen führt: Die Mehrheit der virtuellen Landmasse gehört dem Webdienst aus Palo Alto, nur Brasilien, China, Japan und Russland scheinen noch als große Bollwerke gegen Facebook auf.

Die Spezialisten

Die meisten Online-Netzwerke, die sich im Internet etablieren konnten, sind auf Masse aus. Sie versuchen möglichst viele Nutzer anzuziehen, um möglichst viele Augenpaare auf die Werbung zu lenken, die geschaltet wird. Deswegen geben Facebook (auch wenn man für Studenten startete), Friendster, Bebo und Twitter kein Thema vor und sprechen keine abgesteckten Zielgruppen an. Im Falle MySpace kann man von einer Spezialisierung sprechen, da man mit der frühen Integration von Musiker-Seiten bewusst ein junges, hippes Publikum auf die Seite brachte, dem man zielsicher Anzeigen für Handys, Rockkonzerte und Turnschuhe vorsetzen konnte. Doch in der Welt der Online-Netzwerke gibt es viele andere Spezialisten, die bestimmte Zielgruppen ansprechen wollen. ASmallWorld.net etwa will eine exklusive Online-Veranstaltung der Schönen und Reichen sein und erlaubt die Aufnahme nur, wenn man von einem bestehenden Mitglied eingeladen wird. Dem Betreiber zufolge sollen die Mitglieder im Schnitt 300.000 Euro im Jahr verdienen. Mit Ancestry.com aus den USA oder MyHeritage.com aus Israel gibt es Genealogie-Dienste, auf denen Familien Online-Stammbäume erstellen und Ahnenforschung betreiben – hier werden quasi Online-Netzwerke in der Zeit zurückgebaut. DeviantART.com ist eine Plattform, auf der Hobbykünstler ihre Werke – von der Zeichnung bis zum digitalen Gemälde – online stellen und sich untereinander vernetzen. Bei CouchSurfing.org ist ein weltumspannendes Netzwerk von Rucksackreisenden entstanden, die andere Backpacker gratis auf ihrer Couch schlafen lassen, wenn sie in die Stadt kommen. In den USA entwickelten sich mit AsianAve.com und BlackPlanet.com sehr früh – vor 2000 – Online-Netzwerke, die gezielt Minderheiten ansprachen. Dogster.com, die Schwester-Seite Catster.com und eine ganze Reihe an Kopien zielten allein darauf ab, Tierliebhaber über ihr Hauptinteresse, die Vierbeiner, zu vernetzen. Außerdem kann man auch die in Kanada gestartete Fotoseite Flickr.com, die 2005 um eine geschätzte Summe zwischen 15 und 25 Millionen Dollar von Yahoo! gekauft wurde, zu den Online-Netzwerken zählen. Unter den Hobbyfotografen, die dort bis Oktober 2004 vier Milliarden Fotos hochluden, sind ebenfalls vielfältige Online-Netzwerke entstanden, in denen verlinkt, kommentiert und getratscht wird. Am kuriosesten ist mit Sicherheit MyOuterSpace, das von dem Schauspieler William Shatner (a. k. a. Captain Kirk) ins Leben gerufen wurde. Shatner will mit MOS eine Online-Heimat für Science-Fiction-, Horror- und Fantasy-Liebhaber schaffen. Sie können sich »Starships« (Gruppen) anschließen, die Galaxie (ein Forum) erforschen und einen von sechs »Planets« (Interessensgebiete für Musik, Grafik-Design etc.) erkunden. Werbung für Computerspiele und Fantasyfilme sind natürlich Teil von Shatners neuem Universum. Mit Chatter und Yammer gibt es außerdem schon auf firmeninterne Kommunikation getrimmte Online-Netzwerke. Im Stile Facebooks und Twitters könnten diese sehr jungen Dienste den E-Mailverkehr ablösen und die Online-Zusammenarbeit in Unternehmen intensivieren.

Eine Art Meta-Netzwerk hat Marc Andreessen, Vorstandsmitglied von Facebook, geschaffen: Ning.com ist ein Baukasten für Online-Netzwerke, mit dem sich jeder sein eigenes Facebook bauen kann. Dort bekommt man eine eigene Web-Adresse nach dem Schema http://abcdefg.ning.com und kann für diese bestimmen, wie sie designt ist, welche Funktionen sie bietet und welche Nutzerdaten sie abfragen soll. Laut Betreiber haben sich bei Ning 43 Millionen Nutzer zu etwa zwei Millionen Netzwerken zusammengeschlossen, typischerweise rund um Freizeitthemen, soziale Belange und Schauspieler wie David Hasselhoff – wiederum Spezialisierungen zu jedem denkbar möglichen Thema. Allerdings musste Andreessen seinen Plan, Ning auf Basis von Online-Werbung kostenlos anzubieten, revidieren. Nach etwa sechs Jahren Gratisbetrieb kostet die Nutzung seit Mai 2010, je nach gewähltem Premium-Account, zwischen drei und 50 Dollar pro Monat. Nur für Lehrer, die Ning zu Schulzwecken nutzen, bleibt der Dienst kostenlos.

Die wichtigsten spezialisierten Online-Netzwerke sind aber jene für das Berufsleben. Bereits vor Friendster, das als Ur-Freundesnetzwerk nach heutigen Maßstäben gilt, wurde Ryze 2001 vom Internet-Unternehmer Adrian Scott gegründet, der einer der ersten Investoren des Musik-Sharing-Dienstes Napster war. Ryze war das erste Online-Netzwerk, das sich explizit an Unternehmer richtete und damit im Silicon Valley auf fruchtbaren Boden fiel. Wer sich einloggte, bekam Kontakte zu Geschäftsleuten aus der gleichen Region – eine notwendige Maßnahme, um erste Vernetzungen unter den Mitgliedern anzufachen, schließlich konnte niemand wie bei eher auf Freundschaft basierten Netzwerken einfach nach Bekannten suchen. Den

Angaben des Betreibers zufolge wuchs Ryze bis zu einer Größe von 500.000 Mitgliedern, verteilt über 200 Länder. Sie konnten Ryze in einer Basisversion gratis nutzen, wer mehr und bessere Funktionen wollte (etwa die Möglichkeit, Personen, mit denen man nicht direkt vernetzt war, kontaktieren zu können), musste sich einen Premium-Account leisten, für den pro Monat eine Gebühr fällig war. Außerdem machte Ryze Einnahmen über Online-Anzeigen und Events, die um Ryze organisiert wurden.

Mit diesem Geschäftsmodell hat Ryze die Grundregeln für Business-Netzwerke definiert, nach denen sie heute noch funktionieren. Die beiden wichtigsten Onlinedienste für Geschäftsleute sind heute LinkedIn aus dem Silicon Valley und XING (vormals Open BC) aus Hamburg. LinkedIn hält Mitte 2010 bei weltweit 65 Millionen Mitgliedern und ist mit Sicherheit der erfolgreichere der beiden, obwohl beide ungefähr gleich lange (seit 2003) am Markt sind. LinkedIn konnte sich vom Start weg auf die volle Kapital-Power des Silicon Valley verlassen. Frühe Investoren waren Marc Andreessen, Mitgründer von Ning und Vorstandsmitglied bei Facebook, der Facebook-Unterstützer und PayPal-Mitbegründer Peter Thiel sowie Gil Pechina, International-Vizepräsident bei eBay. Später investierten auch einige Risikokapitalgrößen bei LinkedIn, allen voran Sequoia Capital, die wohl wichtigste Investment-Firma im Silicon Valley. Sie hat Geld in nahezu jedes wichtige Internet-Unternehmen in der Bay Area gesteckt (Apple, Google, YouTube, Yahoo! u. v. m.). Weiters gab es Investitionen von Goldman Sachs, Greylock Partners und dem European Founders Fund, womit sich LinkedIn die beiden Letzteren als Geldgeber mit Facebook teilt.

XING – der Name steht als Kürzel sowohl für das englische Wort »crossing«, »sich über den Weg laufen«, als auch für das chinesische Wort »xing«, das »es funktioniert« bedeutet – ist für europäische Verhältnisse eine Ausnahmeerscheinung: Der von Lars Hinrichs gegründete Dienst traute sich das zu, was sich nur wenige andere Internet-Unternehmen nach dem Platzen der Dotcom-Blase zutrauten: Ende 2006 ging man mit 30 Euro je Aktie an die Börse, was der nunmehrigen XING AG einen Marktwert von etwa 75 Millionen Euro gab. Bis Mai 2010 schaffte es der vor allem im deutschsprachigen Raum genutzte Dienst auf etwa 9,2 Millionen Mitglieder, wovon etwa 700.000 Personen zahlende Gäste der Webseite waren, sprich: Sie nutzen Premium-Profile, die sich in ihren Funktionen von jenen der Gratis-Mitglieder deutlich unterscheiden. Die Premium-Accounts für zahlende Mitglieder sind bei LinkedIn und XING – die beiden Dienste gleichen einander ohnehin auf fast unheimliche Weise – ähnlich aufgebaut. Während die Gratis-Mitglieder Werbung auf ihren Profilen akzeptieren müssen (auf meiner XING-Seite bewirbt die Seite meist ihre eigene Jobbörse), werden die Anzeigen bei den zahlenden Besuchern ausgeblendet und stattdessen erweiterte Funktionen freigeschaltet. So darf etwa nur ein Premium-Member erfahren, wer sein Profil angeschaut hat, ihm ist ebenfalls vorbehalten, private Nachrichten zu verschicken. Dies sind zwei essentielle Funktionen, wenn man XING tatsächlich als karrierefördernde Plattform nutzen und mit anderen ins Gespräch bzw. ins Geschäft kommen möchte. Bei LinkedIn läuft die Sache ähnlich: Die Basis-Funktionen sind gratis, wer mehr will, muss ein kostenpflichtiges Konto-Upgrade vornehmen, das ab etwa 20 Dollar pro Monat – also empfindlich teurer als XING – zu haben ist. Die Vorteile: bessere Personensuche, was vor allem für Unternehmer wichtig ist, die auf der Suche nach neuen Mitarbeitern sind, Einsicht, welche anderen Mitglieder am eigenen Profil interessiert waren, oder Einblicke in die Profile jener Manager, bei denen man vorstellig zu werden gedenkt. Alles in allem: Man erkauft sich bei XING und LinkedIn einen Vorteil gegenüber Mitbewerbern und erhofft sich dadurch bessere Chancen am Arbeitsmarkt.

Sowohl LinkedIn als auch XING haben sich – wieder in interessantem Gleichschritt – für andere Web-Anwendungen geöffnet. Im Oktober 2008 startete LinkedIn seine schlicht »Applications« getaufte Plattform, über die Drittanbieter Zusatzfunktionen für LinkedIn-Mitglieder anbieten können. So gibt es etwa eine »Amazon Reading List«, die anderen Nutzern verrät, was man liest, gelesen hat und plant zu lesen. Nicht ein mal ein Jahr später brachte XING eine ähnliche Application-Plattform, die es Mitgliedern erlaubt, Webdienste, die zuvor nur auf anderen Seiten verfügbar waren, direkt auf ihren Profilen nutzen. Übrigens gibt es noch eine Gemeinsamkeit zwischen LinkedIn und XING: Die Gerüchte, dass der größere US-Dienst den kleineren deutschen schlucken könnte, kehren in regelmäßigen Abständen wieder. Eine strikte Trennlinie zwischen diesen Geschäfts- und Freundes-Netzwerken sollte man auf keinen Fall ziehen: Hinter den Kulissen von LinkedIn und XING wird selbstverständlich heftig geflirtet, während Facebook auch eine Kontaktstelle für Geschäftspartner und Kunden ist. Gerade Facebook ist für Personal-Chefs der wohl effizientere Weg, sich über Bewerber ein Bild zu machen, schließlich ist die Wahrscheinlichkeit, dass jemand Facebook-Mitglied ist, um ein Vielfaches höher als eine XING-Mitgliedschaft.

Twitter: Ein Sonderfall mit 140 Zeichen

Investoren, Software-Entwickler, Trend-Scouts, Blogger, Journalisten und etliche andere – sie alle fragen sich regelmäßig, was das »next big thing«, das nächste große Ding nach Facebook sein könnte, der nächste Web-Trend, in den man Geld stecken, für den man Zusatzdienste entwickeln und über den man berichten kann. Für viele liegt die Antwort klar auf der Hand: Twitter. Die babyblaue Webseite mit einem niedlichen Vogel als Maskottchen und ihren berühmten 140 Zeichen hat definitiv Weltbekanntheit erreicht. »Plauder-Portal«, »Chat-Service«, »Nachrichten-Netzwerk«, »Mikro-Blog«, »Kurznachrichtendienst«, »Telegrafensystem des 21. Jahrhunderts«: Twitter hat schon viele Beschreibungen und Attribute verpasst bekommen und nichts davon trifft den Nagel auf den Kopf. Denn der Internetdienst, gegründet im März 2006 – natürlich – in San Francisco, ist all das zugleich und vieles mehr. Als ich mir im Mai 2008 für einen Zeitungsartikel mein Twitter-Profil (ich tweete selbst unter @jakkse, falls Sie ein Follower werden möchten) anlegte und den Service ausprobierte, war ich zunächst eher skeptisch. Ich glaubte nicht, dass aus einem von US-Medien und einer Handvoll Stars gehypter Dienst, über den sich die Nutzer bis zu 140 Zeichen lange Botschaften zuschickten, etwas Langlebigeres werden könnte.

Ich sollte mich gründlich irren. Im April 2010 gab Twitter-CEO Evan Williams auf der hauseigenen Konferenz »Chirp« in San Francisco bekannt, dass es 105 Millionen registrierte Mitglieder gebe, die pro Tag 50 Millionen Kurznachrichten (»Tweets«) verfassten, sowie dass pro Monat 180 Millionen Besucher (»unique visitors«) auf die Webseite kämen. Zwei Monate später waren es schon 190 Millionen Besucher und 65 Millionen Tweets pro Tag. Zu diesem Zeitpunkt, fast zwei Jahre nach der ersten 140-Zeichen-Meldung, war Twitter längst fixer Bestandteil meiner Internet-Nutzung geworden. Einer Analyse der Wiener Web-Agentur Digital Affairs (http://digitalaffairs.at) von Gerald Bäck zufolge gab es Mitte 2010 etwa 25.000 aktive Nutzer aus Österreich. Allerdings dürften nur etwa 11.000 von ihnen auch regelmäßig Tweets verfassen. Trotzdem ist eine sehr lebendige Szene aus Bloggern, Journalisten, PR- und Agentur-Leuten, Web-Entwicklern, Wissenschaftlern, Unternehmern und vielen anderen entstanden, die sich tagtäglich via Twitter über das Weltgeschehen, österreichische Politik, Hightech-News, Software oder Banalitäten wie Dosenbier, Minigolf oder das spiegelnde iPad-Display unterhalten. Die einen nutzen Twitter, um mit Freunden zu chatten, andere nutzen den Kanal, um ihren Frust über Politiker loszuwerden, wieder andere verlinken zu Blog-Einträgen oder journalistischen Artikeln.

Interessant an Twitter ist nicht nur die numerische Parallele zur SMS (140 bzw. 160 Zeichen), sondern auch die Entwicklungsgeschichte der beiden Technologien – denn ihr Erfolg war weder vorherseh- noch planbar. Die SMS war eigentlich ein Nebenprodukt der Mobiltelefonie, von dem sich die Erfinder (Techniker der Deutschen Bundespost, Vodafone, Telenor und der France Telecom) keinen besonderen Erfolg erwarteten. Heute gehört die SMS neben Sprachtelefonie und E-Mails zur meistgenutzten Kommunikationstechnologie. Ähnlich lief es auch mit Twitter: Das heute weltweit bekannte Gründer-Trio Evan Williams, Biz Stone und Jack Dorsey arbeitete ab Mitte 2005 an Odeo, einer Plattform, über die man auf einfache Weise durch Podcasts (kurze Audio- oder Video-Sendungen, die man online abonnieren kann) stöbern konnte. Nebenbei bastelte Dorsey an einer kleinen Software, mit der man andere Nutzer schnell via Web über Neuigkeiten informieren konnte. »Just setting up my twttr« war die erste Botschaft, die er zum Testen in seinen Account hineinschrieb. Kurz darauf in Twitter umbenannt, wurde das Benachrichtigungssystem bei Odeo intern zum Kommunizieren verwendet und dürfte in der Zeit sein Potenzial entfaltet haben. Williams, der 2003 seine Weblog-Plattform »Blogger« an Google verkauft hatte, roch wieder Lunte. Er hatte miterlebt, welcher Hype rund um Weblogs (öffentlich geführte Online-Tagebücher) entstanden war und witterte in Twitter den nächsten Trend in Sachen Meinungsäußerung im Internet. Gemeinsam mit Dorsey und Stone, der heute Kreativ-Direktor bei Twitter ist, hob er eine neue Firma aus der Taufe, die heute weltbekannt ist. Odeo und seine Podcast-Suche war schnell vergessen und wurde 2007 nach New York verkauft.

Doch was aus Twitter nun genau geworden ist – Ein Platz zum Plaudern? Eine Meinungsmaschine? Eine recht effektive Traffic-Quelle für die eigene Webseite? Öffentlichkeit? –, das kann heute wohl niemand griffig zusammenfassen. Aus Sicht der Betreiber ist Twitter ein Nachrichten-Netzwerk. Mit zwei großen Redesigns der Startseite versuchte man, Twitter als Suchmaschine für Nachrichten zu positionieren. Zuerst wurde ein großes Suchfeld ins Zentrum der Webseite gerückt, dann kam eine Art Ticker dazu, wie man ihn von Sport-Webseiten kennt, der live die Top-Themen und populärsten Tweets der Nutzer anzeigte. Das sollte vor allem Nichtmitglieder dazu animieren, Twitter als durchsuchbare Nachrichtenquelle zu verwenden, was den offiziellen Zahlen zufolge auch etwa 85 Millionen Menschen tun dürften (Stand Juni 2010).

Aus meiner – journalistisch geprägten – Sicht macht die Idee, Twitter als Nachrichten-Netzwerk zu sehen, natürlich Sinn. Nüchtern betrachtet ist Twitter ein purer, nicht abreißen wollender Strom aus Nutzer-Meldungen, wie Facebooks Newsfeed ohne störendes Drumherum wie Spiele oder Veranstaltungskalender. Man könnte, wie es auch Tim O'Reilly (jener Autor und Verleger, der maßgeblich an der weltweiten Verbreitung des Begriffs »Web 2.0« beteiligt war) tut, Twitter mit der Titelseite einer Zeitung vergleichen – allerdings einer Titelseite, die von jedem Nutzer mitgeschrieben und die live aktualisiert wird. Wer Twitter schon länger nutzt, weiß, dass man in 140 Zeichen kaum mehr unterbringt als einen kurzen Satz und einen Link, der auf einen ausführlicheren Inhalt – Text, Webseite, Foto oder Video – verweist. Im Zeitungsjournalismus nennt man so etwas einen »Anreißer«.

»Das Innenleben von Facebook: Der umstrittene Webdienst, dem zwei Millionen Österreicher vertrauen. Report aus Kalifornien, Seiten 14, 15« war die KURIER-Schlagzeile vom 5. Juni 2010, die Lust auf die Lektüre einer meiner Storys über Facebook machen sollte. In Bezug auf Twitter ist das natürlich interessant: Denn diese wie unzählige andere Schlagzeilen, die täglich weltweit auf ähnliche Art formuliert werden, passen fast genau in einen 140 Zeichen langen Tweet hinein.

Als Twitter-Nutzer bin ich Follower von etwa 300 anderen Mitgliedern, habe mich also dafür entschieden, deren Tweets zu abonnieren. Wenn ich mich bei Twitter einlogge, bekomme ich in einem Newsfeed alle Tweets, schön verkehrt chronologisch gelistet, die diese 300 Nutzer geschrieben haben. Der aktuellste ist ganz oben, wenn ich nach unten scrolle, kann ich quasi in der Zeit zurückgehen und sehen, wer was wann veröffentlicht hat. So kann ich interessanten Links folgen, mich über schräge Kommentare amüsieren und mir nebenbei einen Überblick über die derzeitige Nachrichtenlage verschaffen. Nichts anderes versucht auch die Titelseite einer Zeitung für den Leser zu tun, egal, in welchem Land sie gedruckt wurde, in welcher Sprache sie geschrieben wurde und welchem Marktsegment sie zugerechnet wird. Unterschiede zwischen Twitter und einem Titelblatt sind natürlich die Personalisierung und Interaktivität: Während bei einem Printmedium ein professionelles Team, aufgesplittet in Ressorts, versucht, die Storys des Tages nach ihrer Relevanz zu gewichten und die eine Geschichte größer, eine andere etwas kleiner anzukündigen, ist bei Twitter jeder Nutzer sein eigener Chefredakteur. Indem man sich entscheidet, bestimmte Nutzer zu abonnieren (man wird »Follower«), entscheidet man sich gleichzeitig dafür, welche Twitter-Meldungen man in Zukunft zu lesen bekommt. Wer seine Nachrichten fortan ausschließlich über diesen Webdienst konsumiert, hat seinen

Blickwinkel auf die Welt selbst vordefiniert. Kein Experte wird ihm mehr sagen, welche Geschehnisse auf dem Erdball so wichtig sind, sich mit ihnen auseinanderzusetzen. Natürlich kann man Medien wie CNN, der deutschen Zeit oder oder dem britischen Guardian folgen, deren Schlagzeilen lesen und ihre Links zu den ausführlichen Artikeln anklicken. Viele Twitter-Nutzer schreiben auch sofort, wenn etwas von Belang passiert. Trotzdem setzt sich jedes Mitglied selbst digitale Scheuklappen auf, wann immer es mehr Zeit auf der Webseite verbringt.

Nach zwei Jahren Nutzung kann ich festhalten, dass Twitter, auch wenn die Themen immer breiter werden, sehr technologiezentriert ist, ein US-amerikanischer Blickwinkel vorherrscht und Mitglieder, die aus der »alten« Medienwelt, sprich TV, Zeitung und Radio kommen, die größte Reichweite, sprich die meisten Follower haben. Das ist nur logisch: Denn auch wenn die angesprochene Interaktivität es jedem erlaubt, seine Meinung zu schreiben und auf ihm wichtige Inhalte und Themen zu verlinken, gehört zumindest ein bisschen Know-how und Überblick dazu, für andere interessante Tweets abzusetzen und sie so zu formulieren, dass die Follower die Relevanz erkennen können.

In jedem Fall hat Twitter – das muss auch Facebook zugeben – den derzeit populärsten Platz im Internet geschaffen, wo Nutzer ihre Kritik loswerden und auch gehört werden. Beispielhaft sind die Proteste nach den iranischen Wahlen im Juni 2009, die Mahmud Ahmadinedschad in seinem Amt bestätigten. Tausende Iraner gingen daraufhin auf die Straße und warfen Ahmadinedschad Wahlbetrug vor. Der digitale Kanal ihres Aufschreis war in erster Linie Twitter: Unter Hashtags wie »#IranElection« (ein Rautezeichen wird einem Schlagwort vorangestellt, um dieses im Text hervorzuheben) meldeten iranische Twitter-Nutzer im Sekundentakt, was bei den Demonstrationen auf den Straßen Teherans und in anderen Städten passierte. »Eine junge Frau, erschossen von Basidsch-Milizen. Ihr Name war Neda«, war da etwa zu lesen – eine Meldung, die um die Welt ging. Neda Agha-Soltan, eine 27-jährige Iranerin, fiel während der Proteste einer Kugel aus der Feuerwaffe eines Basidsch-Milizionärs zum Opfer. Ihr Tod – sie verblutete auf der Straße – wurde per Video dokumentiert und auf YouTube mehrere Millionen Mal gesehen.

Via Twitter schafften die Demonstranten also einen Kontrapunkt zu den staatlich kontrollierten Informationen, was in westlichen Medien für sehr großen Widerhall sorgte. Die Stimme des Volkes, verpackt in 140-Zeichen-Häppchen, bahnte sich ihren Weg vorbei an der Internetzensur des Iran in die freie Presse. Neda und Twitter sind zu Symbolen des iranischen Widerstands geworden: Die getötete Frau wurde von der britischen Tageszeitung The Times zur Person des Jahres 2009 gewählt, der Kurznachrichtendienst gar für den Friedensnobelpreis nominiert. Aus heutiger Sicht muss man diese »Twitter-Revolution«, wie sie im Westen wahrgenommen wurde, jedoch relativiert sehen. So sagte der iranische Hamid Tehrani vom iranischen Blog-Netzwerk »Global Voices« gegenüber dem britischen Guardian, dass weniger als 1000 Iraner Twitter als Protestplattform genutzt hätten. Ein lokales Ereignis, das eigentlich in einer Mikro-Öffentlichkeit stattfand, wurde so zum weltweiten Thema in den Medien aufgeblasen und zur Revolution hochstilisiert. Für Journalisten – auch für mich – war die »Twitter-Revolution« eine gut erzählbare Story, weil sie alle Elemente einer Jahrtausende alten Geschichte hat: David (die Demonstranten) bekämpft Goliath (Ahmadinedschad) mit seiner Steinschleuder (Twitter) und gewinnt (weltweite mediale Aufmerksamkeit).

Facebook hat es, trotz einiger Bemühungen, bisher nicht geschafft, zu einem zentralen Online-Werkzeug der öffentlichen politischen Auseinandersetzung zu werden. Das musste auch Randi Zuckerberg (Marks Schwester), die bei Facebook unter anderem politische Kampagnen initiiert und koordiniert, mir gegenüber in einem Interview Ende Jänner 2010 in München zugeben. »Es hängt davon ab, welche Botschaft man loswerden will. Facebook ist eher wie ein Abendessen mit Freunden, wo auch Politisches besprochen wird, während man auf anderen Plattformen seine Meinung schreibt und Fremde darauf antworten. Aber bei Facebook kann man seit der Gründung 2004, also länger als bei anderen Webdiensten, seine politische Einstellung angeben«, meinte sie damals. Twitter hatte man bei Facebook jedenfalls schon lange auf dem Radar: Anfang 2009 wurde bekannt, dass Facebook Twitter für 500 Millionen Dollar kaufen wollte, der Deal dann jedoch scheiterte.

In diesem Unterschied – bei Facebook kommuniziert man mit Freunden, bei Twitter mit Fremden – steckt ein wesentlicher Nachteil für das Freundes-Netzwerk: Bei Twitter ist jeder Nutzer von Haus aus gewillt und in dem Bewusstsein, dass sein Tweet öffentlich, also für alle anderen Internet-Nutzer sichtbar gemacht wird. Bei Facebook ist eher das Gegenteil der Fall, wie die endlosen Privatsphäre-Diskussionen rund um die Firma zeigen. Während Mark Zuckerberg und sein Team sich also ständig vorwerfen lassen müssen, die Nutzer dazu zu nötigen, ihre Privatinformationen öffentlich zu machen, ist das bei Twitter selbstverständlich und wurde nie beanstandet. Twitter kann Facebook noch in zwei weiteren Bereichen gefährlich werden. Zum einen hat es der Dienst geschafft, wonach fast jede Firma in der Hightech-Welt strebt: Er ist zu einer Plattform geworden. So wie unzählige Firmen Software für Microsofts Windows, Apples iPhone oder Facebooks Plattform entwickeln, schreiben Tausende Entwickler Anwendungen für Twitter. »TweetDeck«, mein persönlicher Favorit, ist so eine Twitter-App: Anstatt ständig auf die Webseite surfen zu müssen, läuft dieses kostenlose Programm auf meinem Notebook (oder am iPhone) und zeigt mir in Echtzeit an, was sich rund um meinen Twitter-Account im Netz abspielt. Ich kann Direktnachrichten verschicken, @-Nachrichten an bestimmte Nutzer adressieren (z. B. kann ich meinem Kollegen @paultikal so schnell einen interessanten Link zukommen lassen), Suchen nach Stichwörtern starten und einiges mehr. Twitter.com selbst bekomme ich nie auf den Schirm, und damit bin ich nicht alleine. Drei Viertel aller Twitterati, wie man die Mitglieder auch nennt, nutzen den Dienst über diese Apps. Indem Twitter seine API, also seine Programmierschnittstelle, für Entwickler öffnete, wurde ein immer größer werdendes Ökosystem geschaffen. Das ist für Evan Williams und seine relativ kleine Firma (er hat rund 200 Mitarbeiter) zum einen natürlich sehr praktisch: Er muss keine Zeit und kein Geld investieren, Zusatzdienste zu entwickeln. Als man in dieses florierende Ökosystem eingriff und die Firma Atebits, die die iPhone-App »Tweetie« macht, kaufte, sorgte man gleichzeitig für große Unruhe in der Entwicklergemeinde, die sich zu Recht sorgte, von der Plattform verdrängt zu werden, auf die ihr Geschäft aufbaute. Zum anderen ist dieses Ökosystem auch für die Internetnutzer sehr attraktiv, immerhin haben sie die Wahl zwischen Dutzenden, wenn nicht Hunderten Zusatzdiensten für Twitter. So kann es schnell passieren, dass man mehr Zeit mit Twitter verbringt als mit Facebook, und das ist für Zuckerbergs Unternehmen natürlich gefährlich. Denn damit wird es für Twitter immer leichter, ihm auf einem zentralen Gebiet Konkurrenz zu machen: Werbung.

Als ich Ende Mai 2010 die Firmenzentrale von Twitter in San Francisco (falls Sie einmal vorbeischauen möchten: 795 Folsom Street) besuchte, befand sich die Firma gerade in der Testphase für ihr eigenes Werbesystem namens »Promoted Tweets«, das sie Mitte April angekündigt hatte. Zusätzlich zu den Einnahmen, die Twitter über Partnerschaften mit der Library Of Congress (die zweitgrößte Bibliothek der Welt in Washington D. C. darf jeden öffentlichen Tweet archivieren) und Suchmaschinen einging – Yahoo!, Google und Microsofts Bing dürfen öffentliche Tweets durchstöbern und in ihre Suchergebnisse integrieren –, bekommt Twitter Werbegelder. Dick

Costolo, der als Twitter-COO fürs operative Tagesgeschäft und somit auch für das Werbesystem zuständig ist, war sichtlich im Stress, als er mich im Vorbeieilen begrüßte und mir ein paar gute Aufnahmen mit meiner Kamera wünschte. (Ein weiterer, feiner Unterschied zwischen Facebook und Twitter: In der Facebook-Zentrale hätte ich mich nie so frei und ungezwungen bewegen können.) Costolo arbeitete gerade mit einer Handvoll ausgewählter, natürlich zahlender Partner – darunter Red Bull, Sony Pictures und Starbucks – zusammen, die die Möglichkeit bekamen, an der Spitze von Suchergebnissen bezahlte Twitter-Nachrichten zu platzieren. Das System gleicht jenem von Google: Sucht man bei Twitter etwa nach »energy drink«, bekommt man ganz oben als ersten Treffer einen farblich und textlich gekennzeichneten Werbe-Tweet von Red Bull angezeigt. Außerdem startete Twitter Mitte Juni 2010 mit dem Verkauf der »Trending Topics«, also jener Themenliste, die Twitter über die aktuell am häufigsten diskutierten Schlagwörter veröffentlicht. Als erster Kunde konnte man DisneyPixar an Land ziehen, die mit »Toy Story 3« ein Trending Topic kauften. Wer darauf klickte, kam wie gewohnt zu allen Tweets, die den Begriff »Toy Story 3« erwähnten, angeführt natürlich von einem wiederum bezahlten Werbe-Tweet, der Nutzer auf eine Facebook-Seite, über die Kinotickets verscherbelt wurden, locken sollte.

Eine Revolution sind die »Promoted Tweets« und die »Promoted Trending Topics« selbstverständlich nicht, zeigen aber eines sehr deutlich: Die Twitter-Macher, allesamt alte Hasen im Silicon Valley, sehen ihre Chance auf einen Teil des immer größer werdenden Online-Werbekuchens und haben sich gegen ein Bezahlmodell, in dem Premium-Accounts an zahlungswillige Unternehmen verkauft werden, entschieden. Damit operieren sie im gleichen Geschäftsbereich wie Facebook. Bringen sie die Sache ins Rollen, werden sie ihr immer enger werdendes Büro in San Francisco bald räumen, die hellblauen »Home Tweet Home«-Polster, die kitschigen grünen Reh-Statuen im Foyer und die DJ-Ecke samt Piano zusammenpacken und hinunter ins Silicon Valley ziehen müssen. Denn wer wirklich wachsen will, schlägt sein Lager zwischen denen von Google, Apple, Yahoo!, Intel und Facebook auf.

In Sachen Geolokalisierung von Nutzern ist Twitter seinem Konkurrenten Facebook zuvorgekommen. Mitte Juni 2010 wurde die Funktion »Twitter Places« eingeführt, über die Tweets einem bestimmten Ort zugeordnet werden können. Am Computer via Browser oder mit der mobilen Webseite oder Apps am Handy: In jede Twitter-Botschaft kann eine vom System auslesbare Position eingeschrieben werden. Dabei handelt es sich aber nicht um reine Koordinaten, sondern um tatsächlich real existierende Orte wie etwa ein Kaffeehaus, ein Büro, ein Museum oder eine Veranstaltung. Als Follower kann man leicht mitverfolgen, wer wo welchen Kommentar abgeschickt hat. Twitter bietet zusätzlich die Integration der beiden populärsten Location-Dienste Foursquare und Gowalla, sodass Meldungen über den Aufenthaltsort der Nutzer von Twitter gelesen und als »Place« angezeigt werden können. Daraus kann sich folgendes Problem ergeben: Wer als Foursquare-Nutzer annimmt, seine Position nur mit Foursquare-Kontakten zu teilen, seinen Account aber gleichzeitig mit dem bei Twitter vernetzt (was mehr Nutzer machen, als man für möglich hielte), schickt so seine Position an alle, die Follower sind – was im Prinzip jeder sein kann.

Twitter hat einige andere Unternehmen zu ähnlichen Diensten inspiriert: Jaiku (Juli 2006, von Google gekauft), Plurk (Jänner 2008), Pownce (Juni 2007) und im weitesten Sinne auch Google Buzz (Februar 2010) schlagen in eine ähnliche Kerbe wie ihr Microblogging-Vorbild. Den größten Einfluss hatte Twitter jedoch definitiv auf Facebook selbst, was Blogger von Mashable.com etwa dazu veranlasste, von einer »Twitterifizierung« des Online-Netzwerks zu sprechen. Facebook kennt mit der »via«-Funktion eine ähnliche Form des Online-Zitierens wie Twitter, wo man mit einem sogenannten ReTweet eine Meldung eines anderen Nutzers wiederholt und diese mit einem Verweis auf den Urheber an seine eigenen Follower weiterleitet. Die @-Funktion, mit der man andere Personen direkt adressiert (z. B. »@jakkse kannst du mir den Link zu dem Artikel schicken?«), wird von Facebook ebenfalls unterstützt. Am augenfälligsten war die »Twitterifizierung« aber bei »Facebook Lite«, das im April 2010 eingestellt und wenige Wochen später als »Facebook Zero« wiedergeboren wurde: Diese abgespeckte Version der Freunde-Plattform, die dank einfacher Gestaltung schnell auf jedes Handy geladen werden soll, sieht dem News-Stream von Twitter verdächtig ähnlich.

»Wo bist du gerade?«

Als ich im August 2008 das erste Mal in San Francisco, der schillernden Metropole der Internet-Branche, war, fragte ich jeden nach dem nächsten großen Trend. Die Antwort fiel, einmal abgesehen von augenzwinkernden Lobliedern auf die eigenen Webdienste, sehr klar aus: mobile Services. Das Potenzial lag auf der Hand, allerdings konnte ich mir darunter wenig Konkretes vorstellen, einmal abgesehen von mobilen Zugriffsmöglichkeiten auf Onlinedienste, Mini-Spiele und nützliche Helferlein wie Navigationshilfen.

Ziemlich genau ein Jahr später sah die Angelegenheit deutlich anders aus. Ich war im Oktober 2009 in New York einer Story oder vielmehr einem

Start-up hinterher. Der Name der jungen Firma – sie wurde im März 2009 gegründet – war Foursquare und hatte dafür, dass sie gerade einmal acht Monate alt war, schon für ziemlich viel Wirbel gesorgt. Das Team bestand damals aus drei Personen: den beiden Ex-Googlern Dennis Crowley und Nathan Folkman sowie Naveen Selvadurai. Ich hatte Kontakt mit Selvadurai, ein Nachkomme indischer Einwanderer, aufgenommen und bat ihn zum Interview. Foursquare ist ein sogenanntes »Location Based Service«: ein Handydienst, der seine Nutzer ortet und ihnen interessante Orte in ihrer Umgebung anzeigt. Selvadurai schickte mir also anstatt einer Adresse einfach einen Link zu einem dieser Orte – darunter das »The Smile« in Greenwich Village –, und ich ließ mir dessen Position am Handy anzeigen. »Es geht nicht nur darum, Freunde zu finden, sondern sie an aufregenden Orten zu treffen«, erklärte Selvadurai, der gerade von der Uni kam, an der er Interaction Design unterrichtete, seinen Handydienst. Im Interview erzählte er außerdem, dass Foursquare gerade bei etwa 70.000 Nutzern halte – eine erstaunlich kleine Zahl, verglichen mit dem medialen Echo, das Foursquare damals bekam. »Das Twitter des Jahres 2010«, »Wird Facebook Foursquare kaufen?« oder »Foursquare startet in London – mach dich bereit für den Wahnsinn« war unter anderem in euphorischen Hightech-Blogs zu lesen. Diese Euphorie muss man einerseits als Hype erkennen – kaum ein anderer Hype-Zyklus ist kurzlebiger als jener der Technologie-Branche –, andererseits ihren Kern verstehen. Facebook und zu einem geringeren Maße Twitter hatten sich gerade etabliert, bei ihnen liefen unheimlich genaue Informationen über Nutzer zusammen: Namen, Fotos, Adressen, Interessen, Meinungen, Freundeskreise und vieles mehr. Doch eines fehlte noch: ein Link zur realen Welt. Foursquare wurde somit schnell als Online-Netzwerk gesehen, das stark in der echten Umwelt verankert ist. Denn Location-Services kombinieren die Funktion von Freundes-Netzwerken mit der Idee von Status-Updates und ergänzen diese um eine Position in der realen Welt. In der Praxis sieht das so aus: Wenn ich die Foursquare-App auf meinem Handy – jede große Smartphone-Plattform wird unterstützt – starte, kann ich mir anzeigen lassen, wo sich meine Kontakte zuletzt orten ließen, ob und was sie über diesen Ort (meist ein Café, ein Club, ein Shop oder eine Sehenswürdigkeit) geschrieben haben (»guter Kaffee«, »lausiger Kellner«, »unbedingt den Apfelstrudel probieren«). Oder ich kann selbst aktiv werden, mir eine Liste an Orten in Reichweite – üblicherweise 200 Meter – anzeigen lassen und mich darüber informieren lassen, was frühere Besucher über diesen Ort gesagt haben. Wenn mich der Tipp eines Nutzers neugierig macht, dass das

Wirtshaus »Zur Stadt Krems« dessen »Wiener-Wirtshaus-Newcomer 2010« ist, stehen die Chancen gut, dass ich mich dorthin bewege. Am Ziel angekommen, kann ich Folgendes machen: Ich kann dort einchecken. Die Handy-App zeigt mir zu dem Wirtshaus eine Check-In-Schaltfläche an, die ich anwählen kann, danach darf ich einen (maximal) 140 Zeichen langen Kommentar abgeben. Dann geht an alle meine Foursquare-Kontakte die Information hinaus, dass ich vor soundsoviel Minuten im »Zur Stadt Krems« Platz genommen habe und den Schweinsbraten dort besonders schmackhaft finde.

Foursquare hieße aber nicht »Foursquare« (der Name ist einem US-amerikanischen Kinderspiel entliehen), wenn es nicht auch ein Spielprinzip in den Dienst eingebunden hätte. Denn für jeden Check-In bekommt man Punkte und Abzeichen gutgeschrieben; mehr Punkte, wenn man einen Ort zum ersten Mal besucht, weniger, wenn man ständig dort auftaucht. Nach zehn Check-Ins an unterschiedlichen Orten erhält man das »Abenteurer«-Abzeichen, ein anderes, wenn man etwa auf einem Boot eincheckt. Außerdem kann man »Mayor« (Bürgermeister, Chef) eines Ortes werden, indem man mehr Punkte sammelt als alle anderen. In manchen Büros, wie ich hörte, sind schon regelrechte Check-In-Schlachten ausgebrochen, meist mit dem Ziel, öfter als der Chef in der Arbeit einzuchecken. Ende Juli, zum Redaktionsschluss dieses Buches, waren diese Punkte, Ränge und Abzeichen noch nichts wert, doch die Pläne der Macher sind es, dass sie einmal gegen reale Waren oder Dienstleistungen eingetauscht werden können.

Check-Ins waren zum Zeitpunkt meines Besuches in New York nur in einigen größeren US-Städten möglich. Ein paar Wochen später weitete Foursquare seinen Dienst auf mehrere Metropolen Europas aus, und ab Jänner 2010 konnte man weltweit ohne Einschränkungen einchecken, wo man Lust hatte. Die Daten, die Foursquare etwa für Wien anbietet, sind erstaunlich umfangreich und genau, wohl auch deshalb, weil die Nutzer jederzeit die Möglichkeit haben, eigene Orte (z. B. die eigene Wohnung) als neue Punkte anzulegen. Dass Foursquare heute weltweit funktioniert, hat interessante Folgen, von denen ich zwei (eine amüsante und eine bedenkliche) hervorheben möchte: Der 15-jährige Parker Liautaud gewann das Foursquare-Rennen zum Nordpol. Am 12. April dürfte er, begleitet von erfahrenen Arktis-Abenteurern, dort sein Handy gezückt und sich den ersten Check-In am nördlichsten Punkt der Erdkugel gesichert haben. Das andere, eher bedenkliche Ereignis, fand in China statt: Kurz vor dem 4. Juni, dem Jahrestag der blutigen Niederschlagung des Aufstands am Platz des Himmlischen Friedens, wurde Foursquare für chinesische Internetnutzer von der Regierung gesperrt. Offenbar befürchtete das Regime, dass über den Handydienst kritische Nachrichten in Bezug auf den (im Chinesischen Tian'anmen genannten) Platz hinterlassen werden würden.

Nichtsdestotrotz wird der Check-In ein fundamentales Prinzip vieler zukünftiger Webdienste sein, da ist sich Foursquare-Chef Dennis Crowley ziemlich sicher. Im Juni 2010 zählte Foursquare 1,2 Millionen Nutzer – sie waren in neun Monaten um das 17-Fache gewachsen –, die pro Tag für 600.000 Check-Ins sorgten, im Schnitt also drei pro User pro Tag. Marketing-Experten wurden hellhörig, immerhin kann man einen Check-In auch schlicht als eine Empfehlung sehen – eine Empfehlung eines Nutzers an seine Kontakte, die impliziert, dass diese doch auch einmal in dem Restaurant, Geschäft, Club … vorbeischauen und dort den Schweinsbraten, Kundenservice, House-Abend … genießen sollten. In diesem Spiel wollen Firmen mitmischen, schließlich sind Location-Dienste ein hilfreiches Mittel, um zum Publikumsmagneten zu werden. Deswegen versuchen immer mehr Unternehmen, Nutzer dazu zu bringen, zu ihnen zu kommen. Ein gutes Beispiel ist Starbucks: In den USA bekommen die Foursquare-Mayors einzelner Filialen einen Rabatt auf ihren Kaffee, was an einigen Orten wohl für einen kleinen Check-In-Ansturm gesorgt haben dürfte. Das Konzept kann man aus Marketing-Sicht beliebig erweitern: Ein Gratis-Bier für den nächsten Mayor, 50 % Nachlass für denjenigen, der drei Freunde mitbringt, freier Eintritt beim fünften Check-In. Zeigen solche Marketing-Aktionen Wirkung, wird es Foursquare auf Dauer leicht haben, Unternehmen an sich zu binden. Daraus lässt sich Kapital schlagen, wie das Beispiel des US-amerikanischen Senders Bravo-TV zeigt: Dieser ließ sich von Foursquare ein eigenes Abzeichen anfertigen, das jene Nutzer bekamen, die an allen vorgegebenen Drehschauplätzen einer TV-Serie eincheckten. Für den Deal kassierte Foursquare angeblich so viel Geld, um sich die weltweite Expansion seines Dienstes leisten zu können.

Ich will Ihnen nicht unterschlagen, dass es viele Konkurrenten von Foursquare gibt, und auch Facebook selbst arbeitet an einem ähnlichen Dienst. Außerdem gibt es Gowalla aus Texas, MyTown, Loopt und Brightkite aus Kalifornien, FriendTicker aus Berlin, Tupalo in Wien und einige mehr: Sie alle setzen auf das Check-In-Prinzip, das interessante Werbeperspektiven eröffnet. Allerdings gibt es Kritiker, die meinen, dass diese Art Werbung nicht sonderlich effektiv sei und man damit nicht reich werden könne. Denn wenn Nutzer aktiv nach etwas suchen, wissen sie meist, was sie wollen. Wer Foursquare aufdreht, ist gerade unterwegs und will meist entweder seinen Freunden hinterherspionieren oder ist auf der Suche nach einem Restaurant, weiß also schon, was er will. Teure Image-Kampagnen, die den Ruf einer Marke unter den Konsumenten verbessern sollen, oder Kampagnen, die ein Verlangen nach einer neuen Marke oder einem neuen Produkt wecken sollen, werden bei Foursquare kaum funktionieren. Das sind aber jene Bereiche, wo man sich den größten Teil des Werbekuchens holen kann. Der Foursquare-Gründer Selvadurai legte sich im Gespräch mit mir auch ziemlich schnell auf kleine Händler oder Gastronomen fest, die so sehr einfach, ohne die Dienste großer Agenturen, Eigenwerbung betreiben könnten. Ob Foursquare davon leben kann, müssen sie erst beweisen, schließlich sind sie nicht die Einzigen, die den Markt anzapfen wollen: Ob Google mit seinem Dienst »Latitude«, Twitter mit der Möglichkeit, Tweets mit Positionsdaten zu versehen, oder Facebook: Alle großen Firmen können einem verhältnismäßig kleinen Mitspieler von einem Tag auf den anderen das Geschäft zunichte machen, wenn sie ins Check-In-Business einsteigen.

Mit Ortungsdiensten lässt sich neben Werbung aber auch noch anders Geld machen. »Mobilkom Austria etwa verkauft Bewegungsdaten an Unternehmen, die wissen wollen, wo sich Menschen bewegen«, erzählte mir Georg Markus Kainz vom Bürgerverein quintessenz, einer der größten Datenschutz-Kritiker in Österreich. »Das hilft der Marktforschung extrem, weil du zum Testobjekt wirst.« Auf Basis dieser Daten kann sogenanntes Geo-Marketing betrieben werden: Einkaufszentren erfahren etwa, welches Einzugsgebiet sie haben (und müssen an der Kassa die Kunden nicht mehr fragen, welche Postleitzahl sie haben) und stimmen darauf ihre Werbe-Aktivitäten ab. Foursquare wurde und wird immer als potenzieller Übernahmekandidat größerer Internet-Firmen gehandelt. Yahoo!, das mit Flickr, Delicious und Upcoming schon einige Web-2.0-Größen gekauft hat, soll Dennis Crowley ein Angebot zwischen 100 und 125 Millionen Dollar unterbreitet haben. Auch Microsoft soll Interesse haben, und Mark Zuckerberg hat sich mehrmals mit Crowley zu Gesprächen getroffen, über deren Ergebnisse aber bis heute nichts bekannt wurde.

Aufseiten der Nutzer gibt es große Bedenken gegen diese ortsbezogenen Dienste: Die Privatsphäre wird dadurch ein weiteres Mal aufgebrochen, weil neben intimen Daten nun auch der eigene Aufenthaltsort online verraten wird. Die Macher von Pleaserobme.com, die Niederländer Frank Groeneveld, Barry Borsboom und Boy van Amstel, machten mit ihrer Webseite deutlich darauf aufmerksam, wie leicht man seine Positionsdaten Kriminellen in die Hände spielen kann: »Man kann etwa seinen Foursquare-Account mit seinem öffentlichen Twitter-Account verlinken und so die Nachricht der ganzen Welt verraten.« Um Bewusstsein dafür zu schaffen, veröffentlichten sie in einer verwegenen Aktion auf ihrer Homepage all jene Twitter-Meldungen, die mit sogenannten »Geotags« (Positionsdaten) versehen wurden, und machten so öffentlich, wer gerade nicht zu Hause war. Einigen Nutzern wurde schnell klar, was im Internet einsehbare Positionsdaten eigentlich sind: ein gefundenes Fressen für Einbrecher.

Ausflug in die »Silicon Alps«

»Wien scheint sich gerade still und heimlich als mögliches Silicon Valley des deutschsprachigen Raums zu etablieren. In der 1,6 Millionen Einwohner zählenden Stadt hat sich in den letzten Jahren eine sehr lebhafte und umtriebige Start-up-Szene entwickelt«, schrieb der deutsche Blog Netzwertig. com im September 2009[46] über die österreichische Start-up-Szene, die sich in der einzigen Großstadt des Landes zusammenballt. Abgesehen davon, dass sich Blogger Martin Weigert ein wenig bei der Einwohnerzahl Wiens verschätzte, muss ich seine Euphorie ein wenig zügeln. Auch wenn manche gern von den »Silicon Alps« sprechen, ist Österreich natürlich ein Zwerg im Online-Reich der unbegrenzten Mitmach-Möglichkeiten. Die drei bekanntesten Web-Start-ups, die Österreicher bisher hervorgebracht haben, wurden mittlerweile ins Ausland verkauft bzw. gar nicht im Inland aufgebaut. Das aus Konsumentensicht mit Sicherheit populärste ist der Musikdienst Last. fm, der vom Oberösterreicher Martin Stiksel mitgegründet und von London aus geführt wurde. Mittlerweile gehört Last.fm, das eine Empfehlungsmaschine für Musikliebhaber sein will, jedoch dem US-Medienriesen CBS, der sich den Web-Service im Mai 2007 um 208 Millionen Dollar schnappte. Bekannt ist natürlich auch der Internettelefoniedienst Jajah, den die beiden Österreicher Roman Scharf und Daniel Mattes aus dem vierten Wiener Gemeindebezirk ins Silicon Valley brachten und im Dezember 2009 an den spanischen Telekom-Riesen Telefonica um 145 Millionen Euro verscherbelten. Außerdem wurde Mitte März 2010 die nicht unumstrittene Personensuchmaschine 123people, an der der Inkubator i5invest beteiligt war, nach Frankreich an die dortigen Gelben Seiten, die »Pages Jaunes«, verkauft.

Bis auf AustroNaut.at, die man kaum als relevant bezeichnen kann, hat Österreich keine eigene Suchmaschine hervorgebracht. Bei Online-Netzwerken sieht es ein bisschen anders aus, allerdings ist man hierzulande nie über den Status regionaler Player hinausgekommen. Als ich mit Martin Pansy sprach, dem Chef des in Graz ansässigen Webdienstes Sms.at (der seinerseits 2008 vom Mailänder Online-Unternehmen Buongiorno aufgekauft wurde), wurde dieser nicht müde zu betonen, dass Sms.at mit 1,4 Millionen angemeldeten Nutzern nach Facebook das zweitgrößte Online-Netzwerk des Landes ist – was auch der Mobilkom-Austria-Studie über Social Networks vom Herbst 2009 entspricht. Dieser zufolge nutzen etwa 25 % der Österreicher mit Internetzugang Sms.at (Stand Juli 2009). Dass Pansys Web-Angebot seither an Nutzern zulegen konnte, wage ich zu bezweifeln. Immerhin erzählte er mir im Mai 2010 von der Rückorientierung seiner Firma aufs Kerngeschäft – dem namengebenden »Short Message Service«. Mit Mini-Programmen, allen voran für Smartphones mit Android-Betriebssystem, will man zur wichtigsten Kurznachrichten-App werden und darüber günstige SMS verkaufen, die via mobilem Web verschickt werden. In Wien, Ober- und Niederösterreich kamen ebenfalls einige tüchtige Geschäftsfrauen und -männer auf die Idee, Online-Netzwerke auf die Beine zu stellen. EPOS4.at etwa wurde für Einwohner des Waldviertels gegründet und konnte seit 2002 immerhin 20.000 Nutzer auf der Webseite versammeln, die bis Mai 2010 etwa 430.000 Bilder hochluden und 25 Millionen Forenbeiträge verfassten. Doch mit der wachsenden Popularität von Facebook platzte die kleine Blase, die sich die Kultur- und Jugendinitiative im Laufe der Jahre aufgebaut hatte. Die Einnahmen durch zahlende Premium-Mitglieder brachen 2010 um die Hälfte weg, was den weiteren Betrieb unsicher macht.[47] Mit ähnlichen Problemen müssen auch Szene1.at in Oberösterreich und Seamee.com in Wien kämpfen. Der Sog, der sich um Facebook entwickelt hat, macht den Kleinen gehörig zu schaffen und wird sie wohl über kurz oder lang aus dem Geschäft verdrängen.

Trotz dieser Abwanderung größerer Firmen gibt es in Wien eine lebendige Start-up-Szene, die sich regelmäßig beim »Wiener Start-up Mixer« (jedes Mal übernimmt ein anderer die Rolle des Gastgebers) trifft und bei einigen Bieren (im Sommer Cocktails) Erfahrungen austauscht. Stammgast ist etwa die junge Truppe von Platogo, die einen Webdienst für Entwickler, die Spiele für Online-Netzwerke programmieren, aufgebaut hat. Diesen bietet sie eine Programmierschnittstelle und den »Platogo Wrapper«, der ein einheitliches Design um das Spiel legt und in einer Leiste Dinge anzeigt wie Highscores, laufende Chats mit Freunden und einen Shop, in dem man virtuelle Gegenstände kauft. Platogo kümmert sich für die Entwickler darum, dass die Spiele Verbreitung finden, und teilt sich mit ihnen die Einnahmen aus Werbung in Spielen und aus den Umsätzen durch den Verkauf virtueller Güter.

Der Fokus liegt auf der Entwicklung von Facebook-Spielen. »Facebook ist derzeit das erfolgreichste soziale Netzwerk weltweit. Unsere Zielgruppe hält sich auf Facebook auf – warum sollte sie auch auf ein anderes Spiele-Portal wechseln, wenn sie auch auf Facebook alle Spiele spielen und Features nutzen kann?«, so Simone Haider, eine der Gründerinnen von Platogo. »Direkt auf Facebook zu spielen bringt dem User mehr Spielspaß, weil man automatisch mit bzw. gegen seine echten Freunde spielt.« Würde man versuchen, Platogo als eigenständige Spiele-Plattform aufzubauen, wären umfangreiche und teure Marketingmaßnahmen notwendig, um diese überhaupt bekannt zu machen, so Haider. »Man sollte aber auch erwähnen, dass es unzählige weitere, kleinere, teils lokale Netzwerke gibt, in denen Platogo Fuß fassen möchte. Der Vorteil dieser Netzwerke ist, dass sie oft noch nicht so überrannt sind und auch die Konkurrenz daher geringer ist.« So kooperiert man etwa mit der vor allem in Oberösterreich stark genutzten Webseite Szene1. at, die 400.000 registrierte Nutzer zählt, deren Mitgliedern man Platogo-Spiele offerieren will.

Als »Star« der Wiener Webszene wird – auch wenn er es nicht gern hört – Christopher Clay und sein Tumblelog Soup.io gehandelt. Soup.io ist im Prinzip ein aufgepepptes Twitter, das neben Texten auf einfache Weise erlaubt, Fotos, Videos, Audiodateien und Links zu sammeln und zu verbreiten. Ein eigenes Süppchen kann jeder gratis unter einer eigenen Adresse – die nach dem Schema jakobsteinschaden.soup.io angelegt wird – kochen und in seiner »Soup« besondere Fundstücke aus dem Web zeigen. Zentral bei Soup.io ist, wie bei Facebook und Twitter, ein Newsfeed, den man nach unten endlos durchscrollen kann und der in umgekehrter zeitlicher Reihenfolge – das Neueste oben, das Älteste unten – anzeigt, was man veröffentlicht hat. Darüber hinaus kann man sich mit Freunden vernetzen und in Gruppen zusammenschließen. Besonders gelungen aber ist die Funktion »Automatischer Import«, über die man automatisch andere Accounts wie bei Flickr oder Twitter, die man regelmäßig mit neuem Content befüllt, in seine Soup laden kann. Die Idee hat Clay und seiner kleinen Firma bereits mehrere Preise eingebracht, darunter der Techcrunch-Europe-Award für das unabhängigste Start-up des Jahres 2009. Doch natürlich spürt auch Soup. io den Druck des Giganten Facebook und baut wie Platogo mittlerweile auf Facebook: Über einen »Connect«-Knopf kann man sich bei Clays Service anmelden, automatisch Daten wie Foto und Name übertragen und auf Wunsch Dinge, die man auf Soup.io publiziert hat, auch als Status-Update im eigenen Facebook-Profil veröffentlichen.

Michael Borras und Clemens Beer sind ebenfalls Stammgäste bei den Wiener Start-up-Mixer-Treffen. Die beiden bärtigen Herren sind die Gründer des Webdienstes Tupalo und haben es geschafft, ein wenig Silicon-Valley-Flair nach Wien zu bringen. Mit Tupalo haben sie es von Österreich aus immerhin geschafft, in den Niederlanden, Dänemark, Polen und Finnland Fuß zu fassen. Auf der Webseite können Nutzer Empfehlungen zu Orten wie Cafés, Restaurants oder Bars abgeben, über eine zugehörige Handy-App kann man sich unterwegs Bewertungen zu Lokalen in der Gegend anzeigen lassen. Tupalo (etwa 1,4 Millionen Nutzer) ist mit Herold.at, (2,3 Millionen Nutzer) einer der größten Webseiten Österreichs, eine Partnerschaft eingegangen: Die Gelben Seiten des Web sind mit 24 % an Tupalo beteiligt. Zwischen den beiden Seiten gibt es einen regen Datenaustausch: So wandern die abgegebenen Empfehlungen in das Branchenverzeichnis von Herold.at, umgekehrt sind die Adressen der Gelben Seiten auch bei Tupalo verzeichnet, und Werber können Anzeigen auf beiden Seiten parallel schalten. Allerdings ist es Facebook, das ihnen personenbezogene Daten liefert: Über Facebook Connect haben Tupalo-Nutzer die Möglichkeit, ihre Daten (Foto, Name, Aufenthaltsort) bei Tupalo zu importieren und ersparen sich so das Anlegen eines zusätzlichen Accounts. Seit der Einführung der neuen Anmeldemöglichkeit ist die Nutzerzahl allein durch den Facebook-Login um 10 % gestiegen. Ein weiterer positiver Effekt für Tupalo: Die Facebook-Nutzer haben sich als viel aktiver als der Rest erwiesen und geben im Schnitt deutlich mehr Empfehlungen zu verschiedenen verzeichneten Orten ab. Auch bei der Modeseite Garmz.com kann man sich seit Ende Juli 2010 mit seinem Facebook-Account einloggen, und sie wird nicht die Letzte bleiben, die mit dem Online-Netzwerk kooperiert. Damit ist klar: Kleine Internetfirmen begeben sich zunehmend in die Abhängigkeit von Facebook.

Das Geschäft mit den Daten

Mitte Juni 2010 ging, ausgehend von Reuters, die Meldung durch die Nachrichtenagenturen, dass Facebook 2009 zwischen 700 und 800 Millionen Dollar (etwa 570 bis 650 Millionen Euro) verdient haben soll. Eine Woche später war Facebooks Jahresumsatz wieder im Gespräch, diesmal ging es um 2010. Der Branchendienst InsideFacebook.com konfrontierte Mark Zuckerberg mit Schätzungen, die die Einnahmen des Unternehmens für 2010 auf 1 bis 1,1 Milliarden Dollar (etwa 814 bis 896 Millionen Euro) einstuften. »Das liegt in beiden Richtungen nicht so weit daneben, dass es uns Schmerzen bereiten würde«, sagte Zuckerberg in dem Interview.[48] Genaue Auskunft, wie viel Umsatz Facebook macht, muss er natürlich keine geben. Solange das Unternehmen im Privatbesitz bleibt und nicht an die Börse geht (das erwarten sich Insider frühestens 2011), ist Zuckerberg niemandem (außer der US-Steuerbehörde) Rechenschaft schuldig. Sind die Schätzungen korrekt, verdient Facebook – ausgehend von 500 Millionen Nutzern – pro Mitglied also etwa 1,80 Euro pro Jahr. Diese 1,80 Euro zahlt natürlich niemand als Mitgliedsbeitrag auf das Konto von Facebook ein, denn die Gelder kommen aus Quellen, die für den Durchschnittsnutzer kaum durchschaubar sind. Immerhin ist man es seit jeher gewöhnt, im Internet, vom YouTube-Video bis zum Wikipedia-Artikel, alles gratis abrufen zu dürfen.

Die Frage, wie viel Geld Facebook verdient, beschäftigt dennoch die gesamte Online-Branche. Wie kann es sich die Firma, die einmal größer als Google sein könnte, leisten, einen Gratisdienst anzubieten und gleichzeitig riesige Strom- und Serverkosten sowie die Gehälter seiner sicher sehr gut bezahlten Mitarbeiter zu begleichen. Immer wieder gehen Gerüchte unter Facebook-Mitgliedern um, dass bald eine monatliche Nutzungsgebühr eingeführt wird, um die exorbitanten Kosten, über die man nur spekulieren kann, zu decken. Andere glauben, die Antwort schon zu kennen: Online-Werbung ist das Geschäft der Zukunft, und wenn Google ausgezeichnet davon lebt (2009 hat der Internet-Konzern 19,3 Milliarden Euro erwirtschaftet, davon das Gros durch Online-Anzeigen), so wird auch Facebook gut davon leben können. So einfach ist die Sache aber nicht. Weder muss Facebook demnächst Gebühren einheben, noch lebt das Unternehmen allein von Werbegeldern großer und kleiner Marken. Ohne den Anspruch zu erheben, einen Marketing-Leitfaden zu schreiben, will ich Ihnen im Folgenden auseinandersetzen, welche Strategien Facebook wählen kann, um an Geld zu gelangen, ohne weitere Anteile an Risikokapital-Firmen oder Investoren abtreten zu müssen.

Zur Kassa bitte

Bei Dropbox.com kann man 50 Gigabyte Online-Speicherplatz um umgerechnet 8,10 Euro pro Monat mieten und ein Backup seiner wichtigsten Daten vornehmen. 11,99 Euro verlangt eMusic.com dafür, dass man sich pro Monat 24 MP3-Songs aus der riesigen Musikbibliothek downloaden darf. Spotify-Nutzer zahlen pro Monat umgerechnet etwa 10 Euro, damit sie unbegrenzt Musik auf Computer oder Handy streamen dürfen. Registrierte Mitglieder bei YouSendIt.com zahlen monatlich ab etwa 8 Euro, um erweiterte Funktionen beim Verschicken großer Datenpakete via Web zu erhalten. Wer bei Flickr, dem Foto-Portal von Yahoo!, unbegrenzt Bilder in hoher Auflösung hochladen will, berappt pro Jahr umgerechnet etwa 21 Euro. Und wenn ein Unternehmen die »Google Apps«, die E-Mail und Online-Büro-Software beinhalten, benutzen will, zahlt es je Mitarbeiter und pro Monat 40 Euro.

Egal ob Speicherplatz, Songs oder Software – der Deal ist einfach. Wie beim Handyvertrag zahlt man für die Nutzung eines bestimmten Online-Services eine monatliche Pauschale und darf auf die im Rahmen der Vereinbarung gebotene Leistung zurückgreifen. Das Modell lässt sich auf verschiedenste andere Bereiche – vom Film-Download bis zum Porno-Portal – umlegen. Doch so einfach, wie es klingt, ist dieses Geschäft auch wieder nicht. Denn die meisten jungen Firmen haben mit zwei Problemen zu kämpfen: fehlendes Vertrauen und weltweite Konkurrenz. Zu neuen Angeboten und Marken baut man nur sehr schwer großes Vertrauen auf und einer unbekannten Firma heikle Zahlungsinformationen wie die Kreditkartennummer auszuhändigen kostet Überwindung. Zusätzlich müssen sich Anbieter von Onlinediensten auf einem durch das Internet globalisierten Markt behaupten – sprich international attraktive Preise haben. Für den Nutzer ist das nächste Angebot nur einen Klick entfernt, und passt ihm auch nur ein kleines Detail nicht, ist er sofort weg. Aus diesem Grund gibt es bei den auch als »Paid Services« bezeichneten Diensten nicht nur Premium-Accounts, sondern auch Gratis-Accounts. Bei Dropbox.com kann man zwei Gigabyte Speicherplatz kostenlos nutzen, bei eMusic sind die ersten 75 Downloads umsonst, und bei Flickr kann man sich gratis für einen Basis-Account anmelden. Das machen die Betreiber nicht aus Nächstenliebe, sondern nach einer klaren Geschäftsstrategie: Je mehr Menschen sich eine kostenlose Mitgliedschaft zulegen, desto größer wird am Ende jene Menge an Nutzern sein, die zu einem kostenpflichtigen Account wechseln, weil sie dessen Vorteile in

Anspruch nehmen wollen. Dem Einzelnutzer mögen zwei kostenlose Gigabyte oder 75 Gratislieder wie ein Geschenk vorkommen, für die Betreiber spielt das aber kaum eine Rolle. Speicherplatz ist spottbillig und MP3s können unendlich oft vervielfältigt werden. Wichtig ist vielmehr, genug Nutzer zu monatlichen Zahlungen zu bringen, um der Firma einen fortlaufenden Betrieb und Investitionen in neue Geschäftsfelder zu erlauben. Vereinfacht gesagt geht man meist von einem Verhältnis von eins zu neun aus: Von zehn Nutzern des Webdienstes zahlt einer. Im Bereich der Online-Netzwerke sind im Wesentlichen jene im Premium-Account-Geschäft, die sich spezialisiert haben, allen voran XING und LinkedIn.

Das deutsche Business-Netzwerk XING ist das perfekte Beispiel für dieses Modell. Zieht man den Geschäftsbericht des börsennotierten Unternehmens von 2009 heran, stößt man auf folgende Zahlen und daraus abzuleitende Verhältnisse: 2009 hatte der Webdienst 687.000 zahlende von insgesamt 8,75 Millionen Mitgliedern. 7,85 % leisten sich also den Mitgliedsbeitrag, während die große Mehrheit, also über acht Millionen Menschen, XING gratis nutzen. Beim Umsatz sieht es genau umgekehrt aus, wie ein Blick in die Geschäftszahlen des ersten Quartals 2010 verrät: Insgesamt hatte man nunmehr 708.000 Premium-Nutzer, die für drei Monate mindestens 15 Euro Mitgliedsbeitrag zahlen. Sicher gibt es teurere Preismodelle, wenn man sich für eine kürzere Laufzeit der Mitgliedschaft entscheidet, das dürfte sich aber durch Premium-Mitglieder, denen ein Account geschenkt wurde, aufheben. Insgesamt machte XING durch diese Zahlungen also etwa 10,6 Millionen Euro Umsatz – bei insgesamt 12,6 Millionen Euro Gesamtumsatz. Die restlichen rund zwei Millionen Euro kommen aus Stellenanzeigen und Werbung auf der Webseite. Mit anderen Worten: etwa 84 % des Umsatzes kommt aus Mitgliedsbeiträgen, nur 16 % aus anderen Einnahmequellen.[49]

Das Premium-Prinzip hat sich vor allem auch in Apples App Store, wo Mini-Programme für iPhones und iPads verkauft werden, durchgesetzt. Egal ob die Offline-Lesehilfe »Instapaper«, das Geschicklichkeitsspiel »Labyrinth« oder das Übersetzungstool »iTranslate«, das die Grazer Firma Sonico Mobile macht: Es wird jeweils eine kostenlose »Lite«-Version angeboten, die in abgespeckter Form Lust auf die Bezahlvariante der App machen soll. Erst dann kann man bessere Speicherfunktionen nutzen, alle Levels spielen oder auf die Spracherkennung zurückgreifen. Der Risikokapital-Investor Fred Wilson, der mit seiner New Yorker Firma Union Square Ventures Geld in Twitter, Foursquare, Tumblr, Zynga oder Etsy gesteckt hat, nennt das Modell auch »Freemium«, eine Kombination der Begriffe »Free« und »Premium«

– ein Teil des Dienstes ist gratis, ein anderer Teil (der bessere und interessantere) kostet. Im Jahr 2006 riet er Start-ups Folgendes: »Bietet euren Dienst gratis an, unterstützt durch Werbung oder auch nicht, sammelt möglichst viele Nutzer durch Mundpropaganda etc. und bietet ihnen dann kostenpflichtige Zusatzdienste oder eine erweiterte Version des Basisdienstes an.« Seither gilt das Freemium-Modell in Kombination mit Werbung als ziemlich effektiver Weg, schnell einen profitablen Onlinedienst auf die Beine zu stellen. Seit März 2006 kann man Evernote (Service mit dem Elefantenkopf als Logo) dazu nutzen, Notizen (Text, Foto, Sound, Video, Screenshots) auf einem zentralen Online-Speicher abzulegen, darauf von jedem Computer oder Handy aus zugreifen und sich quasi ein elektronisches Gedächtnis zulegen zu können. Wem 40 Megabyte pro Monat reichen, der braucht nichts zu zahlen und bekommt in den Programmen, die man am PC, Mac, iPhone oder Android-Handy installiert, Werbung zu sehen. Wer die Werbung ausblenden will und mehr Speicherplatz braucht (bis zu 500 Megabyte), der zahlt fünf Euro pro Monat bzw. 45 Euro für ein ganzes Jahr Mitgliedschaft. Dieses als »ad supported freemium« bezeichnete Geschäftsmodell wird auch bei dem Musikdienst Pandora, einem Kooperationspartner von Facebook, gefahren. Auch der Web-TV-Dienst Hulu, der bis Ende Juni 2010 ausschließlich werbefinanziert war, bietet jetzt für 10 Dollar pro Monat ein erweitertes Angebot, das man dann nicht nur am Computer, sondern auch auf Geräten wie dem iPad, der Sony PlayStation3 oder Microsofts Xbox360 nutzen kann.

Virtuelles Kleinvieh macht auch viel Mist

Zur Kassa kann man seine Nutzer aber auch auf andere Weise bitten: Man verkauft ihnen virtuelle Güter, was bei Online-Spielen gang und gäbe ist. Bestes Beispiel dafür ist FarmVille, ein Facebook-Spiel, das an seinem Zenit über 80 Millionen Facebook-Nutzer in seinen Bann zog. Der Macher des Spiels, die Firma Zynga (dessen Chef Mark Pincus als Ex-CEO Online-Netzwerkes Tribe.net zwischen 2003 und 2006 bereits einschlägige Erfahrung sammelte), verkauft seinen Nutzern solche virtuellen Gegenstände: Von Erdbeersamen für die virtuellen Beete über Schäferhunde und Langohrhasen für die virtuellen Weiden und Ställe bis hin zu schmucken Anwesen und pinken Traktoren für die virtuellen Landsitze. Das Erstehen dieser Güter hat natürlich einen Sinn: Man kommt im Spiel schneller voran, kann die virtuelle Ernte schneller einfahren, und mit einem schönen Pixel-Anwesen zeigt man seinen FarmVille-Freunden, was für ein prächtiger Online-Bauer man geworden ist. Das ist ein fundamentales Prinzip von FarmVille und von allen anderen sogenannten »Social Games«: Man spielt nicht allein, sondern steht stets in Kontakt zu Freunden, die dasselbe Game zocken – befindet sich also immer in einer Wettbewerbssituation, die den Ehrgeiz vieler Spieler anfacht und die Nutzer stark an das Spiel bindet, sowohl zeitlich als auch finanziell. Denn all diese Dinge, die eigentlich nur als Nullen und Einsen durchs Web schwirren, bezahlt man in einer virtuellen Währung, und zwar entweder in »Farm Cash« oder in »Farm Coins«, je nachdem, welche Ware in welcher Währung zu haben ist. Den Bezug zur Realität verliert man in all dem virtuellen Konsum aber nie, denn das digitale Cash ist echtes Cash wert. Um 40,55 Euro bekommt man 310 Einheiten Farm Cash, um 32,44 Euro 70.600 Einheiten Farm Coins (Stand Juni 2010).

Zynga, das Insidern zufolge 2009 etwa 250 Millionen Dollar (zirka 200 Millionen Euro) Umsatz hatte, macht etwa ein Drittel mit dem Verkauf virtueller Güter, also ungefähr 70 Millionen Euro. 2010 soll sich der Umsatz auf 500 Millionen Dollar verdoppeln, das schätzen Analysten. Im Schnitt gibt jeder der insgesamt etwa 240 Millionen Nutzer also nicht einmal einen Euro pro Jahr für Zynga-Spiele aus (es gibt noch einige andere wie »Mafia Wars«, »FrontierVille« oder »ZyngaPoker«), allerdings gibt es auch erschreckende Ausnahmen: Im April 2010 etwa berichtete der britische Guardian von einem 12-jährigen Jungen, der eine 900 Pfund (fast 1100 Euro) hohe Rechnung bei FarmVille anhäufte, indem er einfach die Kreditkartennummer seiner Mutter in das Bezahlsystem eintippte. Das Geld bekam sie natürlich nicht zurück, allerdings sperrte Facebook den Account ihres Sohnes. Zynga hatte lediglich empfohlen, das Passwort des Computers in Zukunft so zu ändern, dass der Jugendliche keinen Zugriff mehr auf das Internet bekäme. Die Mutter meinte: »Ich denke, Sie (Facebook und Zynga, Anm.) müssen Verantwortung für Ihr Business übernehmen und Systeme entwickeln, die verhindern, dass so etwas wieder passiert.«[50] Bis dato gab es keine Ankündigungen beider Firmen, so etwas in Entwicklung zu haben.

In der Regel geben die Nutzer von Zynga aber eher kleine Summen aus. Aus diesen Kleinstbeträgen (auch »Micro Payments« genannt) ergeben sich unterm Strich Riesensummen für den Verkauf von Waren, die wenige Monate später wahrscheinlich nichts mehr wert sind – nämlich dann, wenn die Spieler ihr Interesse an dem Game verlieren und sich einem anderen zuwenden. Zynga verlässt sich aber klarerweise nicht darauf, dass die Nutzer brav in ihre virtuelle Farm investieren. Etwa ein Drittel, so ein Unternehmenssprecher, stammt aus Online-Anzeigen (innerhalb dieser Spiele wird für andere Webdienste die Werbetrommel gerührt), das restliche Drittel kommt von Partnern, die den Zynga-Mitgliedern etwa eine vergünstigte Mitgliedschaft beim Online-DVD-Verleih Netflix anbieten.

Andere Größen in dem Geschäft mit Online-Spielen und virtuellen Gütern, die in erster Linie über Facebook angeboten werden, sind Playfish (von Electronic Arts im November um umgerechnet 324 Millionen Euro aufgekauft, u. a. »Pet Society«, »FIFA Superstars«), RockYou (»Zoo World«), CrowdStar (»Happy Aquarium«) oder Playdom (von Disney um 763 Millionen Dollar gekauft, u. a. »Social City«). Doch Zynga ist in jeder Hinsicht eine Ausnahmefirma: Die vier größten Verfolger kommen zusammengenommen nicht annähernd auf jene Nutzerzahlen des Marktführers, und sie selbst wird auf einen Wert von etwa 5 Milliarden Dollar geschätzt. Mit Facebook hat Zynga nicht nur das Millionenpublikum gemein, sondern auch eine ganze Reihe an Geldgebern: Sowohl Peter Thiel als auch Reid Hoffman, der LinkedIn-Chef, haben beiden Unternehmen Startgelder zur Verfügung gestellt. Die Investmentfirma Andreessen Horowitz hat Risikokapital bei Zynga angelegt, einer der beiden Partner, Marc Andreessen, sitzt gleichzeitig im Vorstand von Facebook. Und mit der russischen Digital Sky Technologies des Moskauers Yuri Milner gibt es einen gemeinsamen Geldgeber, der Zynga 180 Millionen Dollar (146 Millionen Euro) gebracht hat. Außerdem ist der japanische Telekommunikationskonzern Softbank beteiligt.

Mark Zuckerbergs und Mark Pincus Firma verbindet seit Mitte Mai 2010 eine Fünf-Jahres-Partnerschaft, die zum Ausbau der »Social Games« auf Facebook dient. Der Deal sieht unter anderem vor, dass in allen Zynga-Spielen neben Kreditkarte und dem Online-Bezahldienst PayPal auch mit den sogenannten Facebook Credits gezahlt werden kann. Für 4,06 Euro bekommt man 50 Gutschriften (Stand Juni 2010), ein Facebook Credit ist also 0,08 Euro wert. Diese kann man dann wiederum in die Zynga-Währung umtauschen. 310 Einheiten FarmCash kosten 500 Facebook Credits, also 40,60 Euro. Zahlt man mit Kreditkarte, liegt der Preis für 310 Einheiten FarmCash nur bei 40,55 Euro. Bei dem Wechsel von einer virtuellen Währung in die andere (absurd, aber Realität) verdient Facebook also schon 5 Cent oder schneidet, anders gesagt, 0,12 % des Betrags mit. Doch diese 0,12 % sind winzig im Vergleich zu den 30 %, die Facebook an jeder Credits-Transaktion mitschneidet.

Spenden für den guten Zweck

Mehr als 350 Millionen Nutzer, 13 Millionen Artikel, Übersetzungen in etwa 260 Sprachen – Wikipedia ist die siebtgrößte Webseite der Welt und als eine Online-Enzyklopädie bekannt, die es mit der Encyclopedia Britannica aufnehmen kann. Geschrieben wird sie von einem winzigen Bruchteil seiner Nutzer, die sich freiwillig und ohne Bezahlung die Arbeit antun, dem Internet ihr Wissen in einer durchsuchbaren Webseite zur Verfügung zu stellen.

»Wikipedia konnte nur in einer Überflussgesellschaft entstehen, wo Menschen genug Freizeit haben, um Wikipedia zu schreiben«, sagt der MIT-Professor und Online-Forscher Thomas W. Malone. »Würde alle Arbeit so erledigt werden, hätten wir natürlich ein großes Problem«, fügte er hinzu, bevor er mir erläuterte, wie sich aus gemeinsam nutzbarer Software so etwas wie ein globales Gehirn entwickeln könne. Wikipedia entsteht durch Gratisarbeit und kann auch nur deshalb so funktionieren. Kein Unternehmen könnte es sich leisten, so viele Autoren anzustellen, die die Artikel so aktuell halten wie die bei Wikipedia – schließlich gibt es weder eine Nutzungsgebühr noch Online-Anzeigen. Trotzdem hat Wikipedia Einnahmen, denn allein die Server, über die die Inhalte in alle Welt verteilt werden, kosten mehr als eine Million Dollar. Jimmy Wales, der Mitbegründer von Wikipedia, hat eine Geldquelle gefunden, die gut zu dem gemeinnützigen Grundgedanken, der den Webdienst durchzieht, passt: Spenden.

Für das Geschäftsjahr 2010, so schätzt die Betreiberfirma Wikimedia Foundation, benötigt das Online-Lexikon 9,4 Millionen Dollar (rund 7,6 Millionen Euro), um laufende Kosten zu decken. Das Geld hatte man überraschend schnell zusammen und kann von Einnahmen in der Höhe von 10,6 Millionen Dollar (etwa 8,6 Millionen Euro) ausgehen. Im Vergleich zu den Vorjahren ist das mit Abstand der größte Betrag, den man bis dato aufstellen konnte – 2008/2009 waren es etwa 7,4 Millionen Dollar. Mehr als 50 % der 10,6 Millionen Dollar kommen von Spendern, Beträge, die kleiner als 10.000 Dollar sind. Eine Million Dollar setzen sich aus Spenden zusammen, die größer als 10.000 Dollar sind, der Rest stammt aus Subventionen und Einnahmen der Wikimedia Foundation selbst, die etwa Events veranstaltet. Ausgabenseitig schlagen vor allem die Gehälter der Angestellten, die die Software und die Server am Laufen halten, mit etwa 3 Millionen Dollar zu Buche. Der Betrieb der Server sowie Ausgaben für den Betrieb der Firma selbst (z. B. Stromrechnungen) selbst kosten jeweils etwa eine Million Dollar. Außerdem sind Steuern für die Spenden zu zahlen, das Event »Wikimania« zu organisieren oder Honorare für Rechtsanwälte auszugeben. Die 1,2 Millionen Dollar Überschuss werden etwa in neue Hardware gesteckt, um mehr Menschen schnelleren Zugriff auf Wikipedia zu ermöglichen, oder finanzieren Kommunikationskampagnen, um die Ziele der Wikimedia Foundation bekannter zu machen und dadurch wieder Spenden für das nächste Geschäftsjahr zu lukrieren.[51]

Das Spendenmodell ist allerdings nicht so verbreitet wie andere Finanzierungsmodelle. Auf Online-Netzwerke scheint es auf den ersten Blick nicht übertragbar, aber ein Projekt von vier New Yorker IT-Studenten beweist anderes: Diaspora ging Mitte Mai, also gerade, als ein Sturm der Datenschutzkritik über Facebook hinwegfegte, an die Öffentlichkeit. Das Versprechen: ein Online-Netzwerk, das sich dem Open-Source-Gedanken verpflichtet, auf keine kommerzielle Schiene gestellt würde und dezentral laufen könne. Man könnte Diaspora also so wie seinen Wordpress-Blog entweder im Web betreiben oder – für Fortgeschrittene – auf seinem eigenen Server installieren und von dort laufen lassen. Die grundsätzliche Idee ist, dass jeder die Hoheit über seine eigenen Daten behält und sie nicht einer einzigen Firma ausliefert. Das recht sympathisch wirkende Diaspora-Team, namentlich Maxwell Salzberg, Daniel Grippi, Raphael Sofaer and Ilya Zhitomirskiy, wäre dabei technischer Betreuer und würde über die Grundfunktionen wachen. Wie die Profilseite eines Nutzers im Detail aussehen könnte, zeigten die vier im Juni 2010 – viele Unterschiede zu Facebook konnte ich nicht ausmachen.

Das »Anti-Facebook« will nicht profitorientiert arbeiten, und so passt das Spendenmodell gut zu dem Projekt und wurde in einem ersten Schritt schon verwirklicht. Über den Webdienst Kickstarter.com sammelte Diaspora Startkapital, und zwar sehr erfolgreich: Über 200.000 Dollar konnten die vier Studenten sammeln, ohne ihre Software jemals veröffentlicht zu haben. Sogar Facebook-Gründer Mark Zuckerberg höchstpersönlich spendete einen unbekannten Betrag an Diaspora und meinte knapp: »Ich denke, das ist eine coole Idee.« Wahrscheinlich nutzte er die Gelegenheit aber auch, um seinen Kritikern, die Diaspora als wertvolle Alternative zu Facebook hochhielten, ein wenig Wind aus den Segeln zu nehmen. Kickstarter.com selbst lebt übrigens auch von den Spenden: Der Webdienst behält 5 % der Spendengelder ein, um seinen eigenen Betrieb finanzieren zu können.

Die Spendenidee könnte in Zukunft aber auch durch den noch sehr jungen Webdienst Flattr Rückenwind bekommen, den der Schwede Peter Sunde gründete, ein ehemaliger Gründer der Torrent-Seite Pirate Bay. Das Grundprinzip bei Flattr ist dieses: Pro Monat zahlt man einen selbst gewählten Betrag in seinen Account (mindestens 2 Euro) ein, den man im Verlauf der folgenden vier Wochen an Internet-Inhalte, die gefallen, verteilen kann. Dazu muss ein Content-Anbieter – meist Blogger, aber auch Musiker oder Hobbyregisseure, die ihre Videos online stellen – einen kleinen grünen Flattr-Knopf auf seiner Webseite installieren, den ein Flattr-Nutzer im Vorbeisurfen drücken kann und so eine Spende abgibt – so, als würde man einem Straßenmusiker ein Geldstück in den Hut werfen. Am Monatsende berechnet das System, wie viel Prozent jeder Content-Anbieter bekommt, indem einfach die gedrückten Flattr-Knöpfe gezählt und auf die eingezahlten Geldbeträge umgelegt werden. Der Dienst Kachingle aus den USA bewegt sich in sehr ähnlichen Bahnen wie Flattr.

Online-Werbung oder die Gratis-Idee

Das Web ist voller Werbung, angefangen bei Google bis zur Million-Dollar-Homepage, auf der der britische Student Alex Tew eine Million Pixel für winzige Werbebanner verkaufte und damit eine Million Dollar machte. Überall heischen bunte Sitebars und Skyscrapers, Pop-Ups und Pop-Unders, Micro-Sites und Rich-Media-Banner, Rectangles und Buttons um unsere Aufmerksamkeit, wollen uns mit einem Klick auf die Webseite des Werbers locken und dort etwas verhökern – vom Auto bis zur Potenzpille. Die Varianten und Tricks, mit denen Online-Anzeigen uns zu ködern versuchen, scheinen unendlich – es gibt sogar welche, die sich als Warnung des Computers, als aufpoppendes Chat-Fenster oder gar als eintrudelnde E-Mail verkleiden und auf den ersten Blick gar nicht wie Werbung aussehen. Eines ist den Werbeformen jedoch gemein: Sie tauchen überall dort auf, wo etwas gratis zu haben ist, von der Suchmaschine über ein Browser-Game bis hin zum Flirt-Portal. Der globale Werbemarkt ist der Wiener Marketingagentur ZenithOptimedia zufolge 2010 etwa 400 Milliarden Euro schwer, je nach Land werden 10 bis 15 % im Internet ausgegeben. Grob gesagt ist der Online-Werbemarkt weltweit 2010 also 50 Milliarden Euro schwer. Bis 2012 soll das Geschäft mit den Anzeigen auf 430 Milliarden Euro anwachsen, und man kann davon ausgehen, dass im Web – und zwar vor allem für Handywerbung – immer mehr davon ausgegeben wird.

Ein Versprechen schwingt immer mit: Im Internet kann man viel gezielter Werbung schalten als in Zeitungen, im TV oder im Radio und die Interessen der Menschen passgenau ansprechen.

»Wir wissen zwar, dass 50 % der Werbung nicht wirkt, aber nicht, welche 50 %«, hört man Werbefachleute immer wieder sarkastisch anmerken, wenn sie über »alte« Werbeformen wie den TV-Spot, die Zeitungsanzeige oder die Radiowerbung sprechen. Kein Werber kann genau feststellen, ob der TV-Konsument seine sündteuren 20 Sekunden gesehen hat oder gerade auf der Toilette war, sich ein Bier geholt hat oder gar eingeschlafen ist. Kein Werber wird je genau wissen, ob die einseitige Zeitungsanzeige, für die man Zehntausende Euro hingeblättert hat, gelesen wurde oder damit nur der Hamsterkäfig ausgelegt wurde. Kein Werber wird je genau herausfinden, ob der Radio-Spot gehört wurde oder im staubedingten Hupkonzert einfach untergegangen ist. Nicht so im Internet: Dort ist der Konsument aktiv unterwegs, tippt ungefragt bei Google ein, was ihn interessiert und begibt sich vollkommen selbstständig auf die Suche nach dem besten Urlaubsangebot, einem Autohändler mit vernünftigen Preisen oder einem neuen Handy ohne 24-Monats-Knebelvertrag. Darin sehen Werber eine große Chance: dem Kunden genau dann ein Angebot zu unterbreiten, wenn er eines sucht.

Google hat sich mit Online-Werbung zu einem Web-Imperium und Milliarden-Unternehmen gemacht, das 2009 24 Milliarden Dollar (etwa 19,4 Milliarden Euro) Umsatz gemacht hat und 2010 Schätzungen zufolge 26 Milliarden Dollar einnehmen wird. Der Schlüssel zum Erfolg ist das Werbesystem »AdWords«, das für mehr als 90 % dieser Einnahmen sorgt. Mit AdWords kann man vierzeilige Textanzeigen online erstellen und diese immer dann einblenden lassen, wenn ein Google-Nutzer ein bestimmtes Suchwort in die Suchmaschine eintippt. Die AdWords-Anzeige scheint dann über oder neben den Suchergebnissen auf und ist – sehr unscheinbar, aber doch – als Werbung gekennzeichnet. Klickt der Nutzer auf die Anzeige, weil er sich offenbar dafür interessiert, bekommt Google, weil es die Werbung erfolgreich vermittelt hat, Geld dafür. Die Kosten für diesen Klick, der kurz als CPC (»Cost per Click«) bezeichnet wird, starten bei einem Cent und können bis zu 90 Dollar hoch sein – so viel bekommt Google, wenn jemand auf eine Werbung für eine Behandlung von »Mesothelioma«, eine durch Asbest ausgelöste Krebserkrankung, klickt. Wird die Anzeige nur eingeblendet, möglicherweise von einem Nutzer gesehen und gelesen, aber nicht angeklickt, zahlt der Werber nichts. Der höchst unwahrscheinliche Fall, dass jemand auf die Mesothelioma-Anzeige klickt, ist also 90 Dollar wert, während Anzeigen für Autos, Hotels oder Flüge sehr viel billiger sind, weil sie ständig geklickt werden.[52] Der Preis einer Anzeige reguliert sich über ein Gebotssystem: Werber bieten für ein bestimmtes Stichwort einen Maximalwert, den sie bereit sind zu bezahlen, und wer gewillt ist, am meisten zu zahlen, dessen Anzeige wird am öftesten eingeblendet und am besten – also ganz oben – platziert. Auf Basis dieser Milliarden Dollar an Werbeeinnahmen kann Google eine lange Liste von über 150 Webdiensten kostenlos anbieten – das Video-Portal YouTube, den E-Mail-Service Gmail, die Blog-Plattform Blogger, den Fotodienst Picasa, den Web-Browser Google Chrome und mit Android gibt es sogar ein Gratis-Betriebssystem für Handys. Zwar hat sich das Unternehmen aus Mountain View den Leitspruch »Das Ziel von Google besteht darin, die Informationen der Welt zu organisieren und allgemein nutzbar und zugänglich zu machen« auf die Fahnen geschrieben; allerdings dienen all diese Gratisdienste dazu, möglichst viele Daten in das Googlesystem (mit über einer Million Servern betreibt man das größte Servernetzwerk der Welt) zu saugen und so zum größten Archivar von Informationen zu werden. In Österreich etwa lässt Google die Nationalbibliothek scannen und macht alle urheberrechtsfreien Werke (etwa 40.000 Bücher) über das Web jedem Interessierten zugänglich.

Die Sammelwut lässt den Konzern immer tiefer in unser Privatleben eindringen, was zwei Beispiele gut veranschaulichen: Mit dem in Google Maps integrierten Dienst »Street View« bietet man 360-Grad-Ansichten aller Straßen an, die einmal von Google-Autos befahren worden sind. Ein Kamerasystem auf dem Dach schießt, ob man will oder nicht, in regelmäßigen Abständen Fotos – aus einer Höhe, in der man gut über Gartenzäune und in erdgeschossige Fenster blicken kann. Das hat Datenschützer vor allem in Mitteleuropa, wo man offensichtlich sehr viel sensibler auf solche Fälle reagiert, auf den Plan gebracht, die das Vorgehen von Google kritisierten und darin einen zu großen Eingriff in die Privatsphäre sahen. Zusätzlich wurde bekannt, dass Google im Vorbeifahren auch private WLAN-Netze gescannt hatte – »unabsichtlich«, wie der Konzern beteuerte und die Löschung bzw. Aushändigung dieser Daten (Fragmente von E-Mails und Passwörtern hatte man bei der Gelegenheit auch gleich mitgescannt) veranlassen musste. »Uns ist klar, dass wir einen schweren Fehler gemacht haben, und wir werden daraus eine Lehre ziehen«, schrieb Alan Eustace, einer der Cheftechniker bei Google, Mitte Mai 2010 in den offiziellen Google-Blog. Das zweite Beispiel ist das Handy-Betriebssystem Android, das die Handy-Hersteller Samsung, LG, SonyEricsson, Motorola, HTC, Acer, Huawei und Dell auf Geräten installieren und weltweit verkaufen. Über diese Smartphones plant Google Anzeigen am Handy-Display zu schalten, die etwa zum Aufenthaltsort passen. Dazu hat man sich die Firma AdMob, die auf mobile Reklame spezialisiert ist, um 750 Millionen Dollar gekauft. Offensichtlich stehen die Google-Server und die Android-Handys in ständigem Kontakt und tauschen Daten aus. Ende Juni 2010 wurde bekannt, dass Google aus der Ferne installierte Apps, die dem Nutzer schaden könnten, von Android-Geräten mit einer sogenannten »Kill Switch«-Technologie löschen kann. Allerdings waren die betroffenen Apps keine bösartigen Programme, und warum sie gelöscht wurden, blieb unklar. Der Vorfall legt nahe, dass auch andere Daten zwischen den Handys und Google hin- und herwechseln können.

Internetunternehmen gehen sehr weit, um an möglichst viele Daten zu gelangen, und zwar bis in unsere Vorgärten und Hosentaschen.

Dasselbe gilt auch für Facebook: Verabschieden Sie sich zumindest für dieses Kapitel von der Vorstellung, Facebook sei ein Freundesnetzwerk, und sehen Sie die Webseite stattdessen als riesige Marketing-Maschine, die alle möglichen Daten über Menschen – vom Geburtstag bis zum Lieblingsgetränk – in sich aufsaugt. In der Offline-Welt ist es unmöglich, an derart genaue Informationen über Personen zu kommen, obwohl wir bei jeder Gelegenheit von Marktforschungsunternehmen zu jedem erdenklichen Thema befragt werden. Am Telefon will man von uns wissen, was wir über die Sauberkeit der Stadt denken, auf der Straße fragen uns Studenten darüber aus, ob wir die Hautcreme kaufen würden, und an der Kassa im Elektro-Supermarkt werden wir gebeten, unsere Postleitzahl zu verraten (auf Basis derer sich das Einzugsgebiet ausrechnet und Überlegungen anstellt werden, wo noch eine Filiale aufgesperrt werden könnte). Wenn wir uns einverstanden erklären, eine Stunde zu einer ganzen Stafette von Themen ausgehorcht zu werden, bekommen wir sogar Geld- oder Sachgeschenke für unsere Zeit und Daten. Allerdings wird kaum jemand von sich behaupten, große Freude dabei zu empfinden, sich seine Vorlieben und Interessen aus der Nase ziehen zu lassen.

Ganz anders bei Facebook: Hier loggt man sich ungefragt ein (jeder zweite Nutzer täglich), berichtet ganz selbstverständlich von seinen Erlebnissen, Vorstellungen, Träumen und Problemen, sorgt dafür, dass persönliche Informationen wie Adresse und Telefonnummer immer auf dem aktuellen Stand sind und wird sogar Fan von Marken und Produkten. Das ist der Traum jedes Marktforschers: Konsumenten berichten freiwillig und möglichst ungefiltert (bei Facebook schreibt man schließlich seinen Freunden) über ihren Alltag, und das in elektronischer und damit maschinenlesbarer Form. Hier muss niemand mehr Studenten engagieren und diese in mühseliger Kleinarbeit Interviews transkribieren lassen, um daraus auswertbare Datensätze zu generieren. Auch der Zeitfaktor ist hier ein gänzlich anderer: Während die Marktforschung in regelmäßigen Abständen nachfragen muss, ob wir möglicherweise unsere Gewohnheiten geändert haben, liefern wir Facebook diese Daten »live«, etwa wenn wir unseren Beziehungsstatus von »Single« auf »in einer Beziehung« ändern. Dann weiß ein Werber, dass man sehr wahrscheinlich an Kinotickets, einem romantischen Urlaub zu zweit oder gar an einem Verlobungsring interessiert sein könnte. Oder, wie es der Chef des Musikdienstes Pandora, der mit Facebook kooperiert, in einem Interview mit dem Wall Street Journal ausdrückte: »Der Heilige Gral der Werbung ist, mehr Daten zu bekommen.«[53]

Diesen Berg an Daten gibt Facebook nicht ohne Weiteres an Werber heraus, sondern lässt sie dafür bezahlen: Werbern wird erlaubt, Online-Anzeigen auf den Profilseiten der Nutzer zu schalten. Dazu braucht man keine Werbeagentur, die sich einen Slogan überlegt, eine Zielgruppe festlegt und eine Kampagne erstellt, sondern einen Facebook-Account, eine Kreditkarte bzw. ein PayPal-Konto und ein wenig Zeit. Unter www.facebook.com/advertising gibt es einen Werbeplaner, mit dem jeder seine eigene Facebook-Werbung erstellen kann, und zwar innerhalb von Minuten: Zuallererst sollte man sich entscheiden, ob man die Leute auf eine Webseite oder auf die eigene Facebook-Seite locken will, denn zu Beginn wird man gefragt, mit welcher URL die Werbung verlinkt werden soll. Danach geht es ans Texten: 25 Zeichen stehen für den Werbe-Slogan zur Verfügung (»Ein unglaubliches Angebot« etwa geht sich genau aus), 135 Zeichen für einen kurzen Satz, der das Angebot näher beschreibt (etwa »Unseren Preisen können Sie nicht widerstehen! Wir unterbieten die Konkurrenz bei besserer Leistung um Längen, also schlagen Sie zu!«). Wer will, kann außerdem ein kleines Bildchen hochladen, das in die Größe 110 Pixel mal 80 Pixel umgerechnet wird, was nicht viel größer als ein Daumennagel ist. Da dieses Foto später nur sehr klein angezeigt werden wird, sollte man ein sehr eindeutiges Motiv wählen, etwa ein Logo, ein hübsches Gesicht oder das beworbene Produkt – und man sollte die Rechte für dieses Bild besitzen, ein mit der rechten Maustaste aus dem Web gefischtes Bild könnte später rechtliche Probleme bereiten.

Jetzt kann man sich der Zielgruppe widmen. Facebook erlaubt es Werbern, die Gruppe an Personen, die man erreichen will, nach neun Kriterien einzugrenzen: Land, Alter, Geschlecht, sexuelle Orientierung, Beziehungsstatus, Sprache, Interessen, Ausbildungsstatus und Arbeitsplatz. Will man eine Zielgruppe in größeren Ländern wie Deutschland oder den USA erreichen, kann man die Region nach Stadt oder Bundesstaat verfeinern. Je enger man die Kriterien eingrenzt (z. B. nur 20- bis 30-Jährige, nur Männer, nur Hochschulabsolventen), desto kleiner wird die Zielgruppe. Facebook errechnet live, wie viele Nutzer man nach den eingegebenen Kriterien erreichen kann, wobei dabei auf die Profile der Nutzer zugegriffen wird und alle Angaben, die dort hineingetippt wurden, anonymisiert ausgewertet und in einer absoluten Zahl erfasst werden. Die wichtigste Komponente dieses auch als »Targeting« bezeichneten Vorgangs sind aber die Interessen. In ein eigenes Suchfeld kann man Begriffe, Namen oder Marken eintippen. So erfährt man in Sekundenschnelle, dass etwa 1580 aller mehr als zwei Millionen österreichischer Facebook-Nutzer Bananen mögen, 15.420 auf Bier stehen und 31.200 den FPÖ-Chef Heinz Christian Strache sympathisch finden. Wen auch immer man mit seiner Werbebotschaft erreichen will, über die Interessen kann man sehr schnell eine passende Zielgruppe finden, von der man glaubt, dass sie sich für die Reklame interessiert. Die Daten über diese persönlichen Interessen haben die Nutzer Facebook und den Werbern, ebenso wie ihre demografischen Daten, frei Haus geliefert: Denn immer, wenn man auf Facebook-Profilen oder überall anders einen der »Like«- bzw. »Gefällt mir«-Buttons klickt, wird die Webseite, der Star, ein Produkt oder eine Marke dem eigenen Interessenprofil (eine Liste mit allen Facebook-Seiten, die man mit einem »Gefällt mir« bedacht hat) zugerechnet und Werbetreibenden über den Werbeplaner anonymisiert zugänglich gemacht. Anonymisiert bedeutet in diesem Fall, dass niemand Jakob Steinschaden eingeben kann und dann ausschließlich auf meinem Facebook-Profil eine speziell auf mich abgestimmte Werbung einblenden kann. Wer mich allerdings gut kennt oder einfach meine Interessen auf meinem Profil durchsieht, wird die Schlinge mithilfe des Werbeplaners sehr eng ziehen können, da es sehr unwahrscheinlich ist, dass es einen anderen Facebook-Nutzer mit den exakt selben Interessen wie meine gibt. Dass jeder seine Werbung selber erstellen kann, ist auch zum Problem geworden: Abzocker haben es leicht, Unbedarfte auf ihre Phishing-Seiten zu locken, wo sie Passwörter und Kreditkartennummern ausspionieren. So wurde etwa publik, dass die Webseite Prize-Rewards.net Nutzer über Facebook-Anzeigen auf ihre Webseite gelenkt hat, um dort gefälschte Angebote zu verkaufen. Sie boten etwa Mitgliedschaften beim Online-DVD-Verleih Netflix an, mit dem sie gar nichts zu tun hatten, berichtete die New York Times im März 2010.[54]

Ist die Anzeige zur eigenen Zufriedenheit erstellt und die Zielgruppe bestimmt, werden die Kosten berechnet. Bei Facebook kann man entweder nach CPM (»Cost per Mille«, im deutschsprachigen Raum spricht man eher vom TKP, vom Tausender-Kontakt-Preis) oder nach CPC (Cost per Click) zahlen. Dabei handelt es sich um zwei sehr unterschiedliche Konzepte von Werbung: Bei CPM zahlt man einen bestimmten Betrag pro tausend eingeblendeter eigener Anzeigen, also dafür, dass theoretisch die Werbeeinblendung tausend Mal gesehen wird – ob sie auch tatsächlich wahrgenommen wird, ist eine andere Frage. Bei CPC zahlt man immer nur dann, wenn die Werbung nicht nur gesehen, sondern auch angeklickt wurde, der Betrachter also aktiv Interesse bekundet und sehen möchte, wohin ihn das Angebot führt. »Cost per Click ist besser, weil man dabei nur die gewünschte Aktion, also das Anklicken einer Werbung bezahlt«, erklärte mir Chris Rigatuso, Chef der Social-Media-Consulting-Gruppe Skyfollow, als wir uns in San Francisco zum Interview trafen. »Der Werber will so nah wie möglich an eine Handlung des Kunden kommen. Das Beste für ihn ist Cost per Action, also wenn etwa jemand online ein Ticket kauft. Danach kommt Cost per Click: Dann zahlt man immer dann, wenn ein Nutzer auf einen Werbebanner klickt und so Interesse für diesen bekundet. Das garantiert aber nicht, dass er das Ticket kauft, meistens tun das 1, 2, im besten Fall 10 %. Schlechter als CPC ist CPM, also Cost per Mille: Man zahlt immer dann, wenn der Werbebanner eingeblendet wird, was aber nicht heißt, dass jemand auch darauf klickt.«

Ein Wiener Werbefachmann, der nicht genannt werden möchte, hat mir ausgerechnet, was man bei Facebook für ein Budget von 10.000 Euro bekommt. Bezahlt man nach CPM, wird der eigene Werbebanner zwischen 40 und 55 Millionen Mal eingeblendet – eine Garantie, dass irgendjemand auf die drei mal vier Zentimeter kleine Anzeige aufmerksam wird, die meist rechts neben dem News Feed auftaucht, hat man aber nicht. Wer sich für CPC entscheidet, bekommt 17.000 bis 23.000 Klicks, und Facebook muss dafür sorgen, dass die Anzeige oft genug eingeblendet wird, um diese Klicks auch zu generieren. Im Schnitt kann man mit einem Klickpreis von durchschnittlich 50 Cent rechnen. Wie mir der Werbeexperte zeigte, sind diese Preise extrem niedrig im Vergleich zu »traditionellen« Webseiten: Das Dachangebot ORF.at ist in Österreich mit über 4,5 Millionen Nutzern die Webseite mit der größten Reichweite. Wer dort seine 10.000 Euro investieren will, bekommt nach CPM etwa 600.000 Sichtkontakte. Die Sache hat für Facebook allerdings einen Haken: Die Klickraten seien in Online-Netzwerken sehr schlecht, so der Werbeexperte. Bei Kampagnen liegt der Prozentsatz, wie oft die Anzeige angeklickt wird, zwischen 0,05 und 0,5 %. Facebook rangiert dabei am untersten Ende dieser Spanne, weil meist nur auf fünf von 10.000 eingeblendeten Anzeigen geklickt wird – für den Werber nicht unbedingt eine optimale Gelegenheit, schnell und viele Menschen zu seinem Angebot zu locken. Außerdem sind die Werbemöglichkeiten mit jenen großen österreichischen Webseiten kaum zu vergleichen – dort gibt es etwa flashbasierte Anzeigen, in denen sogar Videos abgespielt werden können. »Online-Netzwerke haben ein sehr spezifisches Nutzungsverhalten: Die Verweildauer ist sehr hoch, aber die Klickraten bei den Ads ist sehr, sehr klein. 0,05 % ist ein normaler Durchschnittswert bei einer Facebook-Kampagne«, erklärte mir Ritchie Pettauer, Social-Media-Berater aus Wien, der unter anderem ATV oder Swarovski zu seinen Kunden zählt. »Man bekommt eben nur sehr wenige Klicks.«

Pepsico, Hersteller des Softdrinks Pepsi, dürfte jedenfalls von der Facebook-Werbung überzeugt sein: Anstatt Anfang Februar 2010 einen Haufen Geld in einen TV-Spot in der Pause des Superbowls, dem wichtigsten Sportereignis der USA, zu pumpen, leistete man sich um 20 Millionen Dollar lieber eine Online-Kampagne, in deren Zentrum Facebook stand. Eine Umfrage des Bundesverbandes Digitale Wirtschaft (BVDW) unter Agenturen ergab, dass Social-Media-Kampagnen 2010 das größte Wachstum haben, noch vor herkömmlicher Online-Werbung und Handy-Werbung. Für Online-Werbung sieht es generell gut aus, zumindest in den USA: Das Marktforschungsinstitut Pricewaterhouse Coopers rechnet damit, dass die Online-Werbung die Zeitungswerbung als zweitgrößte Werbesparte bis 2014 ablösen werde. In Österreich ist der Online-Werbemarkt von 2008 auf 2009 um 33 % auf 115,6 Millionen Euro gestiegen, geht aus einem Kommunikationsbericht der Rundfunkregulierungsbehörde RTR hervor. Während der Gesamtwerbemarkt im Krisenjahr 2009 eingeknickt ist, konnten die Web-Anzeigen weiter wachsen. Österreich hinkt Deutschland in dem Bereich nach, wie aus dem Bericht hervorgeht: Dort ist das Online-Werbevolumen drei Mal so hoch.[55] Von den 115,6 Millionen österreichischen Online-Werbe-Euro wird aber nur ein sehr geringer Anteil für Facebook ausgegeben. Ein Insider verriet mir, dass 2010 im Schnitt nur 60.000 bis 100.000 Euro pro Monat für Facebook Ads gezahlt würde.

Die Wiener Agentur Super-Fi, die etwa für Adidas, Red Bull, Greenpeace, den ORF oder Christina Stürmer arbeitet, hat im Social-Media-Bereich bereits viel umgesetzt. Ob der Location-Dienst Foursquare, die Micro-Payment-Lösung Flattr oder der Like-Button – mit neuen Funktionen und Webdiensten wird hier immer sehr früh experimentiert und sie werden in bestehende Services von Kunden integriert.

»Wir sehen uns als Medien-Entwickler, das heißt, wir versuchen immer ein Angebot für die Marke zu schaffen, das wie ein Medium funktioniert«, sagt Niko Alm, der Geschäftsführer von Super-Fi, »früher hätte man ein Kundenmagazin gemacht, heute kann man das in Social Media abbilden.« Deswegen sind vor allem Facebook-Seiten, die sich Firmen, Marken, Prominente oder Organisationen anlegen können, Bestandteil fast jeder Kampagne geworden. »Bei uns muss jeder gezwungenermaßen bei Facebook sein«, so Alm, »das klingt etwas hart, gehört aber zu unserem Job. Es muss jeder wissen, wie das Zeug funktioniert, weil wir sonst nicht damit arbeiten können.« Den Werbemöglichkeiten selbst seien keine Grenzen gesetzt. »Es geht alles. Man kann Branding betreiben, man kann imagebildende Maßnahmen setzen, und man kann direkt verkaufen, indem man Shops in eine Page einbaut«, so Alm. Belästigen dürfe man die Unterstützer einer Facebook-Seite aber nicht, schließlich würden diese von sich aus den Like-Button drücken. »Generell kann man davon ausgehen, dass die Nutzer, die eine Page liken, das freiwillig getan haben. Als Betreiber der Page muss man aber vorsichtig sein bei der Frequenz, in der man Updates verschickt. Einmal in der Woche ist zu wenig, einmal pro Tag ist verträglich, wenn man bedenkt, wie viele Hunderte Updates man täglich bekommt. Die andere Frage ist die Qualität: Wenn die Nutzer sehen, dass da nur banale Pressemitteilungen oder uninteressante Firmeninterna kommuniziert werden, dann werden sie diese Page sehr schnell wieder rausschmeißen.«

2010 war in Europa ein starker Anstieg von Firmenaktivitäten auf Facebook zu verzeichnen. Herausragendstes Beispiel in Österreich war eine Kampagne von Samsung in Kooperation mit dem Wiener Tiergarten Schönbrunn. Dabei wurde für Nonja, ein Orang-Utan-Weibchen, eine Facebook-Seite erstellt, Nonja selbst eine Digicam mit WLAN-Funktion in die Hände gedrückt. Immer wenn das Tier den Auslöser drückte und ein Bild machte, wurde dieses automatisch auf ihre Seite hochgeladen. »Der erste Affe auf Facebook« konnte in wenigen Tagen über 80.000 Fans sammeln, und die Samsung-Kamera bekam viel Aufmerksamkeit geschenkt, ohne jemals direkt beworben zu werden. Diese viralen Effekte – eine Information verbreitet sich nicht klassisch über die traditionellen Medien, sondern über Freundesnetzwerke – konnte auch ein Video des Mineralwasserherstellers Evian, der zum französischen Danone-Konzern gehört, auslösen. Der Animations-Clip, in dem rollschuhfahrende Babys zu sehen sind, fand zuerst über die Mitarbeiter des Unternehmens Verbreitung, die das Video an Freunde und Familien weiterleiteten, später kam er auf mehr als 25 Millionen Abrufe bei YouTube. Diese Netzwerk-Mechanismen, die vor allem bei Facebook zum Tragen kommen, sind für Werber höchst attraktiv, weil man auf diese Weise sehr viel Aufmerksamkeit erreicht. Allerdings: »Die angestrebten Multiplikator- und Schneeballeffekte lassen sich nicht erzwingen und funktionieren nicht mehr, wenn sie alle machen«, so Super-Fi-Chef Alm. Er geht davon aus, dass Werbung und Marketingaktivitäten auf Facebook in den nächsten Jahren stark zunehmen werden – was auch eine Chance und nicht nur Ärgernis der Kunden sei. »Ich glaube schon, unverbesserlicher Optimist, der ich bin, dass Social Media zur Ehrlichkeit in der Werbung beiträgt. Ich kann keine Dinge mehr verkaufen, die mangelhaft sind, solche Sachen fallen sofort auf und verbreiten sich über Mundpropaganda rasend schnell«, sagt Alm. »Man kann nicht mehr so unverschämt lügen wie früher. Als 1997, 1998 plakatiert wurde: ›Sprite hilft gegen Pickel‹ oder ›Benco macht stark und schlau‹, war für mich der Punkt überschritten. Die Lüge ist heute natürlich subtiler geworden, aber sie wird leichter aufgedeckt.«

Für das Online-Netzwerk gibt es noch viel Luft nach oben, sofern man attraktiver als der Werbekönig Google werden kann. Die großen Kunden – die, die mehr als 10.000 Euro pro Monat für Facebook Ads ausgeben – werden bereits umhätschelt und bekommen sogenanntes »Key Accounting«: Das Sales-Team steht ihnen dann bei der Umsetzung der Kampagnen zur Seite, bietet größere Werbebanner an, die sich oben und damit zentraler im Sichtfeld des Nutzers über die Profile legen, und liefert Berichte ab, wie erfolgreich die Ads genau waren.

Viele Quellen anzapfen

»Wenn wir weiter erfolgreich sind, ist die Chance groß, dass wir es bis zu einer Milliarde Nutzer schaffen«, sagte Mark Zuckerberg beim »Cannes Lions International Advertising Festival« im Juni 2010. Wenn man ihn so reden hört, muss man zu dem Schluss kommen, dass sich Facebook nach wie vor in der Expansionsphase sieht – sich also noch Zeit damit lassen kann, sein Geschäft auf stabile Beine zu stellen, und vorerst noch alles ins Wachstum des Unternehmens werfen kann. Im September 2009 gab Zuckerberg bekannt, dass seine Firma »cash flow positive« sei, also Gewinn abwerfen würde. Ein halbes Jahr zuvor hieß es noch, dass man fünf Quartale hintereinander »EBITDA profitability« erreicht hätte – eine schwierige Kennzahl. Denn EBITDA steht für »Earnings before interest, taxes, depreciation and amortization« und bezeichnet nur den Umsatz vor Abzug von Zinsen, Steuern, Abschreibungen (z. B. von Investitionen in neue Server). Als 2000 die Spekulationsblase rund um die Dotcom-Unternehmen platzte, hatten zuvor viele der Firmen einfach EBITDA-Zahlen herangezogen, um ihre Einnahmen zu beziffern – mit fatalen Folgen für die junge Branche. Dass Facebook seit September 2009 ohne Probleme Gewinne einfährt, darf man anzweifeln. Andernfalls hätte man die Investmentfirma Elevation Partners mit Firmensitzen in New York und Menlo Park nahe Palo Alto nicht ins Boot geholt. Diese kaufte sich im November 2009 um 90 Millionen Dollar (etwa 74 Millionen Euro) bei Facebook ein, erhöhte seine Anteile an der Firma im Juni 2010 um 120 Millionen Dollar (etwa 98 Millionen Euro) und hält damit 1,5 % an Facebook. Einer der Partner von Elevation ist Marc Brodnik, der (Zufall?) mit der Schwester von Sheryl Sandberg, die die Tagesgeschäfte von Facebook leitet, verheiratet ist.

Wie bereits erwähnt, rechnet Facebook für das Jahr 2010 mit einem Umsatz von etwa einer Milliarde Dollar. Der größte Teil dieses Betrags wird mit Sicherheit über Facebook Ads gemacht, die, wie im vorigen Kapitel ausgeführt, jeder selbst schalten kann. Allerdings wird man sich die Server und Mitarbeiter (allein in Indien wurden 500 Personen angestellt), die für den Betrieb notwendig sind, nicht allein durch Werbeeinnahmen leisten können. Die beiden deutschen Internet-Experten Christoph Mörl und Mathias Groß haben in ihrem Buch »Soziale Netzwerke im Internet – Analyse der Monetarisierungsmöglichkeiten und Entwicklung eines integrierten Geschäftsmodells« bereits 2008 ein Geschäftsmodell für Online-Netzwerke theoretisch beschrieben, das jenem, auf das sich Facebook zubewegt, meiner Meinung nach ziemlich genau entspricht. Mörl und Groß sehen vier große Ertragsmodelle: Direkte Einnahmequellen sind Micro-Payments und Benutzungsgebühren, indirekte Einnahmequellen sind Affiliate-Marketing und Online-Werbung.[56]

An Micro-Payments ist Facebook sehr interessiert und will mit seinen Credits genau in dieses Geschäft einsteigen. 2010, so schätzen die beiden Web-Analysten Justin Smith und Charles Hudson, ist der Markt für virtuelle Güter allein in den USA 1,6 Milliarden Dollar (etwa 1,3 Milliarden Euro) groß. Mehr als die Hälfte dieser Summe soll aus Einnahmen durch Social Games kommen. In ihrer Studie geben Smith und Hudson jungen Unternehmen Tipps, wie man am besten in diesen Markt einsteigt, welche Spielmechaniken man ausnutzen kann, um die Nutzer zum Zahlen zu bringen, welche Inhalte (Poker-Spiele oder eher Games mit virtuellen Haustieren?)

am lukrativsten sind und wie man am besten Werbung in die Spiele integriert.[57] Bei all diesen Überlegungen und Marktstrategien spielt Facebook eine zentrale Rolle. Zwar kann man auch Spiele für MySpace, Netlog oder Hi5 zusammenschustern, doch diesen Konkurrenz-Plattformen laufen die Nutzer weg und strömen zu Facebook. Abgesehen von zentralen Funktionen wie Fotos, Handy-Apps oder Geburtstagserinnerungen sind Spiele die beliebtesten Beschäftigungen der Nutzer.

»Ich war wirklich erstaunt wegen der Spiele. Ich habe mich mit ein paar Leuten bei Apple unterhalten, und die waren genauso erstaunt, dass Spiele auf dem iPhone ebenfalls ein so großes Ding geworden sind. Ich habe auch Anekdoten von Leuten gehört, die die ersten Betriebssysteme für PCs programmiert haben, und die waren genauso überrascht, wie beliebt Spiele sind«, sagte Mark Zuckerberg in einem Interview mit dem Blog InsideFacebook.com Ende Juni 2010.[58] Dies deckt sich mit Berichten über das PLATO-System, das ich bereits beschrieben habe. Schon in den 1960ern wurden Computer, die eigentlich für ganz andere Zwecke entworfen wurden, dazu genutzt, Spiele zu spielen.

Facebook wird also auch in Zukunft alles dafür tun, dass Entwickler wie Zynga weiter Social Games über die Facebook-Plattform anbieten, und gleichzeitig weiter versuchen, den Fuß in der Tür zu behalten. »Es macht Sinn, dass es nur eine Währung gibt. Wenn ich ein CrowdStar-Game spiele und dort Credits kaufe, kann ich diese Credits nicht in einem Zynga-Spiel benutzen, und das ist irgendwie Scheiße. Eine der größten Hürden beim Kauf virtueller Güter ist, dass man die Kreditkarte zücken muss, also ist ein zentraler Shop, den man überall verwenden kann, sowohl für die Nutzer als auch für die App-Anbieter gut«, so Zuckerberg weiter. Dieser zentrale Shop, in dem man sich die virtuelle Währung kaufen kann, wird in Zukunft natürlich Facebook selbst sein. Die Facebook Credits sollen jenes Zahlungsmittel werden, mit dem man vom FarmVille-Traktor bis zur digitalen Grußkarte sämtliche virtuellen Güter kaufen kann. Das würde andere Währungen wie Zyngas FarmCash abschaffen und Facebook in eine sehr mächtige Position manövrieren: die der Bank.

Immer wenn mit Facebook Credits eine virtuelle Ware gekauft wird, bekommt Facebook 30 % des Betrags, 70 % wandern in die Tasche des Anbieters. Wie viel Geld Facebook 2010 über diesen Weg einnehmen wird, ist schwer abzuschätzen. Aber lassen Sie mich folgende Überlegung anstellen: Der US-Markt für virtuelle Güter ist wie erwähnt 1,3 Milliarden Euro schwer. Würde nur ein Zehntel dieses Marktes über Facebook laufen (was nicht so unwahrscheinlich ist, da die zweitgrößte Webseite der Welt die wichtigsten Social-Games-Anbieter auf seiner Plattform hat), würde Zuckerbergs Firma fast 40 Millionen Euro mit seinen Credits machen, die App-Anbieter etwa 90 Millionen. Da Zynga jedoch alleine etwa 500 Millionen Dollar 2010 machen soll (davon etwa 130 Millionen Euro durch virtuelle Güter), muss man von einem viel höheren Anteil von Facebook am gesamten »Virtual Goods«-Markt ausgehen. Würde etwa jeder zweite Euro, der in den USA für virtuelle Güter ausgegeben wird, mit Facebook Credits bezahlt, würde das Online-Netzwerk schon 200 Millionen Euro mit den Pixel-Waren machen, die Spiele-Anbieter etwa 450 Millionen Euro. Sowohl Zynga als auch die Game-Anbieter CrowdStar (»Happy Aquarium«, »Zoo Paradise«), Playdom (»Social City«) und RockYou (»Zoo World«, »Birthday Cards«) haben mit Facebook Partnerschaften abgeschlossen, um Nutzer auch mit Facebook Credits zahlen zu lassen. Für diesen frühen Einstieg in das neue Bezahlsystem bekommen sie, so Insider, spezielle Konditionen und müssen ziemlich sicher weniger als die üblichen 30 % an Facebook abführen.

Fest steht, dass das Geschäft mit den virtuellen Gütern oft unterschätzt wird und als verrücktes Hobby einiger fanatischer Online-Gamer abgetan wird, tatsächlich aber kann man damit Millionen machen, wie die Berechnungen oben beweisen. In Asien soll dieser Markt bereits fünf Milliarden Dollar groß sein und wird in den USA bis 2013 ebenfalls auf etwa fünf Milliarden Dollar anwachsen, berichtete die Süddeutsche Zeitung Anfang 2010.[59]

»Ich glaube, dass das der Kern ihres Geschäftsmodells werden wird. Die spielen das so stark herunter, dass ich fest davon überzeugt bin, dass die Richtung, in die sie gehen wollen, heißt: Damit werden wir die Zahlungsmittel im Internet übernehmen«, sagte etwa John Vechey, Chef-Stratege des Facebook-Spieleanbieters PopCap Games (Erfinder des iPhone-Hits »Pflanzen gegen Zombies«) in einem Interview mit der Financial Times.[60] Die Idee der Facebook Credits lässt sich auf viele andere Bereiche umlegen: Man könnte damit als Werbetreibender seine Anzeigen bezahlen oder kostenpflichtige Zusatzdienste, die App-Entwickler oder Facebook selbst anbieten. Als ziemlich sicher gilt, dass man Facebook Credits auch auf Karten in Trafiken, Supermärkten oder bei Elektrohändlern kaufen können wird: Man rubbelt einen Code frei und lädt damit sein Konto auf – perfekt, um die junge, spielaffine Zielgruppe, die noch keine Kreditkarte hat, zu erreichen.

Nicht zu vergessen ist Microsoft, das mit 1,6 % an Facebook beteiligt ist und seine eigene virtuelle Währung hat: Auf der Konsole Xbox360, über die man seit 2009 auf Facebook zugreifen kann, gibt es die »Microsoft Points« (MSP): Bei Amazon kann man sich etwa 2100 MSP um 25 Euro kaufen und diese in Folge gegen Spiele-Downloads oder gestreamte Filme über den Zusatzdienst Zune tauschen. Denkbar wäre ohne Weiteres, dass diese MSP einmal gegen Facebook Credits ausgetauscht werden könnten. Etwas futuristischer sind Vorstellungen, dass man künftig sein Handy (natürlich über die Facebook-Apps, die für iPhones, Android-Handys, BlackBerrys oder Nokia-Geräte verfügbar sind) mit der Facebook-Währung aufladen und damit unterwegs reale Waren bezahlen könnte. Dabei könnte wiederum der Software-Riese ins Spiel kommen, denn mit »Microsoft Tag« gibt es eine Technologie, die via Handy-Kamera spezielle Barcodes erkennen kann. Daraus ein Bezahlsystem zu basteln, mit dem man in einem Geschäft ein Produkt abfotografiert und am Display eine Kaufbestätigung (»Ja, möchte ich kaufen«) durchführt, ist technisch machbar. Dass sich die Facebook Credits aber von der virtuellen in die reale Welt ausdehnen, wird meiner Ansicht nach kaum passieren: Denn weder die US-Regierung noch sonst ein Staat dieser Welt wird untätig dabei zuschauen, wie im Internet eine Parallelwährung entsteht, die sich unter der Kontrolle eines einzigen Unternehmens befindet. »Langfristig wird das ein ziemlich wertvolles Ding werden«, ist Mark Zuckerberg aber (jedenfalls) von seinen Facebook Credits überzeugt.

Bleiben wir beim Facebook-Investor Microsoft: Im Jänner 2010 hat Facebook sich entschlossen, jenen Teil der Werbung, den zuvor Microsoft vermarktete, selbst zu verkaufen. Die wichtigste Neuerung seither sind die sogenannten »Engagement Ads«: Die Anzeigen beinhalten seither nicht nur den Werbetext und einen dahinterstehenden Link zu einer Webseite, sondern die Möglichkeit, die beworbenen Firmen, Produkte, Dienstleistungen oder Marken mit einem »Gefällt mir« (»Like«) direkt in dem Werbefeld zu bedenken. Das hatte zur Folge, dass viele Facebook Ads nur mehr dazu verwendet werden, die eigene Facebook-Seite zu bewerben und auf diese Weise möglichst viele Nutzer zu Unterstützern zu machen. Diese Facebook-Seiten, die Firmen, Stars und Politikern vorbehalten sind, sind für diese bereits so wichtig wie eine eigene Homepage. Sie sehen sehr ähnlich aus wie die Profile normaler Nutzer und bieten im Prinzip die gleichen Funktionen: Man kann Status-Updates posten, Fotos hochladen, Nutzer auf die Pinnwand schreiben lassen, diesen Direktnachrichten schicken – sprich: Marken können sich auf sehr clevere Weise unters Facebook-Volk mischen und sich dort wie ein Nutzer verhalten. Daraus verspricht sich die Marketingwelt einen natürlichen Umgang und rege Interaktion zwischen Firmen und Nutzern. In Österreich erwartet man sich einer Marketagent-Umfrage unter 229 führenden Experten aus Medien, PR und Werbung zufolge eine »Intensivierung des Kundendialogs« (75,5 %), die Möglichkeit zur »Imagepflege« (61,1 %) und die »Verbesserung der Kundenbeziehungen« (54,6 %). Dinge wie »Steigerung des Marktanteils« (11,8 %), »Absatz- und Umsatzsteigerung« (14 %) oder gar eine »Verhaltensbeeinflussung« hin zum Kauf eines Produktes (27,1 %) werden eher für unwahrscheinlich gehalten.[61] Viele Großunternehmen aus Österreich sind dem Ruf der Facebook-Masse (»Wir müssen dort sein, wo unsere Kunden sind«) bereits gefolgt, wie eine Studie der Medienanalysten von Meta Communication (www.metacommunication.com) zeigt: Red Bull, Swarovski, bwin, Raiffeisen, Rewe, Telekom Austria, Austrian Airlines, OMV, Casinos Austria, ÖBB, voestalpine, Bank Austria – sie alle versuchen mit ihrer Kundschaft ins Gespräch zu kommen und wittern im kommunikativen Miteinander die Chance auf ein gutes Image. Immerhin 40 % der Facebook-Nutzer würden, wie damals noch üblich, »Fans« von Facebook-Seiten werden, erhob die Marketingfirma Razorfish im November 2009. Dieser Anteil dürfte seit der Einführung des Like-Buttons, der die »Fan«-Funktion ersetzt und die Hemmschwelle, Interesse an einer Firma oder Marke zu bekunden, heruntergesetzt hat, gestiegen sein.

Für eine Facebook-Seite Werbung zu schalten macht durchaus Sinn, wie eine Studie der Social-Media-Agentur Sysomos zeigte: Im November hatten 77 % der Facebook-Seiten weniger als 1000 Fans, 4 % mehr als 10.000 Fans, und nur 0,047 % zählten mehr als eine Million Fans – so wie Facebook selbst, Starbucks oder Coca-Cola. Vor allem die Anbieter von Social Games, allen voran Zynga, Playfish oder CrowdStar, schalten besonders eifrig Werbung, um möglichst viele Facebook-Nutzer zu ihren Angeboten zu locken. Doch anders als die kostenpflichtige Werbung gibt es mit dem »Gefällt mir«-Knopf ein sehr gutes Marketing-Tool, das man gratis auf Webseiten einpflanzen kann. Die Facebook-Seiten, die für viele Firmen bereits zum Homepage-Ersatz geworden sind, kosten keinen Cent, haben aber trotzdem enormen Marketing-Wert.

»Grundsätzlich hat es für Facebook sehr viele Vorteile, wenn sie ihre Kern-Services gratis anbieten. Man kann sich natürlich überlegen, für Facebook Pages ab einer gewissen Größe Geld zu verlangen. Sie könnten theoretisch auch zwischen kommerziellen und Vereins-Pages unterscheiden, aber das wäre in der Praxis sehr schwierig«, sagt Social-Media-Experte Ritchie Pettauer aus Wien. »Für Facebook ist es interessanter, möglichst viele Pages zu haben. Sie könnten aber in Zukunft für große Pages bessere, kostenpflichtige Administrations-Tools zur Verfügung stellen.« Ein solches Modell würde etwa so aussehen: Eine Facebook-Seite kann jeder gratis betreiben, wer allerdings bessere Funktionen haben möchte, mit denen er die Kommunikation mit den Nutzern leichter bewerkstelligen kann, seine Seite schöner gestalten kann oder mehrere Seiten von zentraler Stelle aus betreuen will (viele Unternehmen haben mehrere Facebook-Seiten für ihre unterschiedlichen Produkte), könnte in Zukunft also eine monatliche Gebühr verrechnet bekommen. »Ich gehe stark davon aus, dass Facebook damit Komfort und Zeitersparnis verkaufen wird«, so Pettauer.

Würde Facebook ein solches Freemium-Modell starten und sein Credit-System weiter ausbauen, stünde das Unternehmen auf drei Beinen: Nutzungsgebühren, Anteile am Verkauf virtueller Güter und Werbeeinnahmen. Das von Mörl und Groß erwähnte Affiliate Marketing als viertes Standbein wäre bei Facebook ebenso denkbar: Nutzer könnten sich dafür entscheiden, als Partner (»Affiliate«) eines Unternehmens ein Produkt auf ihrem Profil unter ihren Freunden zu bewerben und zu empfehlen, und dafür Geld bekommen, etwa einen kleinen Prozentsatz des Kaufpreises eines aufgrund einer Empfehlung erstandenen Produkts. Vergleichbar ist dieses Konzept mit Tupperware-Partys, auf denen Partner der Marke die »praktischen« Plastikbehälter an ihre Freunde verhökern. Bei Amazon etwa kann man zum »Affiliate« werden und sich ein Widget in seinen Blog einbetten lassen, in dem Amazon-Angebote angezeigt werden. Immer wenn ein Leser des Blogs über dieses Widget – eigentlich nichts anderes als ein Link – auf die Webseite des Online-Händlers surft und dort die angepriesene Ware kauft, bekommt der Affiliate einen kleinen Anteil gutgeschrieben. Außerdem könnte Facebook in Zukunft auch die Nutzung der Plattform kostenpflichtig machen und Entwickler von Applikationen sowie Webseiten, die Like-Buttons verwenden, zur Kassa bitten. Nicht zufällig steht folgender Passus in den Nutzungsbedingungen: »Wir garantieren nicht, dass die Facebook-Plattform stets kostenlos sein wird.« Ich denke, dass Zuckerberg und Sandberg das Unternehmen genau in die Richtung eines integrierten Geschäftsmodells lenken, das auf multiplen Einnahmequellen basiert. Ein derart großes Geschäft kann man nicht allein auf Vertrauen in regelmäßige Einkünfte aus dem Anzeigengeschäft bauen.

Gegen Google

Würde Mark Zuckerberg schnell auf einen Kaffee mit den Google-Gründern Larry Page und Sergey Brin gehen wollen, müsste er nur eine 15-minütige Autofahrt in Kauf nehmen, und schon wäre er vom Hauptsitz seiner eigenen Firma zum Googleplex gedüst. Bei meinem Besuch im Silicon Valley ließ ich es mir nicht nehmen, diesen Weg zwischen den beiden Internet-Giganten auch einmal zu fahren, immer aufs Neue verblüfft, wie nah hier fast alle Firmen, die weltweit das Geschehen im Web bestimmen, beieinander liegen. Ein Google-Mitarbeiter, dessen Namen ich nicht nennen will, hatte mich zu einer kleinen »Off Records«-Tour durch den berühmten Google-Campus eingeladen. So konnte ich eine gute Stunde in Ruhe den Firmensitz des größten Internetunternehmens besichtigen und ein wenig Google-Flair schnuppern. Der Ruf der Firma war ihr natürlich vorausgeeilt: Google ist einer der beliebtesten Arbeitgeber der Welt, und das Googleplex war mir, nicht zuletzt durch die Beschreibungen meines Kollegen Gerald Reischl, dem Autor der »Google-Falle«, als Spielplatz für Software-Ingenieure bekannt. »Google ist eine gefährlich lustige Firma – ein bunter Ikea-Kindergarten für Erwachsene«, schrieb Gerald Reischl 2008. Das kann ich nur bestätigen: Wenn man durch die Anlage schlendert, die sich auf viele verschiedene Gebäude mit breiten Zufahrtsstraßen und Grünflächen dazwischen verteilt, bekommt man den Eindruck, nicht in einem Unternehmen, sondern in einer Mittelschule zu sein. Die Gebäude sehen alles andere als futuristisch aus, wie man es eigentlich von einer Firma wie Google erwarten würde, sondern erinnern nicht grundlos an die 1980er-Jahre. Google hat keinen neuen Firmensitz aus dem Boden gestampft, sondern das alte Headquarter von Silicon Graphics, einem Hightech-Unternehmen, das 2009 aufgelöst wurde, übernommen. Denn im Silicon Valley gibt es ein ungeschriebenes Gesetz: Wer sich einen neuen Firmensitz baut, der wird keinen Erfolg haben, vielleicht mit ein Grund, warum Facebook sein Lager in dem alten HP-Labor aufgeschlagen hat.

Am Google-Gelände steht die Nachbildung eines Tyrannosaurus Rex, umringt von pinkfarbenen Flamingofiguren. Vor dem Gebäude Nummer 44 gibt es mannshohe Symbole der verschiedenen Versionen der Android-Betriebssysteme zu sehen: ein riesiger grüner Roboter mit Google-Handy an der Seite, ihn umgeben ein Eisbecher (a.k.a. Android 2.2), ein Donut, ein Törtchen mit Sahnehaube und eine Süßspeise, die die Franzosen Éclair nennen. Für Essen und Naschen hat man bei Google ohnehin sehr viel übrig: In 18 verschiedenen Restaurants (von italienisch bis indisch) können die Mitarbeiter (und ihre Gäste) frühstücken, brunchen oder zu Abend essen – gratis natürlich. »Früher sind die Leute von der Mozilla Foundation (Macher des Firefox-Browsers, Anm.) immer für eine kostenlose Mahlzeit herübergekommen«, erzählte mir mein Gastgeber bei einem indischen Curry, das wir uns aus der Hauptkantine geholt hatten und unter einem der bunten Sonnenschirme im Haupthof aßen. »Als man merkte, dass sich das in den Kosten für Kantinen niederschlug, hat man Chip-Karten eingeführt, ohne die man nicht mehr in die Restaurants kommt.« Zweimal pro Monat darf ein Google-Mitarbeiter Besuch (Familie, Freunde etc.) empfangen, ihnen das berühmte Hauptquartier der siebtgrößten Marke der Welt[62] zeigen und sie dann auch zum Essen einladen. Auch sonst genießt man viele Annehmlichkeiten: Wer zwischen den Gebäuden wechseln muss, schnappt sich einfach eines der bunten Fahrräder, radelt über den Campus und lehnt es dort, wo er absteigt, an die nächste Wand. Wer etwas außerhalb erledigen muss – was selten vorkommt, denn von der Wäscherei bis zum Fitnessstudio gibt es fast alles direkt am Googleplex –, kann sich eines der Hybridautos nehmen. Diese werden übrigens über Solarzellen auf den Dächern der Gebäude geladen. Mit dem eigenen Auto muss niemand in die Arbeit fahren, denn große Busse sammeln in der Früh die in der Bay Area verstreut wohnenden Mitarbeiter ein und karren sie zur Firmenzentrale. An Bord gibt es WLAN, damit man schon am Arbeitsweg mit seinen Aufgaben – oder eigenen Projekten, je nachdem – loslegen kann. Um Menschen am Googleplex anzutreffen, die tatsächlich so aussehen, als würden sie arbeiten, muss man allerdings länger suchen. Zwar haben die meisten einen fixen Schreibtisch, aber wen es gelüstet, der setzt sich mit seinem Notebook ins Freie und programmiert dort weiter. Die Bequemlichkeit bei Google, die den Anschein von Spaß über die eigentlich harte Computerarbeit legt, hat ihren Preis. Mein anonymer Gastgeber, den ich als begeisterten Hobbykoch kennengelernt hatte, musste zugeben, dass die Fülle an Gratis-Restaurants seine Ambitionen, selbst den Kochlöffel zu schwingen, ziemlich reduziert hätte. Außerdem gehörte er offensichtlich zu jenen Google-Mitarbeitern, die in den ersten Monaten an Körpergewicht zugenommen haben – denn zu sportlichen Aktivitäten hätte er trotz kostenlosem Fitness-Center kaum mehr Lust. Bei meinem Besuch schien sich die Firma gerade vom Stress der hauseigenen Konferenz I/O vier Tage zuvor zu erholen, die jedes Jahr in San Francisco veranstaltet wird und bei der der versammelten Entwicklergemeinde die neuesten Google-Kreationen (in diesem Fall »Google TV«) vorgestellt werden. Inmitten der Idylle kam – natürlich – auch das Thema Facebook auf. Klar sei man bei Google noch mit dem Thema Online-Identität befasst, allerdings musste mein Gesprächspartner gestehen, dass Facebook dort die Nase weit vorne hat. Doch Ideen wie die von Diaspora, einer Art Open-Source-Netzwerk, seien vielversprechend. Entscheidend dabei sei, dass »Nicht-Techies« etwas damit anfangen können, also dass kein eigener Server aufgesetzt werden muss, von dem aus die eigenen Profildaten online gehen.

Nach einer Stunde Google-Flair holte ich mir beim Haupteingang – gleich neben der großen Schultafel, auf die die Mitarbeiter ihren »Masterplan« zur Welteroberung kritzelten und unter dem Nachbau des Spaceship One, das von der Decke baumelt – ein »Froyo« (»Frozen Joghurt«, namensgebend für das Android-Betriebssystem in der Version 2.2) und düste anschließend von Mountain View zurück nach Palo Alto, wo sich Facebook sein eigenes Online-Imperium aufbaut. Genau diesen Weg müssen schon einige vor mir genommen haben, denn etwa 10 % der Facebook-Mitarbeiter sind verschiedenen Berichten zufolge Ex-Googler. Auf Führungsebene, wie sie von Facebook präsentiert wird[63], sind drei der 13 leitenden Führungskräfte ehemalige Mitarbeiter von Google. Facebook-COO Sheryl Sandberg, die ich wie erwähnt persönlich kennenlernte, leitet seit Anfang 2008 die Tagesgeschäfte und war zuvor maßgeblich am Aufbau des Google-Werbesystems beteiligt. Mit David Fischer, heute Vice President of Advertising & Global Operations bei Facebook, war ebenfalls ein hochrangiger Werbe-Experte bei Google. Facebooks Kommunikations- und Marketing-Chef Elliot Schrage macht das Trio aus Ex-Googlern auf Führungsebene komplett. Bret Taylor, der mit dem Kauf von FriendFeed zu Facebook wechselte, war vor seiner Zeit als FriendFeed-Chef Produktmanager bei Google und begleitete dort etwa die Markteinführung von Google Maps; im April 2010 wurde er zum CTO von Facebook befördert. Unterhalb des Führungslevels finden sich noch viele weitere Ex-Googler, wie etwa Erick Tseng, der bei Google am Android-Betriebssystem arbeitete, oder Matthew Papkipos, der eine Schlüsselrolle in der Entwicklung von Googles Web-Browser Chrome spielte. Grady Burnett, der zuvor Googles AdWord-Büro leitete, verkauft heute Facebook Ads. 2007 konnte Mark Zuckerberg Gideon Yu, den Finanzchef bei YouTube abwerben (er arbeitet nicht mehr bei Facebook), mit Scott Woods ist ein ehemaliger Googler Deutschland-Chef. Debbie Frost, Mark Zuckerbergs Unternehmenssprecherin, wechselte genauso die Seiten wie Elizabeth Linder, die die internationale Kommunikation betreut. Und mit Joseph Desimone ist sogar einer der Chefköche aus Googles Restaurants zu Facebook übergelaufen und schwingt nicht mehr in Mountain View, sondern in Palo Alto den Kochlöffel.

Es hätte aber auch alles genau umgekehrt kommen können. Im Jahr 2007 strebte Google eine Übernahme von Facebook an, aus der jedoch nie etwas wurde. Stattdessen wollten sich Sergey Brin und Larry Page bei Zuckerbergs Firma zumindest beteiligen, was auch um ein Haar geklappt hätte. Doch dann trat Microsoft auf den Plan, überzeugte Zuckerberg von einem Investment und angelte sich um 240 Millionen Dollar (etwa 196 Millionen Euro) 1,6 % des Unternehmens. Damit war Google vorerst aus dem Gerangel um das aufstrebende Online-Netzwerk ausgeschieden und musste zusehen, wie es wuchs und wuchs – ja, man musste sogar zusehen, wie Facebook zeitweise an Google vorbeizog. An den Weihnachtstagen 2009 stellte der Web-Analyse-Dienst Hitwise fest, dass in den USA die bis dato unangefochtene Nummer eins bei den Zugriffen plötzlich von Facebook überholt wurde, weil an den Feiertagen offenbar weniger Menschen nach Informationen zu Geschenken suchen und mehr US-Amerikaner sich via Status-Update und Direktnachrichten ein fröhliches Fest ausrichten wollten. Eine Woche später wieder: Zum Jahreswechsel griffen abermals mehr Menschen in den USA auf Facebook als auf Google zu, um sich einen guten Rutsch ins neue Jahr zu wünschen. Danach übernahm wieder Google die Führung, bis an einem Wochenende im März 2010 erneut das Online-Netzwerk die Nase vorne hatte, diesmal offenbar aus eigener Kraft und ohne den Rückenwind von zig Millionen Feiertagsglückwünschen.

Vergleicht man zentrale Unternehmenskennzahlen, ist Facebook nach wie vor ein Zwerg: Das Online-Netzwerk beschäftigt über 1500, die Suchmaschine über 20.000 Mitarbeiter. Facebook macht etwa eine Milliarde Dollar Umsatz im Jahr 2010, Google über 24 Milliarden Dollar. Bei den Nutzerzahlen liegt man ebenfalls noch weit zurück: Mehr als 500 Millionen sind im Freundesnetzwerk, über 1 Milliarde nutzen Googledienste. Sieht man sich die Nutzung, wie es der Techcrunch-Chef-Blogger Michael Arrington getan hat[64], selbst etwas genauer an, wird man aber feststellen, dass Facebook seine Mitglieder viel stärker an sich bindet. Einerseits verbringt man dort doppelt so viel Zeit wie mit der Suchmaschine: Facebook hat dermaßen viele Informationen – vom Partyfoto bis zum Firmenprofil – in sich aufgesaugt, dass es immens viel zu sehen und zu lesen gibt (die berühmte »Facebook-Trance« schlägt sich deutlich in diesen Zahlen nieder), während man bei Google lediglich vorbeischaut, sucht, einen Link anklickt und schon wieder weg ist. Dies resultiert daraus, dass Facebook mehr Seitenabrufe ausliefert als Google: Im Mai 2010 waren es 250 Milliarden bei Facebook, 165 Milliarden bei Google. Auf britischen Handys wird Facebook mittlerweile dreimal so oft aufgerufen wie Googledienste, auch dort verbringen die Nutzer mehr ihrer mobilen Surfminuten mit ihren Facebook-Freunden als mit der Suchmaschine. Facebook ist außerdem ein wichtiger Traffic-Lieferant für externe Webseiten geworden, weil dort immer mehr Links verteilt werden, die auf andere Online-Inhalte verweisen. So bringt Facebook Nachrichten-Seiten mehr Zugriffe als der Dienst »Google News«, der extra dafür entwickelt wurde, aktuelle Meldungen schnell zugänglich zu machen. Dem renommierten Pew Research Center zufolge ist das Fernsehen zwar noch immer die wichtigste Nachrichtenquelle, doch an zweiter Stelle liegt bereits das Internet – dort sagen bereits 52 % der US-Nutzer, dass sie ihre Nachrichten auch aus Online-Netzwerken beziehen, wo sie meist von Freunden auf etwas aufmerksam gemacht werden.

All diese Zahlen (und viele mehr) kennt auch Mark Zuckerberg. »Ich habe Twitter zu viel Aufmerksamkeit geschenkt«, sagte er Mitte Juni 2010. Denn in Wirklichkeit muss er sich nicht um den hellblauen Kurznachrichtendienst sorgen, der Insidern zufolge im Sommer 2010 bereits stagnierte, sondern kann sich voll auf die Verfolgungsjagd des Web-Giganten konzentrieren. »Wir haben diese Leute (Google, Anm.) nie gemocht«, so ein ehemaliger Facebook-Ingenieur gegenüber dem Hightech-Magazin Wired. »Wir hatten immer die Einstellung, alles was Google macht, können wir besser. Niemand hat über MySpace oder die anderen Online-Netzwerke geredet. Wir haben nur über Google geredet.«[65] Im Match zwischen der Nummer eins und der Nummer zwei des Web kann Zuckerberg das frischere Image (Google wurde 2010 immerhin zwölf Jahre, Facebook war zu dem Zeitpunkt halb so alt), potente Technologien und vor allem eines aufbieten: die genaueren Daten.

Das Daten-Match

Wenn man so will, ist Google der Online-Archivar von Informationen, aber Facebook verwaltet unsere Online-Identität. In Mountain View mag man wissen, was wir täglich suchen (Suchanfragen werden neun Monate gespeichert), was wir in E-Mails schreiben (Gmail scannt Textinhalte, um passende Werbung zu schalten), wie Straßenzüge aussehen (Street View) und wo wir uns mit unseren Handys bewegen (Android-Handys scannen WLAN-Netze). Doch von Palo Alto aus hat man es ins Innere der Privatsphäre, hinter den Gartenzaun, mitten in den Freundeskreis geschafft. »Niemand hat die

Daten, die wir haben«, soll auch Ex-Googlerin Sheryl Sandberg, die die Tagesgeschäfte von Facebook leitet, einmal gesagt haben. Bei Google geht man auf die Suche nach Informationen, die man in purer Form, als Link auf sterilem Weiß, serviert bekommt. Ob man eine Webseite, ein Foto, ein Video, eine Adresse oder einen Browser braucht – man surft zu Google, um woanders hinzugelangen. So gesehen ist Google der Weg und Facebook das Ziel. Selbst der Suchgigant kommt nicht umhin, Facebook-Seiten und öffentliche Mitglieder-Profile zu indexieren und in seinen Suchergebnissen anzuzeigen, weil sie zu einem fundamentalen Bestandteil im Internet geworden sind. Viel mehr sieht Google aber nicht: Das Menschelnde, die sozialen Verbindungen, der soziale Graph – all das bleibt der Suchmaschine verborgen, auch wenn sie diesen Teil des Web noch so gern durchforsten und katalogisieren würde. Plötzlich steht die größte Suchmaschine, die es sich zum Ziel gesetzt hat, die Informationen dieser Welt zu organisieren und allen zugänglich zu machen, vor verschlossenen Toren und hat keine Ahnung, was dahinter passiert.

Die Versuche, an eine ähnliche Datenqualität wie Facebook zu kommen, sind vielfältig. Mit dem Online-Netzwerk Orkut hat Google eigentlich schon eine vergleichbare Plattform, die nicht viel anders als Facebook funktioniert. Jeder, der einen Google-Account hat, kann sich dort anmelden, ein Profil erstellen, Freunde hinzufügen, Fotos hochladen. Doch außer in Brasilien hat der Dienst nie eine kritische Masse erreicht, obwohl er bereits seit 2004 online ist. In der Liste der wichtigsten Googledienste, die man unter http://www.google.at/intl/de/options/ findet, wird Orkut nicht einmal angeführt, was symptomatisch für die Misserfolge ist, die noch kommen sollten. Facebook stellte im Mai 2007 seine »Plattform« vor, die es fremden Entwicklern fortan ermöglichen sollte, Anwendungen (Apps) direkt bei Facebook anbieten und sich damit den mühsamen Aufbau einer eigenen Nutzergemeinde zu ersparen. Der Schachzug war genial und kam genau zu einem Zeitpunkt, als Facebook ein wenig stagnierte. Plötzlich jedoch machte sich das Online-Netzwerk selber zum Marktplatz, lagerte die Entwicklungskosten für Zusatzfunktionen an kleine Firmen aus und schuf so ein Ökosystem, in dessen Zentrum Facebook selbst stand. Bei Google dürften damals die Alarmglocken geschrillt haben, und ein halbes Jahr später brachte der Internetkonzern »OpenSocial«, eine Sammlung an Programmierschnittstellen, auf den Markt. OpenSocial ist klar gegen die Facebook-Plattform gerichtet, weil man damit Anwendungen für konkurrierende Online-Netzwerke bauen kann. Entwickler sollten so dazu animiert werden, lieber Applikationen zu programmieren, die auf vielen verschiedenen Netzwerken wie Mixi in Japan,

Netlog in Belgien, Hyves in den Niederlanden, RenRen in China, aber auch bei internationalen Größen wie MySpace, LinkedIn oder XING laufen können. Auch die deutschen VZ-Netzwerke StudiVZ, SchülerVZ und MeinVZ setzten auf OpenSocial. Doch die Dimensionen wie die Facebook-Plattform (mehr als eine Million Entwickler haben über 550.000 Apps für Facebook geschrieben) konnte man nie erreichen.

Der nächste Coup sollte Friend Connect sein: Im Dezember 2008 startete Facebook Connect und erlaubte es Nutzern, sich bei anderen Webdiensten mit den Facebook-Logins anzumelden und Daten wie Foto, Name, Adresse etc. einfach importieren zu können. So ersparte man sich das neuerliche Eintippen seiner Daten und konnte außerdem leicht Facebook-Kontakte finden, die den neuen Service ebenfalls benutzten. Google ließ mit Friend Connect nicht lange auf sich warten: Es basiert auf OpenSocial und soll Nutzern erlauben, sich mit einer ID (Google ID, YahooID, OpenID u. a.) überall dort anmelden zu können, wo der Dienst unterstützt wird. Einmal drinnen, kann man in kleinen Boxen, die ein wenig wie die Kommentarfunktion auf redaktionellen Webseiten funktionieren, mit anderen interagieren. Eine hohe Verbreitung hat Friend Connect aber nie erfahren, es wird nur von wenigen Webseiten wie www.ossamples.com oder http://blog.go2web20.net/ unterstützt. Facebook Connect, das mit den im April 2010 eingeführten Social Plugins, allen voran dem »Like«-Button, verschmolzen ist, hat mittlerweile über eine Million Webseiten integriert. Etwa 150 Millionen Facebook-Nutzer sollen diese universelle Login-Möglichkeit auch verwenden.

Enormes Medienecho schaffte Google abermals im Mai 2009, als man Google Wave auf das Web losließ. Was der neue Gratisdienst genau ist, weiß man bis heute nicht so genau. Wahrgenommen wurde er meist als Kreuzung aus Facebook, Twitter und Live-Chat, mit der man ganz hervorragend mit anderen Nutzern zusammenarbeiten kann. Um die interessierte Internetgemeinde möglichst scharf auf das neue Produkt zu machen, das schnell als E-Mail- und Facebook-Killer bezeichnet wurde, konnte man am Anfang nur hinein, wenn man von einem bestehenden Nutzer eingeladen worden war. Diese sogenannten »Invites« wurden bei eBay zeitweise um viel Geld gehandelt; als dann aber genug Menschen eingeloggt waren, verflog die Euphorie schnell. Als Google sämtliche Beschränkungen für die Nutzung von Wave ziemlich genau ein Jahr später wieder fallenließ, interessierte sich niemand mehr dafür. Im Sommer 2010 wurde Wave schließlich eingestellt.

Kurz zuvor, im Februar 2010, machte Google wieder Schlagzeilen, diesmal mit dem Start von Google Buzz, das von Sergey Brin höchstpersönlich präsentiert wurde. Diesmal setzte man mit der Brechstange an: Der neue Dienst, der ein wenig an Twitter erinnert, wurde in Gmail integriert, in jenes E-Mailsystem, das fast 200 Millionen Menschen verwenden. Anstatt aber eine möglichst große Nutzerzahl in den neuen Service zu bugsieren, verscherzte Google es sich ein weiteres Mal mit Datenschützern. Beim Start wurde man als Gmail-Nutzer automatisch mit allen vernetzt, mit denen man besonders oft E-Mails schrieb oder chattete – was einer Verletzung der Privatsphäre, in der sich die Gmail-Nutzer wähnten, gleichkam. Immerhin hatten sie sich für einen E-Mail-Service angemeldet und nicht für ein Online-Netzwerk. Mehrere Datenschutz-Organisationen erhoben Beschwerde gegen die Neuerungen – Google musste zurückrudern, sich entschuldigen und in einem neuen Dialogfenster den Nutzern die Einstellungen neu überarbeiten lassen. Durchgesetzt hat sich Buzz trotzdem nicht, von humorvollen Kritikern wird es als Google Echo bezeichnet, weil dort fast ausschließlich von Twitter automatisierte Nachrichten durchgeleitet werden, anstatt dass aktive Nutzung stimuliert wurde. Ende Juli 2010 schließlich kamen Gerüchte (von Digg-Gründer Kevin Rose und dem ehemaligen Facebook-CTO Adam D'Angelo gestreut) auf, dass mit »Google Me« der nächste Angriff auf Facebook bevorstehen würde – diesmal als echtes Online-Netzwerk, das bestehende Googledienste zusammenfasst und alle zentralen Funktionen einer Freunde-Plattform (Newsfeed, Statuts-Updates, Privatsphäre-Einstellungen etc.) bietet. Zentral dabei ist die Integration von Spielen, weswegen Google eine Partnerschaft mit Zynga anstrebte und Gerüchten zufolge sogar 200 Millionen Dollar investiert haben soll. Die Games sind schließlich die letzte Komponente, die Google zu einem Online-Netzwerk für Privatnutzer fehlt – die Kommunikationskanäle (Gmail, Google Chat, Google Buzz etc.) sowie die Inhalte (YouTube, Picasa, Blogger, etc.) haben sie bereits.

Die soziale Suche

»Hier im Silicon Valley fangen gerade alle an, Facebook als Suchmaschine zu benutzen. Das macht die Google-Jungs natürlich furchtbar nervös«, erzählte mir der Österreicher Roman Scharf, der ehemalige Jajah-Gründer, der in Mountain View, keine zehn Minuten vom Googleplex entfernt, gerade ein neues Start-up namens Talenthouse aufzieht. Wir saßen auf der Castro Street in einem kleinen Straßencafé, nahe des Büros der Mozilla Foundation, und unterhielten uns darüber, was aus Facebook wohl einmal werden könnte. »Google hatte viel zu lange viel zu leichtes Spiel«, sagte Scharf. »Lange glaubte man, dass die große Google-Konkurrenz von dem Microsoft-Yahoo!-Deal ausgehe. Kaum jemand hat mit Facebook gerechnet.« Dass sich Facebook zu einer Suchmaschine entwickeln könnte, davon sprechen mittlerweile viele, und zwar nicht nur, weil seit dem Microsoft-Investment deren Suchtechnologie Bing im Hintergrund von Facebook werkt. Nicht umsonst ist das Suchfeld, das oben auf jeder Facebook-Seite und jedem Profil eingeblendet wird, über die Jahre immer größer und prominenter platziert worden. Doch nicht Bing selbst, sondern Facebooks Open Graph ist das Revolutionäre, das unser Suchverhalten im Web auf den Kopf stellen könnte.

Die Google-Suche ist auf Hyperlinks aufgebaut, denn in der geheimen PageRank-Formel sind die Links zwischen Webseiten und Dokumenten jener Faktor, der die Qualität eines Online-Inhalts bestimmt. Je mehr Links von wichtigen Webseiten auf eine andere verweisen, desto höher ist deren Page-Rank, sie wird bei einer Suchanfrage höher in der Ergebnisliste platziert. Dieses System haben sich Brin und Page aus der Wissenschaft geborgt: Dort wird die Qualität eines Wissenschaftlers und seiner Forschungsergebnisse zumeist darüber bestimmt, wie häufig er von Kollegen zitiert wurde. Je öfter andere Forscher auf ein bestimmtes Werk verweisen, desto relevanter, so die Annahme, muss dieses sein. Die Google-Suche funktioniert nach demselben Prinzip. Ganz anders bei Facebooks Open Graph: Hier werden Links zwischen Menschen bzw. ihrer Online-Identität und Web-Inhalten wie einem Musikstück, einem Video, einem Text, einem Blogeintrag, einer ganzen Webseite hergestellt. Das erledigt nicht Facebook für die Nutzer, sondern diese selbst, und zwar im Vorbeisurfen. Immer wenn sie einen Like-Button irgendwo im Netz anklicken, gestehen sie eine Zuneigung zu einem Online-Inhalt.

»Die ›Likes‹ sind nichts anderes als eine Bewertung des Internet. Stell dir mal vor, heute würde Google gegründet werden, und Sergey Brin und Larry Page überlegen sich gerade, was die coolste Form der Internetsuche wäre. Sie würden sicher sagen, dass es am besten wäre, wenn die Nutzer selber durch das Internet surfen und es dabei indexieren«, sagt der Wiener Andreas Klinger, der mit der Entwicklung von Facebook-Applikationen für Bild.de oder Ö3 sowie mit der Facebook-Connect-Integration bei ATV oder dem »Like«-Button bei seinem Mode-Start-up www.garmz.com reichlich Erfahrung mit dem Open Graph gesammelt hat. »Der PageRank-Algorithmus von Google versucht, auf Basis der Tatsache, dass Webseiten von Menschen gemacht werden, die Qualität dieser Webseiten zu bewerten, indem er abfragt, wie viele andere Webseiten auf diese verlinken.« Diesen Umweg erspart sich Facebook und liefert Suchergebnisse, die auf den direkten Verbindungen von Menschen zu Inhalten basieren.

In der Praxis bedeutet das Folgendes: Wenn ich bei Facebook nach dem Stichwort »Italienisch« suche, bekomme ich zwar keine Treffer, die mich zu auswärtigen Webseiten von Restaurants, Sprachlehrern oder Musikern führen. Trotzdem könnte unter den 459 Ergebnissen, die alle Facebook-Seiten zu dem Thema beinhalten, etwas Wertvolles dabei sein. Denn diese Facebook-Seiten stehen durch den Like-Button entweder mit einer Webseite außerhalb von Facebook oder mit einer Facebook-Gruppe in direkter Verbindung. Diese Facebook-Seiten können von jedem bewertet werden, wodurch sich eine Reihung ergibt, die die Suche anzeigen kann. Haben viele Nutzer einen virtuellen Daumen für die Pizzeria X gehoben, steht diese oben in den Treffern, hat eine Italienischlehrerin viele Freunde, wird sie weiter oben angezeigt. Das ist aber noch nicht alles, wozu Facebook in der Lage ist. Denn die Suchergebnisse können personalisiert werden, indem die Stimmabgaben (»Likes«) der eigenen Freunde schwerer gewichtet werden als jene von Nutzern, mit denen man nur über viele Ecken vernetzt ist. Oder wie es der Ex-Jajah-Gründer Roman Scharf ausdrückte: »Die Meinung meiner Freunde ist immer wichtiger als die eines Computers.« Haben also 1000 Wiener die Pizzeria A zu ihrem Lieblingslokal gewählt, heißt dass noch lange nicht, dass diese auch der Top-Treffer ist. Denn wenn die meisten meiner Freunde die Pizzeria B bevorzugen, wird das der wichtigste Treffer meiner eigenen Suche.

»Technisch gesehen ist die Suchmaschine von Google simpler als die von Facebook. Google hat zwar eine größere Datenmenge. Man kann Anfragen in bestimmten Regionen abspeichern und einen Hot Index anlegen. Dieser versucht dann zu erraten, was der Nutzer wahrscheinlich meint. Bei Facebook geht das nicht, weil jede Suchanfrage für jeden Nutzer eine andere Bedeutung hat. Wenn ich Max Mustermann suche, ist das mein Max Mustermann und nicht irgendein anderer«, so der Facebook-Experte Andreas Klinger. Facebook könne so gut wie nichts zwischenspeichern, weswegen eine Zentralinstanz sehr leistungsstarker Server die Suchergebnisse »live« ausliefern muss. Das ist natürlich eine Anforderung an die etwa 60.000 Facebook-Server, aber auch ein großer Vorteil gegenüber Google: Denn anhand der »Like«-Buttons, die auf über einer Million Webseiten installiert sind, hat Facebook eine Art Live-Index über einen Teil des Web und kann Veränderungen in Echtzeit feststellen. Klicken plötzlich Tausende Nutzer den »Gefällt mir«-Knopf beim neuen Geheimtipp, der Pizzeria C, verändert das live die Suchergebnisse von Facebook – wieder personalisiert für jeden einzelnen Nutzer.

Noch ist Facebook ein Winzling im Such-Business und wird von der großen Mehrheit sicher nicht als Suchmaschine wahrgenommen. Im Februar 2010 hat das Online-Netzwerk 2,7 % aller Suchanfragen in den USA abgewickelt, insgesamt waren es 647 Millionen Eingaben. Damit ist man deutlich kleiner als Ask.com, Bing und Yahoo!, und selbst bei YouTube, eBay oder Craigslist wurden mehr Suchanfragen gestellt als bei der zweitgrößten Webseite der Welt. Allerdings sind die Suchanfragen bei Facebook bis Juni 2010 nicht gestiegen, sondern pendelten sich bei etwa 600 Millionen ein.[66] Google ist sich dieser Gefahr trotzdem sehr bewusst und scheint zu spüren, dass dieser Live-Index, den Facebook versucht aufzubauen, Potenzial birgt. So hat man Anfang Juni 2010 mit Caffeine einen neuen Suchindex gestartet, der aktuellere Ergebnisse bringen soll. Der alte Index, also das Verzeichnis aller Webseiten, war in verschiedene Schichten eingeteilt, von denen manche öfter, manche seltener aktualisiert wurden. Caffeine bearbeitet jetzt einige 100.000 Webseiten pro Sekunde und arbeitet sich so häppchenweise durch das Online-Universum, immer auf der Suche nach neuen oder veränderten Informationen. Pro Tag soll Caffeine ein paar Hundert Gigabyte an neuen Informationen auf die Google-Server schaufeln. An eine Echtzeit-Suche, wie sie offenbar bei Facebook mithilfe der über 500 Millionen Nutzer, die ins Internet ausschwärmen, entsteht, kommt Google aber nicht heran. Und so sozial wie Facebooks Suche ist, kann Google nie sein – ob das gut oder schlecht ist, ist eine andere Frage.

Ende Juli 2010 hat das Online-Netzwerk außerdem »Facebook Questions« gestartet: Über diese neue Funktion können Nutzer Fragen stellen und diese von anderen Mitgliedern beantworten lassen. Statt einem Status-Update kann man nun auch eine Frage in die Runde werfen und darauf hoffen, dass sich ein selbsternannter Experte bei dem Thema auskennt. Das Konzept ist nicht neu, schließlich hat der Ex-Facebooker Adam D'Angelo mit Quora.com einen mehr als ähnlichen Dienst schon früher präsentiert. Auch dieses neue Feature zeigt, wohin Zuckerberg will: Nicht eine Suchmaschine soll definieren, welche Antworten auf Suchanfragen der Nutzer bekommt, sondern seine Kontakte bei Facebook.

Kampf um den Werbemarkt
Vielleicht will Facebook aber gar nicht zur Suchmaschine mutieren, neben den Ergebnissen Werbung schalten und unter die Treffer bezahlte Anzeigen mischen. Ein solches Modell verlangt immer einen aktiven Suchenden, und

Facebook ist noch lange nicht dort angekommen, als Suchmaschine wahrgenommen zu werden. Es geht nach wie vor nicht um Information, sondern um Kommunikation, und in diese Kommunikation will die Werbung eingreifen und mitreden. Wer es einmal ausprobiert hat oder ohnehin seine Werbung regelmäßig dort bucht, der kennt den gravierenden Unterschied zwischen den beiden Systemen: Bei Google kauft man sich Stichwörter ein und kann dann die Reichweite im Wesentlichen über das Sprachgebiet und geografische Regionen (z. B. Deutschland und Österreich) eingrenzen. Das Targeting, also das Festlegen der Zielgruppe, die die Anzeige sehen soll, erfolgt also geografisch und vor allem kontextuell. Bei Google AdWords nimmt der Inhalt der Werbung immer Bezug auf den danebenstehenden Inhalt. Wenn ich nach »Auto« suche, bekomme ich Werbung von BMW, einem Gebrauchtwarenhändler und einem Limousinenverleih. Wer ein Gmail-Konto hat, kennt das Prinzip: Neben E-Mails, in denen es um einen verlorenen Schlüssel, einen gekündigten Job oder ein gestohlenes Auto geht, poppt mit ziemlicher Sicherheit ein Angebot eines Schlüsseldienstes, einer Job-Börse oder einer Versicherung auf. Google ist es dabei ziemlich egal, wie der E-Mail-Schreiber oder der Suchende heißt, wo er wohnt und wer seine Freunde sind, so lange er durch Texteingabe preisgibt, was ihn interessiert. Passend dazu kann Werbung geschaltet werden, sowohl neben den Suchergebnissen als auch im Gmail-Account.

Die Nutzer werden dabei funktional identifiziert, wie mich Hans Zeger von Arge Daten, der Österreichischen Gesellschaft für Datenschutz, in einem Interview wissen ließ. »Im Internet ist man selten mit seiner formellen Identität unterwegs. Aber man kann Menschen funktional identifizieren, denn es gibt eine Fülle von Techniken, mit denen man jemanden, der scheinbar anonym im Internet unterwegs ist, identifizieren kann. Man weiß zwar nicht: Das ist der Hans Zeger mit Wohnadresse sowieso, aber man weiß: Hinter diesem Zugriff steckt eine bestimmte Person, die bestimmte Webseiten aufruft und sich für bestimmte Dinge interessiert«, so Zeger, der seinen Spitznamen »Mr. Datenschutz« gar nicht gerne hört. Ihm zufolge gibt es viele Online-Vermarktungsfirmen, die Verträge mit unzähligen Webseiten haben und mittels Cookies (Mini-Programme auf der Festplatte, die Webseiten Daten über den Nutzer liefern, Anm.) Nutzer auf ihrem Weg durchs Web tracken können. »Aus diesen vielen winzigen Informationssplittern bekommt man relativ rasch ein ziemlich genaues Profil, was eine Person interessiert. Dann kann man versuchen, diese Person gezielt mit Werbung zu bespielen. Irgendwann hat sie dann auf zehn verschiedenen Webseiten die gleiche oder ähnliche Werbung gesehen und bekommt den Eindruck, dass diese Firma groß vertreten ist und ein wichtiges Unternehmen sein muss. Das wirkt viel stärker, als wenn sie etwa eine Autowerbung nur auf Auto-Webseiten bekommt«, sagt Zeger. Auch Google trackt seine Nutzer durchs Internet, und zwar immer dann, wenn man einen der Googledienste besucht, eine Webseite, die das Werbe-Programm AdSense integriert hat, oder wenn im Hintergrund einer Homepage das Analyse-Tool Google Analytics läuft. Der Google-Cookie auf der Festplatte kommuniziert mit all diesen sichtbaren und unsichtbaren Googlediensten und könnte der Suchmaschine dann viel genauer sagen, wofür sich die Person interessiert. Facebook hat den Vorteil, von vornherein ziemlich gut über den Nutzer, dem man Werbung zeigen will, Bescheid zu wissen. Im Werbeplaner kann man, wie bereits erwähnt, nach demografischen Merkmalen (Alter, Geschlecht, Familienstand, Ausbildung, Wohnort etc.) die Zielgruppe festlegen, andererseits aber auch nach deren Interessen. Facebook identifiziert seine Nutzer also nicht funktional (als Nummer unter vielen anderen Nummern), sondern formell, weiß also unseren Namen, den Wohnort, den Freundeskreis und sogar, wie wir aussehen.

Die demografische (Facebook) und die kontextuelle Werbung (Google) unterscheiden sich in der Praxis folgendermaßen: Wenn ein 15-jähriger Junge bei Google nach dem Begriff »Auto« sucht, wird er höchstwahrscheinlich dieselben Anzeigen zu sehen bekommen wie ich – von BMW, vom Limousinenverleih, vom Autohändler. Bei Facebook kann er noch so lange nach Autos suchen, die er sich nicht leisten kann und noch gar nicht fahren darf – er wird immer noch Werbung bekommen, die auf sein Alter, seine Ausbildung und sein Geschlecht passen, etwa Reklame für Handys, Softdrinks oder Computerspiele. Diese Werbeform ist deshalb vielversprechend, weil sie weniger Streuverluste hat und wohl der Hauptgrund ist, warum Google so stark in das Geschäft der Online-Netzwerke, die diese Daten generieren, vordringt. Doch die Werbewirtschaft hat noch etwas im Ärmel, was vielversprechender scheint: Behavioral Targeting, also verhaltensgesteuerte Werbung.

»Behaviorales Marketing ist der Versuch, bis auf die persönliche Ebene vorzudringen und vollständig automatisiert individuelle Informationen zu verbreiten«, sagt Zeger von Arge Daten. Die Autoren von »Soziale Netzwerke im Internet«, Mathias Groß und Christoph Mörl, messen dem Behavioral Targeting großes Potenzial zu und beschreiben es folgendermaßen: »Die Idee hinter dieser speziellen Form des Targetings ist die Wiedererkennung von Nutzern des eigenen Angebots auf Websites von Drittanbietern mit einer Profilsegmentierung in Echtzeit. Diese ermöglicht eine personalisierte Werbeansprache und die direkte Zuweisung von Werbebotschaften. Damit wird Werbung an Menschen und nicht an Umfelder ausgeliefert, wo ein bestimmtes Verhalten nur angenommen wird«, schreiben sie.[67] Übersetzt heißt das: Nutzer, deren demografische Daten bekannt sind, werden auf ihrem Weg durchs Web getrackt und bekommen auf allen Partnerseiten der Werbeplattform hochgradig personalisierte Werbung zu sehen, die sowohl auf ihr Alter, ihr Geschlecht und ihren Wohnort als auch auf ihre Interessen und ihr Surfverhalten abgestimmt ist und das möglicherweise auch ihr soziales Umfeld, also die Meinung ihrer Freunde mitberücksichtigt. Sieht man sich das System an, das Facebook aufbaut (die Like-Buttons, die Interessenprofile, die demografischen Daten, den sozialen Graph der Nutzer), so passt es ziemlich genau in das Konzept des behavioralen Targetings, das sicher auch Facebook-Werbexpertin Sheryl Sandberg bekannt ist. Facebook bräuchte gar keine Suchmaschine zu werden, sondern könnte ein ultimatives Empfehlungssystem etablieren. Die Software dafür gibt es schon, und zwar die »Recommendations«-Box, eines der Social Plugins, das gleichzeitig mit dem Like-Button veröffentlicht wurde. Die Box zeigt personalisierte Empfehlungen für die Nutzer auf Drittseiten an.

So schön und ausgefeilt solche Konzepte auch sind, die Rechnung wurde bisher ohne die Nutzer gemacht. Eine Untersuchung des deutschen Marktforschers Fittkau & Maaß ergab, dass die Mehrheit der deutschsprachigen Internetnutzer (50,7 %) personalisierte Werbung ablehnt. Nur 5,7 % sagen, dass derart maßgeschneiderte Werbung einen Mehrwert für sie hätte, weil man dann genau das vorgeschlagen bekommt, was man ohnehin braucht. 62 % würden sich durch diese Art der Online-Reklame beobachtet fühlen und sähen den Schutz ihrer persönlichen Daten in Gefahr.[68] Spätestens ab dem Zeitpunkt, an dem sich Menschen ausspioniert und einem übermächtigen Werbesystem ausgeliefert fühlen, wird es ernst. Immer wieder geistert eine Geschichte durch die Medien: Einige Studenten haben sich bei Facebook über den Finnlandurlaub unterhalten, als plötzlich auf nahezu gespenstische Weise Werbung von Finnair in ihren Profilen auftauchte. Ob sie nun stimmt oder nicht: Auf vergleichbare Situationen muss man sich in Zukunft gefasst machen, wenn das Phänomen Facebook weiter um sich greift.

Die Facebook-Falle

Zuckerbergs Online-Netzwerk hat eine unglaubliche Sogwirkung entfaltet. Es gibt bereits Firmen, die auf die Funktionen eigener Webseiten verzichten und ihre Internetpräsenz zu Facebook verlagern. Ein Vorreiter ist der Süßwarenhersteller Skittles, der auf www.skittles. com nur mehr Web-2.0-Inhalte, die Nutzer bei YouTube, Flickr, doch in erster Linie Facebook erstellen, zusammenlaufen lässt. Das Männermagazin FHM hat im Sommer 2010 seine Homepage stillgelegt und leitet von dort auf seine Facebook-Seite weiter, der Skiproduzent K2 lässt seine neue Kollektion nur jene Nutzer sehen, die auf die Page kommen und den »Like«-Button klicken. Nach der Wirtschaft wurde auch die Politik von dem Sog erfasst. Barack Obamas Kampagne für die US-Präsidentenwahlen 2008 gilt als Paradebeispiel, da sie das erste Mal im großen Maßstab und erfolgreich Social-Media-Dienste einsetzte. Obama erhielt dabei sogar Unterstützung von einem Ex-Facebooker, dem Mitbegründer Chris Hughes. Herzstück der Online-Kampagne war die Webseite my.barackobama.com, wo sich Unterstützer in Gruppen organisieren, Aktivitäten koordinieren und Spenden sammeln konnten. Neben E-Mails und Handy-Applikationen waren Online-Netzwerke, allen voran Facebook, zentraler Bestandteil. Mit wenigen Klicks konnten Fans der Facebook-Page ihren Kontakten Inhalte über Obama weiterleiten sowie ihre Spendenaktivitäten und Teilnahme an Wahlkampf-Events veröffentlichen. Insgesamt wurden für Facebook-Anzeigen 643.000 Dollar (zirka 490.000 Euro) ausgegeben, und während Obamas Angelobung wurden 4000 Status-Updates pro Minute zu dem Thema gepostet. Neben Facebook wurden auch LinkedIn, MySpace, Twitter, YouTube, Flickr und einige andere Online-Netzwerke mit der Kampagne bedient.[69]

Auch in Österreich gibt es seit der Präsidentschaftswahl 2010, bei der der amtierende Bundespräsident Heinz Fischer mit einer überragenden Mehrheit von 79,33 % der Stimmen wiedergewählt wurde, ein Beispiel für eine Social-Media-Kampagne. Seine Wiederkandidatur gab Fischer nicht via TV oder Printmedien bekannt, sondern in einem Video auf YouTube. Damit war vom ersten Moment an klar, dass Mitmach-Plattformen zentraler Bestandteil der Online-Kampagne werden sollten. Fischer engagierte für die Umsetzung Astrid Salmhofer als Pressesprecherin, Stefan Bachleitner als Kampagnenleiter, den ehemaligen Profil-Journalisten Josef Barth, der heute als Strategieberater für digitale Kommunikation tätig ist (http://josefbarth. com), sowie Wolfgang Zeglovits von der Innovationsagentur Datenwerk (www.datenwerk.at). Die beiden Letzteren holten sich ihr Know-how u. a. direkt bei Obamas Kampagnen-Machern und lehren außerdem an der Universität Wien. Als wichtigste Anlaufstelle für Interessierte diente dabei die Webseite www.heifi2010.at, auf der ähnlich wie bei Obamas Kampagne die verschiedenen Social-Media-Kanäle zusammenliefen.

»Wir haben nicht selbst Kanäle definiert, auf denen wir erreichbar sind, und gesagt: Hallo, hier könnt ihr uns finden oder lasst es bleiben. Wir haben es umgekehrt gemacht. Wir haben uns angesehen, wo die Menschen kommunizieren. Das war zum Zeitpunkt der Kampagne natürlich in einem hohen Maße Facebook als Web-2.0-Einsteigerplattform«, erzählte mir Wolfgang Zeglovits. »Es läuft nicht so, dass man vor dem Fernseher sitzt, Heinz Fischer sieht und dann auf Facebook geht und sein Fan wird. Viel eher bekommt man mit, wie Freunde auf Facebook seine Unterstützer werden. Da entsteht wirklich ein Netzwerk-Prozess.« Etwa 19.000 Nutzer drückten ihre Unterstützung für Heinz Fischer auf seiner Facebook-Seite aus – und bekamen dafür etwas zurück. »Es gab mehrere Fälle, in denen die Gesamtkommunikation geändert wurde und wir gesagt haben: Die Menschen, die sich bei Facebook öffentlich als Unterstützer deklariert haben, haben das Recht, gewisse Dinge früher zu erfahren«, so Zeglovits' Wahlkampfkollege Josef Barth. Am Wahlabend bringt die »Zeit im Bild« des ORF-TV traditionell um 19:30 Uhr einen Live-Einstieg, in dem die Kandidaten erstmalig öffentlich ein Statement zum Wahlergebnis abgeben und Sieg oder Niederlage kommentieren. Um Punkt 19 Uhr ging jedoch schon eine Dankesmeldung von Heinz Fischer bei Facebook online, die gleich nach der ersten Hochrechnung von seinem Online-Team aufgezeichnet wurde. Die ersten Worte an die Österreicherinnen und Österreicher wurden also nicht über die klassischen öffentlich-rechtlichen TV-Sender gespielt, sondern direkt an die Facebook-Unterstützer.

Fischer hat allerdings nicht persönlich Status-Updates geschrieben, Videos hochgeladen und Kommentare auf seiner Facebook-Seite beantwortet – das war Aufgabe seines Wahlkampfteams, dem er bei der Arbeit aber regelmäßig über die Schultern schaute. »Diesen Zweifel der Menschen, ob er das selbst geschrieben hat oder nicht, den kriegt man nie ganz weg. Da war es die authentischste Art, ihn in Videos sprechen zu lassen«, erklärte mir Barth. »Diese Clips waren der beste Weg, zu zeigen, dass er das auch so gesagt hat und ihm der Kontakt via Facebook auch ein persönliches Anliegen ist, für das er sich gern Zeit nimmt.« In Zukunft soll Fischers Facebook-Seite der Kommunikation mit den Bürgern dienen, wie mir Barth und Zeglovits versicherten. »Es wird ein neuer politischer Prozess in Gang kommen, da man via Facebook sehr viel schneller Gleichgesinnte finden kann und mit Social

Media jedem ein Megafon in die Hand gedrückt wurde«, so Barth. »Die Parteien sind gut beraten, auf das Netz zu hören, weil sie sonst Gefahr laufen, an den Menschen vorbeizuarbeiten. Der Wähler redet jetzt zurück, auch abseits von Wahltagen – und das ist gut so.« In Zukunft werden die Parteien nicht umhinkommen, ihre Aktivitäten auch bei Facebook, Twitter und Konsorten zu intensivieren, denn eines haben Barth und Zeglovits in jedem Fall erreicht: Sie haben eine Messlatte für zukünftige politische Kampagnen gelegt.

Zu hoffen bleibt, dass Facebook die Partizipation an Politik neu entfachen kann. Nach Jahren der Politikverdrossenheit – auch bei Fischers Wiederwahl war die Wahlbeteiligung ein weiteres Mal gesunken – besteht die Chance, dass Bürger wieder zum Megafon (auch wenn es nur ein virtuelles ist) greifen und Meinung äußern.

»Ich glaube, dass in Österreich ein enormer Nachholbedarf darin besteht, Dinge laut auszusprechen. Viel wird nur hinter vorgehaltener Hand gesagt. In Deutschland beispielsweise werden Dinge öffentlich ausgesprochen, über die bei uns stiller Konsens herrscht, sie gar nicht erst anzusprechen«, sagte Barth zu mir. »Mit dem Siegeszug einer neuen Öffentlichkeit durch das Social Web werden Menschen wieder daran gewöhnt, einen Standpunkt öffentlich zu vertreten.« Ob und wann die Mitmach-Welle auch die politische Mitsprache erfasst, ist nicht abzusehen. Denn vorerst führen Nutzer, Kritiker und Datenschützer einen verbissenen Kampf um ihre Privatsphäre, die Facebook mit immer neuen Regeln und Voreinstellungen zurückdrängt.

»Die Öffentlichkeit und die Permanenz, das ist das Neue«, erläuterte mir der angesehene deutsche Wissenschaftler und Unternehmensberater Prof. Peter Kruse in einem langen Telefongespräch. »Ich garantiere Ihnen, dass die Jugend heute kein Stückchen freizügiger ist als zu anderen Zeiten. Doch normalerweise redete man darüber am Schulhof, und dort kriegt es kein Schwein mit. Doch im Internet liest jeder mit, weil es dummerweise die Flüchtigkeit des Gesprächs mit der Dauerhaftigkeit des Buches verbindet.« Genau hier liegt das große Problem, das Facebook verursacht: Mit der Öffentlichkeit, zu der die mehr als 500 Millionen Internetnutzer gedrängt werden, wissen nur die Wenigsten richtig umzugehen. Außerdem greift das Phänomen Facebook in immer mehr Lebensbereiche ein: Es betrifft Privat- wie Berufsleben, verändert unsere Wahrnehmung der Realität, überwacht zunehmend unsere gesamte Internetnutzung, unterwirft Laien einer Medienlogik und erfasst auch Menschen, die gar nicht mitmachen wollen.

Privatsphäre am Ende

Im November 2008 verlor eine 18-Jährige ihre Position als Cheerleaderin der New England Patriots, einer Football-Mannschaft aus Massachusetts, weil delikate Fotos auf ihrem Facebook-Profil gefunden worden waren.[70] Im selben Monat wurde in Großbritannien ein Geschworener abgesetzt, weil er seine Facebook-Freunde bei der Beurteilung des Falles um Hilfe bat.[71] Eine Schweizer Angestellte der Versicherungsgesellschaft Nationale Suisse wurde im April 2009 gefeuert, weil sie im Krankenstand beim Facebook-Surfen ertappt worden war. Sie hatte behauptet, gesundheitsbedingt nicht am Computer arbeiten zu können, der Arbeitgeber sah daraufhin das Vertrauensverhältnis zerstört.[72] Im Juli 2009 stellte die Frau des britischen Geheimdienst-Chefs Privatfotos online, die ihn in der Badehose zeigten.

Diese Fälle haben immer eines gemein: Mitglieder des Online-Netzwerks brachten sich in Schwierigkeiten, weil sie die Reichweite ihrer Veröffentlichungen stark unterschätzt hatten. Dinge, von denen sie glaubten, nur einen engen Freundeskreis wissen zu lassen, landeten auf den Bildschirmen von Arbeitgebern, Kollegen und sogar Richtern und hatten erhebliche Auswirkungen auf Job, Karriere und Ruf.

Facebook ist mit Schuld, wenn Privates plötzlich an die Online-Öffentlichkeit drängt. Zum einen waren die Einstellungen, mit der die Nutzer die Zugänglichkeit zu ihren Fotos, Videos und Status-Updates festlegen, lange sehr kompliziert und für Durchschnittsnutzer kaum zu gebrauchen. Zum anderen hat Facebook seit seiner Gründung immer wieder neue Regeln festgelegt, die zuvor Privates ungefragt einem viel größeren Publikum offenbarten. Der US-Amerikaner Matt McKeon, der bei IBM als Entwickler arbeitet, hat in einer aufwendigen Grafik (siehe http://mattmckeon.com/facebook-privacy) dargestellt, wie sich die Privatsphäre von Facebook zwischen 2005 und 2010 entwickelt hat. Der Unterschied ist eklatant: Waren 2005 nur Name, Profilbild, Geschlecht und die Mitgliedschaften bei Netzwerken allen Facebook-Nutzern zugänglich, sind fünf Jahre später, im April 2010, bis auf Kontaktinfo und Geburtstag sämtliche Daten wie Fotos, Freunde, Geschlecht, Profilbild und Status-Updates nicht nur allen Facebook-Nutzern, sondern sogar allen Internetnutzern zugänglich.

Zwar musste Zuckerberg nach einer Welle der Kritik im Mai 2010 ein wenig zurückrudern, dennoch sehen die von Facebook empfohlenen Privatsphäre-Einstellungen, die automatisch für jeden neuen Nutzer übernommen werden, heute wie folgt aus: Sämtliche Fotos, Status-Updates und Beiträge sind für »alle« sichtbar, genauso wie der Lebenslauf und Kontakte zu Familienmitgliedern und Kindern. »Alle« bedeutet bei Facebook, dass diese Informationen jedem der weltweit mehr als 1,8 Milliarden Internetnutzer zugänglich sind und über Suchmaschinen ausfindig gemacht werden können. Außerdem sind Name, Profilbild, Geschlecht und Netzwerke (z. B. Schulen, Arbeitgeber) immer für »alle« sichtbar und können nicht verborgen werden. Weiters empfiehlt Facebook, dass Fotos und Videos, in denen man markiert wurde, religiöse Ansichten und politische Einstellungen sowie der Geburtstag für »Freunde von Freunden« einsehbar sein sollte. Was wie ein kleiner Kreis an Bekanntschaften klingt, ist real eine Menge von 16.900 Personen, da jeder Nutzer im Schnitt 130 Kontakte hat. Schließlich, so rät das Online-Netzwerk, soll man seine Anschrift, seine Telefonnummer, seine E-Mail-Adresse und die Möglichkeit, Kommentare auf der eigenen Profilseite schreiben zu dürfen, nur »Freunden« geben – also den erwähnten, durchschnittlich 130 Personen. Wer diese empfohlenen Einstellungen übernimmt, dem muss klar sein, dass er einer sehr großen Anzahl von Personen Zugriff auf möglicherweise heikle Informationen gibt.

Die immer weitere Öffnung der Privatsphäre hat System, denn Zuckerberg schwebt ein Konzept vor, das er »radikale Transparenz« nennt. In einer offeneren und transparenteren Welt, so seine Annahme, würden die Menschen ehrlicher handeln und gezwungen sein, für ihr Verhalten einzustehen. Insgesamt würde das ein besseres Zusammenleben ermöglichen. Deswegen ist Zuckerberg auch der Meinung, dass es bei einer Person, die zwei verschiedene Identitäten pflegt, an Integrität mangelt.[73] Für ihn gibt es nur eine Online-Identität und die soll man natürlich bei Facebook anlegen und pflegen. In der Theorie klingen seine Überlegungen gut: So wäre das Facebook-Profil eines Politikers gleichzeitig das Archiv, das stets gegen ihn verwendet werden kann. Spinnt man Zuckerbergs Idee jedoch weiter, stößt man schnell an ihre Grenzen: Was ist mit Menschen, die ihren Beruf nicht als Berufung sehen und in ihrer Freizeit eine andere Identität annehmen möchten? Was ist mit den verschiedenen Lebensabschnitten, in denen Jugendsünden nicht spätere Arbeitsverhältnisse belasten sollten? Was ist mit Personen, die Krankheiten, sexuelle Vorlieben, religiöse Überzeugungen und politische Ansichten lieber nicht mit der Öffentlichkeit teilen wollen, weil ihnen daraus Nachteile erwachsen würden?

Außerdem kann man Zuckerberg und seiner Firma vorhalten, nicht nur im Dienste einer besseren Gesellschaft, sondern vor allem im Interesse des eigenen Profits zu handeln. Oft wird verkürzt dargestellt, das Online-Netzwerk veröffentliche nur deswegen so viele Daten, um besser Werbung schalten zu können. Das stimmt so nicht: Auch wenn ich alle meine Facebook-Inhalte vor allen anderen verberge, bekomme ich trotzdem personalisierte Werbung zu sehen, da diese einfach auf meine persönlichen Daten abgestimmt ist. Die Realität ist etwas komplizierter: Je mehr Daten für alle Internetnutzer bei Facebook abrufbar sind und nicht hinter Privatsphäre-Einstellungen versteckt werden, desto mehr Inhalte gibt es, die von Suchmaschinen durchforstet werden können. Dadurch steigt die Wahrscheinlichkeit, dass ein Web-Surfer auf einer Facebook-Seite landet, um dort Informationen über Personen, vermehrt jedoch auch über Firmen und Produkte abzurufen. Insgesamt steigt somit der Traffic, der bei Facebook eingeht, als auch die Zeit, die Mitglieder und andere dort verbringen – die Plattform wird für Werbetreibende attraktiver. Außerdem sind Menschen – wie Zuckerberg und seine rechte Hand Sheryl Sandberg stets betonen – leichter zu finden, wenn ihre Daten wie Name, Foto etc. zugänglich sind. Daraus ergeben sich sehr lange Kontaktlisten, die wiederum wichtig für die Werbetreibenden sind: Denn je mehr Facebook-Freunde ich habe, desto mehr von ihnen bekommen Nachrichten in ihren News Feed gespült, welche Facebook-Seiten ich mit einem »Gefällt mir« versehen habe. Es ist also im Interesse von Facebook, dass sich die Nutzer mit möglichst vielen anderen Mitgliedern vernetzen und nicht nur ihren echten Freundeskreis abbilden. Deswegen hat Facebook auch nie eingewilligt, das umstrittene »Opt-Out«-Verfahren fallen zu lassen (Nutzer müssen aktiv ihre Privatsphäre überarbeiten, um Daten weniger zugänglich zu machen) und zum »Opt-In«-Prinzip (die Grundeinstellungen sind »privat«, nur wer will, stellt sie auf »öffentlich«) zu wechseln. Das wird sich auch nicht ändern, denn auf der Facebook-Pressekonferenz Ende Mai 2010 erklärte Zuckerberg: »Jetzt haben wir ein Privacy-Modell, mit dem wir um weitere Hunderte Millionen Nutzer wachsen können. Das ist das Ende der Überholungen, die wir machen. Eine der Lehren, die wir gezogen haben, ist: Spiel dich nicht mit den Privatsphäre-Einstellungen.«

Die Mehrheit der Nutzer kümmert sich entweder nicht um ihre Einstellungen oder hat sich mit dem Privatsphäre-Modell arrangiert. Der 22-jährige Luca Hammer, einer der wichtigsten Blogger in Österreich (www.2-blog.net), wird in TV-Gesprächsrunden gern als Vertreter der »Generation Facebook« vorgestellt. Bei einer heißen Schokolade erklärte er mir: »Was in Facebook ist, ist öffentlich. Ich würde mir etwas vormachen, wenn ich etwas auf ›privat‹ stelle. Ich habe mich damit abgefunden, dass es keine Privatsphäre gibt.« Bei mehr als 750 Facebook-Freunden hält er es für sehr wahrscheinlich, dass irgendwer seine Daten weiterleitet, kopiert, Accounts gehackt werden oder jemand vergisst, sich auszuloggen und so einem Fremden Zugriff gibt. »Ich glaube, dass die Leute mit der Zeit immer offener werden. Sie stellen mehr Sachen online, machen sich nicht mehr ganz so viele Sorgen, was Datenschutz betrifft. Sie lernen viel mehr neue Leute kennen, und der Sinn, das Ganze sehr privat zu halten, verschwindet«, sagte Hammer. Mit dem rasanten Tempo, mit dem Facebook die Privatsphäre Stück für Stück demontiert, können Menschen wie Luca Hammer, der als langjähriger Blogger weiß, wie mit Internet-Öffentlichkeit umzugehen ist, klarkommen, die breite Masse jedoch nicht. So erklärte mir Christian Swertz, Medienpädagoge an der Universität Wien: »Wir werden alle zu Königen. Dadurch, dass sich alle im Internet zeigen können, wird jeder zu einer öffentlichen Figur. Früher hat sich jeder dafür interessiert, was der König zum Frühstück gegessen hat. Inzwischen interessiert das nicht nur beim König, sondern bei einer Masse von Leuten.« Der große Unterschied zu heute, so Swertz: Der König vor 200 Jahren wusste, wie man sich öffentlich verhalten muss, weil er es von Kind auf beigebracht bekam. Niemand bekomme heute erklärt, wie man mit einer Öffentlichkeit von 130, 17.000 oder gar 1,8 Milliarden potenziellen Lesern umgeht.

Mit der steigenden, ungewohnten Transparenz gehe ein neues Problem einher, wie mir Georg Markus Kainz vom Wiener Datenschutz-Verein »quintessenz« schilderte, der jährlich die »Big Brother Awards« veranstaltet, bei denen besonders dreiste Verletzungen von Privatsphären »ausgezeichnet« werden. »Ich bin nach Wien gekommen, weil ich mich in Graz nicht anonym bewegen konnte. Meine Mutter hat immer sofort gewusst, wo ich mit wem gewesen bin, weil es sich einfach herumgesprochen hat«, so Kainz. »Diese Anonymität der Großstadt fällt durch Facebook wieder weg. Unsere Gesellschaft wird wieder dörflich, mit allen damit verbundenen Nachteilen. Dieses ›Ich hab ja nichts zu verbergen‹ setzt voraus, dass man ein Leben nach Norm lebt. Damit verliert man die Freiheit, zu tun, wozu man Lust hat.« Weil alles überwachbar werde, steige der soziale Druck, konform zu leben. »Die eigenen Freunde werden dich maßregeln. Wir erziehen mittelfristig eine Ja-Sager-Generation heran. Weil alles, was man online schreibt, gegen einen verwendet werden kann, werden wir uns bald nicht mehr trauen, unsere echte Meinung zu sagen«, befürchtet Kainz. »quintessenz«-Kollege Christian Jeitler beschreibt diesen sozialen Druck so: »Facebook hat eine Marktmacht erreicht, die es einem mittlerweile sehr schwer macht, sich ihr zu entziehen. Eine Freundin ist zum Beispiel zum Studieren ins Ausland gegangen, und ihr kompletter Jahrgang hat sich auf Facebook organisiert. Wohnung finden, Kontakte suchen, Gruppenarbeiten machen – nichts geht dort mehr ohne Facebook. Sie hatte keine Wahl, sie musste sich bei Facebook einschreiben.« Die Rückentwicklung zu dörflichen Strukturen passt gut zu der Vorstellung eines »globalen Dorfes«, die der kanadische Philosoph und Wissenschaftler Marshall McLuhan 1962 in seinem Werk »The Gutenberg Galaxy: The Making of Typographic Man« vorstellte. Elektronische Medien lassen die Welt wieder zusammenrücken, was erhebliche Auswirkungen auf unser Privatleben hat. »Das, was wir heute als Privatleben sehen, ist eine sehr junge historische Entwicklung. Ich bin auf einer Farm in New Mexico aufgewachsen, und da war die Unterscheidung zwischen Berufs- und Privatleben sehr viel unklarer als etwa bei einem Fabrikarbeiter. Wir hatten ein paar Generationen von Menschen, die eine strikte Trennung von Arbeit und Freizeit erlebten. Durch neue Technologien verschwimmt diese Grenze wieder und bringt uns in die Zeit vor der Industrialisierung zurück«, erläuterte mir Professor Thomas W. Malone vom renommierten Massachusetts Institute of Technology in Cambridge. Dieses Aufweichen der Grenzen äußert sich bei Facebook am deutlichsten: Was privat und was öffentlich ist, ist nicht mehr klar definiert, da selbst intimste Informationen mit einem falschen Klick an eine Weltöffentlichkeit gelangen können. »Es gibt heute den Trend, dass vor allem jüngere Menschen immer weniger Privatsphäre wollen. Das wird sich fortsetzen«, glaubt Malone. »Zu wenig Privatsphäre wird aber zu einem Problem: Denn wenn ich weiß, dass alles, was ich sage, jeder wissen kann, wird es viele Dinge geben, die ich nie sagen werde.«

Weltweiter Widerstand

Das Vorgehen des Online-Netzwerks ist im Jahr 2010 zunehmend von Politikern, Datenschützern und Kritikern ins Visier genommen worden (nicht umsonst hat Facebook Lobbyisten in Washington und Brüssel in Stellung gebracht). So hat etwa der US-Senator und Demokrat Chuck Schumer Online-Netzwerke mit dem »Wilden Westen« verglichen und Mark Zuckerberg in einem offenen Brief dazu aufgefordert, vom »Opt-Out« zum »Opt-In«-Prinzip zu wechseln – bisher erfolglos. Zuvor hatten 14 Bürgerorganisationen Beschwerde gegen Facebook bei der US-Handelsbehörde, die auch für Konsumentenschutz zuständig ist, erhoben. In Deutschland führt die Ministerin für Verbraucherschutz, Ilse Aigner, einen Kampf gegen Facebook.

Sie kritisierte zuerst die Datenweitergabe von Facebook an Partner, löschte dann symbolisch ihr eigenes Profil und wetterte später gegen die Datensammlung von Nichtmitgliedern. Aus einem ähnlichen Grund ist auch die Hamburger Datenschutzbehörde aktiv geworden: Aufgrund der Freunde-Finder-Funktion, die E-Mail-Adressen von Nichtmitgliedern importieren lässt und an diese dann Einladungen (»unzulässige Werbung«) schickt, droht Facebook ein Bußgeld von bis zu 300.000 Euro. In Kanada, wo mehr als 50 % der Bevölkerung bei Facebook sind, hat die Datenschutzbehörde OPC bereits im Jänner eine Untersuchung wegen gehäufter Beschwerden durch Nutzer eingeleitet, außerdem wurde im Juli 2010 eine Sammelklage gegen das Online-Netzwerk wegen seines Umgangs mit Nutzerdaten eingebracht, der sich theoretisch mehr als die Hälfte der Bevölkerung anschließen könnte. Es waren übrigens auch Kanadier, die den »Quit Facebook Day« am 31. Mai 2010 initiierten: Matthew Milan und Joseph Dee aus Toronto riefen auf einer eigenen Webseite dazu auf, aus dem Online-Netzwerk auszusteigen. Etwa 37.000 folgten dem Ruf, das entsprach zu dem Zeitpunkt 0,008 % der Nutzergemeinde. Auch wandte sich sogar der ehemalige Datenschutz-Chef von Facebook, Chris Kelly, gegen die jüngsten Entwicklungen: »Ich rate Facebook dringend dazu, seine Programme so zu strukturieren, dass die Nutzer ihre Einwilligung geben müssen, bevor ihre Daten an Dritte weitergegeben werden.« Außerdem fügte Kelly, der sich für das Amt des Generalstaatsanwalts von Kalifornien bewarb, an: »Jede Firma, die das Gesetz bricht, inklusive Facebook, wird die volle Macht des Staates zu spüren bekommen.« Seine Kampfansage kann er aber nicht in die Tat umsetzen, da er das Amt Kamala Harris überlassen musste. Auch unabhängige Tests bescheinigen Facebook einen schlechten Umgang mit den Nutzerdaten: Stiftung Warentest stellte im März 2010 »erhebliche Mängel« fest, zudem verweigerte Facebook eine Sicherheitsprüfung.[74] Schon zwei Jahre zuvor warnte eine Studie des renommierten Fraunhofer Instituts vor dem Online-Netzwerk, weil »nicht alle privatsphärenrelevanten Daten standardmäßig geschützt« worden sind.[75]

Aber nicht nur in den europäischen, traditionsgemäß auf Datenschutz erpichten Ländern, sondern auch in der islamischen Welt zeigt sich, dass das Phänomen Facebook und seine »radikale Transparenz« an Grenzen stoßen. So wurde die Webseite Mitte Mai 2010 gesperrt, nachdem in dem Land bekannt wurde, dass Mitglieder mit dem »Everybody Draw Muhammed Day« einen Karikaturenwettbewerb über den Propheten Mohammed abhalten wollten. Vor dem Parlament in Islamabad wurde mit durchgestrichenen Facebook-Logos auf Plakaten gegen diese »Blasphemie« protestiert, die Regierung nahm den Webdienst vom Netz.[76] Obwohl Zuckerberg eigentlich nichts mit dem Zeichenwettbewerb zu tun hatte, würde ihm bei einer Einreise nach Pakistan eine Anklage wegen Verstoßes gegen Anti-Blasphemie-Gesetze und damit im schlimmsten Fall die Todesstrafe drohen. In Ägypten will die moderate islamische Oppositionsbewegung »The Muslim Brotherhood« ein ergänzendes Angebot zu Facebook schaffen: »IkhwanBook« soll muslimische Gläubige auf der ganzen Welt vernetzen und soll die »höchsten islamischen Prinzipien befolgen«. Auch in anderen Ländern kam es zu zeitweiligen oder dauerhaften Sperren von Facebook, etwa in China, Vietnam, Türkei, Thailand, Bangladesch, Iran oder Syrien.

Facebook liest alles mit

Egal wie restriktiv man als Facebook-Nutzer mit seinen Privatsphäre-Einstellungen umgeht – einer sieht sie in jedem Fall: das Online-Netzwerk selbst. Niemand sollte der Illusion erliegen, dass eine Privatnachricht an eine bestimmte Person oder ein Foto, das man nur einem einzigen anderen Nutzer erlaubt anzusehen, auch tatsächlich »geheim« ist. Bei Facebook gibt es verschiedene Technologien und Mechanismen, die diese Vorstellung naiv erscheinen lassen. Auf der Black-Hat-Konferenz im April 2010 in Barcelona, die sich Sicherheitsthemen im Internet widmete, hielt ein gewisser Max Kelly den Hauptvortrag. Er war bis Juli 2010 der Chief Security Officer, der Sicherheitschef, von Facebook, tauchte allerdings in der offiziellen Liste der Führungsriege rund um Zuckerberg nicht auf und blieb auch sonst immer im Hintergrund. Der Bartträger arbeitete seit 2005 bei Facebook und widmete sich dort der undankbaren und heiklen Aufgabe, Hacker- und Spammer-Attacken auf der Webseite abzuwehren. Erfahrung im Umgehen mit Kriminellen hat er, denn vor seiner Tätigkeit war er für die US-Bundespolizei FBI tätig. In Barcelona gab Kelly Einblick in die Techniken, die er und sein etwa 20-köpfiges Team anwenden, um die Nutzer vor Datendieben und unerwünschten Werbebotschaften zu schützen.

Die Hauptangriffe, so Kelly, laufen bei Facebook über gefälschte Accounts, die automatisiert Freundschaftsanfragen verschicken und dann, wenn ein Kontakt bestätigt wurde, Direktnachrichten mit Links verschicken, die auf Phishing-Webseiten führen. Diese Phishing-Seiten versuchen dann, dem ahnungslosen Nutzer heikle Daten zu entlocken, indem sie etwa die Startseite einer Bank imitieren oder zur Eingabe von Kreditkartennummern auffordern. Weil der Link zu diesen gefälschten Webseiten von einem Facebook-Kontakt kommt, werden sie oftmals als vertrauensvoll eingestuft. Um solche Angriffe zu unterbinden, scannt Facebook sämtliche Nachrichten, die zwischen Nutzern hin- und hergeschickt werden. »Auf Datenbankebene haben wir begonnen, jedes Wort, das jemand auf der Seite eingegeben hat, mitzulesen«, erklärte Kelly. Das Scannen des Textes funktioniert folgendermaßen: Wenn von einem Account aus viele Nachrichten mit demselben Text und demselben Link an viele verschiedene Nutzer verschickt werden, geht das Sicherheitssystem davon aus, dass es sich um eine automatisierte Spam-Nachricht handelt und löscht diese. Kelly, ganz der FBI-Mitarbeiter, der er einmal war, reichte das aber nicht. Er hält sich nach wie vor für eine Art Polizist, der die Täter nicht nur abwehren, sondern auch ausforschen muss. »Wir verfolgen jeden Hacker, der Facebook angreift, und identifizieren ihn.« Facebook kann Cyberkriminelle auf bis zu 100 Dollar pro verschickter Nachricht verklagen – oder anders gesagt: Das »Security Intense Response Team« der Firma hat finanzielles Interesse daran, die Hacker zur Strecke zu bringen. Wenn einer der Angreifer sich besonders geschickt anstellt, wird ihm oft ein Job im Sicherheitsteam bei Facebook angeboten. »Wenn er ein wirklich guter Hacker ist, stellen wir ihn an«, sagte Kelly. Dass Facebook Nutzernachrichten automatisiert scannt, merkt man auch daran, dass es nicht erlaubt ist, bestimmte Links an Kontakte zu senden. Im Mai 2009 wurde über das IT-Magazin »Wired« bekannt, dass Verweise auf die Torrent-Seite »Pirate Bay« von Facebook unterbunden wurden. Anstatt die Nachricht verschicken zu können, bekam man die Fehlermeldung »Warning: This Message Contains Blocked Content« angezeigt. Ein zweites Indiz, dass Facebook Nutzerdaten nicht nur für Werbezwecke automatisiert mitliest und auswertet, ist der »Gross National Happiness Index« bzw. der »Brutto-National-Glück-Index«, der seit Oktober 2009 erstellt wird (abrufbar unter http://apps.facebook.com/gnh_index). Dieser wird für 22 Länder – darunter Deutschland und Österreich – erstellt und soll das Glücksempfinden der Nutzer in einer grafischen Ansicht darstellen. In einer Zeitleiste kann man feststellen, an welchen Tagen sich Facebook-Nutzer besonders glücklich fühlten. So schlagen in verschiedenen Ländern die Kurven zu Ostern, am Muttertag oder am Valentinstag besonders stark nach oben aus. Basis dieser »Glückspegel« sind natürlich wieder Daten, die die Mitglieder täglich bei Facebook eintippen, in diesem Falle die Status-Updates. Diese werden auf bestimmte Stichwörter hin gescannt (welche, verrät Facebook nicht) und positiven bzw. negativen Gemütszuständen zugeordnet. Zusammengefasst ergibt das den »Brutto-National-Glück-Index«, der täglich neu analysiert wird. Welche Status-Updates dabei genau ausgewertet werden, ist nicht klar, man kann aber davon ausgehen, dass kein Unterschied zwischen öffentlichen oder nur von direkten Freunden einsehbaren Status-Meldungen gemacht wird. »Zum Schutz deiner Privatsphäre liest im Laufe dieser Untersuchung kein Mitarbeiter von Facebook deine Statusmeldungen. Stattdessen werden nach der Entfernung aller personenbezogenen Informationen die Wörter von unseren Computern gezählt«, heißt es seitens Facebook über diese Auswertungspraxis. Der »Gross National Happiness Index« ist kostenlos und frei zugänglich – man kann sich aber ausmalen, wie Status-Updates noch ausgewertet werden könnten, denkt man etwa an Meinungsäußerungen über Politiker oder Firmen.

Der dritte Hinweis darauf, dass Facebook sämtliche Inhalte, die online gestellt werden, scannt, sind Fotos. Seit Juli 2010 werden sämtliche Gesichter, die auf hochgeladenen Bildern zu sehen sind, zur leichteren Bearbeitung für den Nutzer, wie es heißt, markiert. Die Technologie ähnelt jener Gesichtserkennung, die mittlerweile auch viele Digitalkameras bieten, um die Schärfe- und Belichtungseinstellungen bei der Aufnahme von Personen zu optimieren. Auf ähnliche Weise werden auf Facebook-Fotos Gesichter anhand eindeutiger Merkmale wie Mund und Augen erkannt und gekennzeichnet. Noch müssen die Nutzer selbst den passenden Namen zu der abgebildeten Person eintippen, in Zukunft ist es aber durchaus denkbar, dass Fotos automatisch den bestehenden Mitgliederprofilen zugeordnet werden können.

Bei der automatisierten Analyse von Bildern bleibt es aber nicht, wie der Fall der Juwelierin Victoria Buckley aus Sydney zeigt. Sie hatte im Sommer 2010 ein Plakat hochgeladen, das neben zwei Goldringen auch eine nackte Porzellanpuppe zu Dekorationszwecken zeigte. Facebook zensierte daraufhin die Brustwarzen der Puppe mit einem schwarzen Balken, weil die als anstößig eingestuften Bilder gegen die Nutzungsbedingungen verstoßen. »Unsere Prüfer müssen täglich Tausenden Bild-Beschwerden nachgehen. Da kann es sein, dass hier ein Fehler gemacht wurde. Das Missverständnis tut uns leid«, erklärte Facebook-Sprecher Barry Schnitt gegenüber dem Nachrichtendienst CNET.[77] Auch dieser Fall zeigt: Fotos können im Zweifelsfall sehr schnell auf den Bildschirmen von Facebook-Mitarbeitern landen.

Von der Schulbank bis zum Büro

Am Tag nach dem Maturaball loggte sich ein Wiener Schüler bei Facebook ein und schrieb eine verhängnisvolle Nachricht an die Pinnwand eines Klassenkollegen. Der Lehrer X, so die Nachricht an seinen Facebook-Freund, hätte gestern mit seinem glitzernden Sakko doch ausgesehen wie ein Zuhälter. Der Pinnwand-Eintrag blieb nicht lange »privat«, sondern machte dank News Feed sofort die Runde und landete schließlich auf dem Monitor eines anderen Lehrers der Schule. Dieser wiederum informierte den Kollegen und schließlich endete die Angelegenheit mit einer Disziplinarkonferenz. Das Ergebnis: Der Urheber der beleidigenden Botschaft wurde von der Schule verwiesen – nur wenige Monate vor seiner Matura. Die wichtigste Prüfung seines bisherigen Lebens konnte er nicht wie geplant absolvieren, seinen geplanten Studienbeginn und die nicht unwichtige Maturareise konnte er sich fürs Erste abschminken.

Der Fall zeigt: Mit der Öffentlichkeit, die Facebook plötzlich schafft, konnte kaum jemand richtig umgehen, weder der Schüler noch die Lehrerschaft, die viel zu hart reagiert hatte. So verwundert es nicht, dass im Schulbetrieb derzeit ein Umdenken einsetzt. Ausgehend von den USA gibt es den Trend, dass Facebook im Unterricht nicht verboten, sondern vielmehr erwünscht ist. Auf Schulcomputern wird die Webseite künftig nicht mehr gesperrt sein, und Regeln, die verhindern sollen, das Lehrer und Schüler im Web befreundet sind, könnten bald fallen. Online-Netzwerke werden künftig auf dem Stundenplan stehen, so wie es etwa im US-Bundesstaat Virginia seit 2008 der Fall ist.[78] Dort wird der Umgang mit Facebook gelehrt, wobei das Hauptaugenmerk auf den Themen »Online-Identität« und »Privatsphäre« liegt. Auch in Deutschland und Österreich gibt es bereits Forderungen, dass Facebook Teil des Unterrichts wird. So verlangt die Erziehungswissenschaftlerin Barbara Brüning aus Hamburg, die ich im Juni 2010 interviewte, einen IT-Führerschein für Schüler, der eben auch den richtigen Umgang mit Facebook lehrt. »Sie brauchen Kenntnisse, welche Daten sie online preisgeben sollen und welche nicht«, sagte Brüning zu mir. »Die Eltern sind damit überfordert, weswegen Lehrer für solche Fragen ausgebildet werden müssen.« Die Zeit drängt, vergegenwärtigt man sich aktuelle Zahlen aus der Forschung: So sind in Österreich einer Studie der Mobilkom Austria zufolge 19 % der 6- bis 14-Jährigen täglich bei Facebook online, insgesamt 83 % dieser Altersgruppe nutzt das Web jeden Tag. Allerdings sagen nur 56 %, dass sie über die Gefahren, die mit der freizügigen Preisgabe persönlicher

Daten einhergehen, aufgeklärt wurden. Wie der Facebook-Unterricht in der Praxis aussehen könnte, ist noch unklar. Möglich wäre laut Brüning, dass er im Rahmen des Ethik- oder Philosophieunterrichts stattfinden könnte, Lehrer müssten dazu Fortbildungskurse (die es erst zu schaffen gilt) in Anspruch nehmen. Wie untere Schulstufen mit Facebook-Know-how versorgt werden könnten, ist allerdings noch unklar.

Die größte Herausforderung des Facebook-Unterrichts wird sein, Kinder und Jugendliche vor »Cybermobbing« zu schützen bzw. ihnen richtiges Verhalten im Ernstfall beizubringen. Laut Mobilkom-Studie ist dieser Begriff bereits einem Viertel der jugendlichen Handy-Besitzer bekannt, 4 % sehen sich sogar als Opfer. Ein besonders verheerender Fall des virtuellen Drangsalierens ereignete sich im Herbst 2006 im US-Bundesstaat Missouri: Dort fälschten eine Mutter und ihre Tochter ein MySpace-Profil, um die 13-jährige Megan Meier zu belästigen. Sie gaukelten ihr vor, ein 16-Jähriger namens Josh zu sein und begannen einen Online-Flirt. Als das Mädchen angebissen hatte, setzten sie sie plötzlich unter Druck und beendeten dann schlagartig die Online-Freundschaft mit den Worten, die Welt wäre ein besserer Ort ohne sie. Das Mädchen, das ohnehin schon an Komplexen litt, nahm sich daraufhin das Leben. Seither wird Cybermobbing in höchsten Politkreisen behandelt: So brachte die demokratische Abgeordnete Lind Sanchez 2008 im US-Kongress einen Gesetzesvorschlag unter dem Titel »Megan Meier Cyberbullying Prevention Act« ein, der schärfere Sanktionen für aggressives Verhalten in elektronischen Medien forderte.

In der EU steht das Thema ebenfalls auf der Agenda: Am 10. Februar 2009 veranlasste die damals zuständige EU-Kommissarin Viviane Reding 17 Online-Netzwerke, darunter auch Facebook, zur Unterzeichnung der »Safer Social Networking Principles«, die den Schutz von minderjährigen Nutzern zum Ziel haben. Diese sehen unter anderem auch einfache Meldemechanismen vor, die es Jugendlichen erleichtern sollen, belästigende Inhalte zu melden.[79] Seither findet sich auf jeder Facebook-Seite ein »Melden«-Knopf, der zuständige Sachbearbeiter (sie sitzen u. a. in der Europazentrale in Dublin) darüber informiert, welche Inhalte sie löschen und welche Urheber sie sperren dürfen, sofern Inhalte tatsächlich gegen die Nutzungsbedingungen von Facebook verstoßen. Den Briten ging dies nicht weit genug: Nachdem 2009 der 33-jährige Pete Chapman die 17-jährige Schülerin Ashleigh Hall mit einem gefälschten Facebook-Profil in eine Falle gelockt, vergewaltigt und danach ermordet hatte (er wurde mittlerweile lebenslänglich hinter Gitter gebracht)[80], wurde der Ruf nach einem Panik-Knopf für das Online-Netzwerk laut. Facebook wehrte sich einige Zeit dagegen, seit Juli 2010 können sich Jugendliche den Alarm-Knopf als Anwendung in ihren Profilen installieren. Wird er gedrückt, wird nicht nur die Facebook-Zentrale, sondern auch eine Regierungsbehörde über den verdächtigen Inhalt in Kenntnis gesetzt.

Genauso wie die Schule verändert das Phänomen Facebook auch die Arbeitswelt: Während in Schweizer und österreichischen Ministerien die Nutzung der Webseite seit 2009 für Beamte gesperrt ist, gelten Online-Netzwerke in manchen Branchen bereits als »Bürosoftware 2.0«.

»Früher wollten die Leute einen guten Boss und ein anständiges Gehalt. Heute wollen die Leute, dass ihre Arbeitssoftware wie iTunes funktioniert und sie diese selbst weiterentwickeln können«, sagte Pekka Viljakainen, der International-Chef des IT-Dienstleisters Tieto aus Finnland. »Da habe ich realisiert: Unternehmenssoftware sollte so zu bedienen sein wie Facebook oder eine PlayStation.« Viljakainen, der über die »Generation PlayStation« ein Buch schreibt, ist der Chef von 17.000 Mitarbeitern und hat wegen seiner mehr als direkten Art von Microsoft-Boss Steve Ballmer den Spitznamen »Bulldozer« bekommen. Online-Netzwerke bieten sich ihm zufolge an, in Unternehmen zur internen wie externen Kommunikation eingesetzt zu werden. Status-Updates statt interner Schreiben, Chat statt Kundenberatung, Veranstaltungsfunktionen zur Terminkoordination – die Möglichkeiten scheinen unendlich. Die schöne neue Software-Welt – mit »Chatter oder »Yammer« kann man bereits solche Systeme für Firmen kaufen – wird aber nicht ohne Konsequenzen bleiben. »Die PlayStation-Generation hasst Unproduktivität. Durch die neue Transparenz fliegt schnell auf, wer in einem Team faul ist. Dann wird man schnell verlangen, dass der Unproduktive gefeuert werden soll. So einfach ist das«, sagt Viljakainen.

Bis Online-Netzwerke fixer Bestandteil der Büroarbeit sind, wird wohl noch einige Zeit vergehen. Mittelfristig muss dazu erst ein Umdenken stattfinden, ähnlich wie im Schulbereich. »Es wird die gleiche Entwicklung geben wie beim Internet selbst. Ich kann mich an eine Zeit erinnern, in der fast alle großen, börsennotierten Unternehmen in Österreich das Web gesperrt haben und nur das Intranet, die eigene Homepage und E-Mail erlaubten. Das gibt es heute nirgends mehr«, sagt Markus Höfinger, Chef der Wiener Internet-Agentur PXP. »Langfristig wird das überall zugänglich sein, weil Firmen verstehen, dass man mit so einer Politik keine Mitarbeiter bekommt, vor allem nicht die Jungen und die High Potentials. Wenn einer von denen hört, YouTube ist gesperrt, geht er zur Konkurrenz.« Schon heute würden Arbeitgeber vermehrt Wert darauf legen, dass Bewerber im Mitmach-Internet aktiv sind. »Wenn sich eine 25-Jährige im Marketing bei einem großen Konzern bewirbt und kein Profil im Web hat, dann macht das dieses Unternehmen eher skeptisch. Wenn du heute im Marketing anfangen willst und das Thema Social Media nicht mit der Muttermilch aufgesaugt hast, bist du dort falsch«, so Höfinger. »Ein Kunde von uns hat die Entscheidung zugunsten eines Kandidaten getroffen, der schon jahrelang aktiv im Web war und einen Blog geschrieben hat.« Der andere Kandidat mit den gleichen Qualifikationen, aber wenig Web-Erfahrung, bekam den Job nicht.

Vor allem in den Bereichen PR, Marketing und Kundenbetreuung wird die Facebook-Nutzung im Beruf immer wichtiger, denn: Wo die Kunden und Konsumenten sind, wollen auch Firmen und Marken sein. Damit Berufs- und Privatleben aber nicht durcheinanderkommen, entwickeln Agenturen wie PXP bereits sogenannte »Social Media Guidelines«, die regeln, wie ein Account im Sinne des Arbeitgebers genutzt werden soll und darf. Sie legen fest, wie Profilfotos aussehen sollten, was in Status-Updates zu lesen sein darf und ob man sich mit Mitarbeitern der Konkurrenz befreunden kann. Noch sind solche Richtlinien kaum Realität, doch hält die Entwicklung an, werden auf den Arbeitnehmer von morgen zwei Veränderungen zukommen: Vor allem in Kommunikationsberufen wird man nicht umhinkommen, einen Facebook-Account zu betreiben, und man wird diesen im Sinne des Arbeitgebers betreuen müssen. Im Ernstfall wäre die Social-Media-Nutzung auch Teil des Arbeitsvertrags. Höfinger: »Es gibt heute schon Verträge, in denen drinsteht, wie Mitarbeiter Notebooks nutzen und was sie darauf installieren dürfen. Es ist nur logisch, dass das um Social-Media-Regeln erweitert wird.«

Auch Nichtmitglieder betroffen

»Hallo Jakob! Schau dir meine Fotos auf Facebook an – von dir ist bestimmt auch eins dabei. Ich habe ein Facebook-Profil erstellt, in dem ich meine Bilder, Videos und Veranstaltungen posten kann, und möchte dich als FreundIn hinzufügen, damit du diese sehen kannst. Zuerst musst du Facebook beitreten! Sobald du dich registriert hast, kannst du ebenfalls dein eigenes Profil erstellen. Grüße, Dimitri.«

Diese E-Mail haben Millionen Menschen in ähnlicher Form viele Male erhalten. Sie dient allein dazu, den Empfänger zu Facebook zu locken. Neben der persönlichen Anrede des Textes (er wird nicht von dem Bekannten getippt, der offenbar zu Facebook einlädt, sondern automatisiert angelegt) arbeitet Facebook mit einigen Tricks, die sehr effektiv sind. Denn weiter unten in dem E-Mail sind zwei kleinere Kästen eingeblendet. Einer zeigt an, von welchen anderen Facebook-Mitgliedern man ebenfalls zum Mitmachen eingeladen wurde, ein zweiter weiter unten verspricht, »weitere Personen auf Facebook, die du vielleicht kennst«, anzuzeigen. Dabei ist das Online-Netzwerk erstaunlich präzise, und als Empfänger, der mehrere der neun gelisteten Personen tatsächlich kennt, fühlt man sich ertappt und durchschaut.

Die E-Mail-Einladungen sind einer der Hauptgründe für den Erfolg von Facebook, weil sie das Gefühl geben, in einen bestehenden Online-Freundeskreis aufgenommen zu werden. Wir erinnern uns: Bret Taylor, der technische Chef von Facebook, sagte, dass man als Neuling mindestens fünf Kontakte braucht, um aktiv zu werden. Um an die Daten der Nichtmitglieder zu kommen, die eingeladen werden, hat Facebook drei sehr schlaue Techniken entwickelt. Am wichtigsten ist der E-Mail-Importer, für dessen Perfektionierung Zuckerberg eine ganze Firma, das malaysische Unternehmen Octazen Solutions, gekauft hat. Damit kann man Facebook den Zugriff auf seinen E-Mail-Account erlauben, indem man einfach E-Mail-Adresse und Passwort eintippt. Dann greift die Software auf die E-Mail-Kontaktliste (z. B. bei Gmail, GMX oder Hotmail) mit den Adressen der bestehenden Mitglieder zu, filtert jene heraus, die noch nicht registriert sind und schickt diesen eine E-Mail im vorher beschriebenen Stil. Der zweite Weg, über den Facebook-Applikationen an Daten von Nichtmitgliedern kommen, ist die Facebook-App für das iPhone. Damit kann man seine Telefonkontakte mit seiner Freundesliste bei Facebook synchronisieren – alle Handynummern und dazugehörigen Namen, die noch nicht registriert sind, wandern so ebenfalls auf die Facebook-Server. Drittens gibt es die sehr populäre Tagging-Funktion für Fotos: Damit können nicht nur Mitglieder, sondern auch Nichtmitglieder markiert werden.

Aus diesen drei Datenquellen kann Facebook sich ein sehr gutes Bild über den Bekanntenkreis eines Nichtmitglieds errechnen.

Ein Beispiel: Wenn Person X von Person 1 mit dem E-Mail-Importer zu Facebook eingeladen wurde, Person 2 die Handynummer von Person X via iPhone eingespielt hat und Person X von Person 3 auf einem Foto markiert wurde, ist es sehr wahrscheinlich, dass sich diese vier Menschen im echten Leben kennen. Das kann Facebook nun mit den Freundeskreisen anderer Nutzer gegenrechnen und so sehr genaue reale Netzwerke nachzeichnen. Dass man fünf von neun Personen in der E-Mail kennt, ist somit kein

Wunder mehr, sondern lediglich das Resultat einer perfektionierten Datensammlung über menschliche Beziehungen. »Es war schon alles fertig«, erzählte mir der Wiener Thomas R. (29), der sich auf sozialen Druck hin dem Online-Netzwerk nicht mehr länger verweigern konnte und sich, nachdem sein gesamter Bekanntenkreis Mitglied geworden war, ebenfalls anmeldete. Die vielen Querverbindungen, die durch die Dateneingabe seiner realen Bekanntschaften entstanden waren, ließen den Eindruck entstehen, dass Facebook bereits ein komplettes Profil samt möglichen Freunden und getaggten Fotos über ihn angelegt hatte.

Die deutsche Ministerin für Verbraucherschutz, Ilse Aigner, hat Facebook Mitte Juli 2010 genau das vorgeworfen: Facebook würde sich Daten über Menschen besorgen, die das Netzwerk gar nicht nutzen, und sie fordert den Stopp der Sammlung dieser Informationen. Zuvor hatte sich ein Psychotherapeut bei Aigner gemeldet und berichtet, dass seine Patienten Freundschaftsvorschläge für andere Patienten bekommen würden, berichtet das Nachrichtenmagazin Focus. »Wer bei wem in Therapie ist, ist doch keine Information für die Öffentlichkeit«, so die Ministerin.[81]

Die Schattenseiten des Like-Buttons

Er gibt sich niedlich, nützlich und selbsterklärend: Der »Like«- bzw. »Gefällt mir«-Button hat es in kürzester Zeit auf mehr als eine Million Webseiten geschafft und soll zum ultimativen Bewertungsinstrument im Internet werden. Ob Videos, Musik, Fotos, Texte oder ganze Webseiten: Wer auf den Knopf mit dem erhobenen Daumen klickt, empfiehlt – wie schon mehrfach gesagt – damit anderen Nutzern den zugeordneten Online-Inhalt. Für die Webseiten-Betreiber, die sich den Like-Button (oder ein anderes »Social Plugin« von Facebook) in ihre Webseiten einbauen, scheint der Like-Button ebenfalls Gutes zu tun. Unter www.facebook.com/insights können sie sich Statistiken über die Nutzung ihres »Gefällt mir«-Knopfes abholen. Sie bekommen nicht nur Auskunft darüber, wie oft der Button angeklickt wurde, sondern auch, wer ihn angeklickt hat. Facebook rückt dabei aber nicht mit einer Namensliste heraus, sondern errechnet einen anonymisierten Datensatz, der über die Demografie der »Liker« Auskunft gibt. Es wird also nicht angegeben, dass Toni, Lisa und Andreas draufgedrückt haben, sondern dass die Anwender z. B. zu 54 % weiblich, hauptsächlich zwischen 20 und 25 Jahren alt sind und zu 67 % einen Hochschulabschluss haben. Dies sind vor allem für Betreiber kleiner Webseiten – z. B. ein Fahrradverleih, ein T-Shirt-Shop oder ein Kino – sehr interessante Daten, da sie ihnen Auskunft darüber geben, wer ihre Seite besucht. Der Like-Button ist somit Facebooks Pendant zu Googles viel kritisiertem Statistik-Tool »Google Analytics«, das bei 80 % der Top-300.000-Webseiten der Welt eingebaut ist.[82] Bei Google Analytics weiß der Besucher der Webseite gar nicht, dass im Hintergrund Google-Software läuft, die Daten wie die IP-Adresse, die Bildschirmauflösung oder Daten über den Nutzer, sofern er gerade bei einem anderen Googledienst eingeloggt ist, an die Server der Suchmaschine schickt. Diese Informationen dienen dazu, die Online-Anzeigen, die Google neben seinen Suchergebnissen und auf vielen anderen Webseiten schaltet, noch besser auf den einzelnen Nutzer abstimmen zu können.

Facebook kann man zwar zugutehalten, dass der Like-Button und seine Artgenossen – es gibt acht verschiedene Social Plugins, siehe http://developers.facebook.com/plugins – immer schön sichtbar sind und nicht wie Google Analytics im Hintergrund laufen. Der Zweck ist aber derselbe: Der bei Facebook eingeloggte Nutzer wird bei seiner virtuellen Reise durch das Internet mitgetrackt. Das macht der Facebook-Cookie möglich, der auf der Festplatte des Nutzers abgelegt ist und mit jeder Webseite, die einen Like-Button integriert hat, kommuniziert. Wenn man den »Gefällt mir«-Button drückt, verrät man Facebook, dass man gerade auf einer Seite ist und den Inhalt (Text, Foto, Video etc.), der dort angezeigt wird, mag. Allerdings verrät man Facebook genauso, dass man auf der Seite ist, wenn man dort gar nichts anklickt, dafür sorgt der Cookie. Sobald man etwa auf das Portal MyVideo. de surft, weiß Facebook in dem Augenblick, in dem der »Gefällt mir«-Knopf fertig geladen ist, dass man gerade einen bestimmten Clip ansieht. Selbst wenn man nicht bei Facebook eingeloggt ist oder gar kein Mitglied ist und MyVideo oder eine andere Webseite besucht, die eines der Social Plugins installiert hat, liefert man Facebook interessante Daten. Das Online-Netzwerk kann somit Statistiken erstellen, wie viele Nutzer einen Internetdienst besuchen, wie viele davon Mitglied sind und wie viele von diesen die Social Plugins verwenden. Alle diese Informationen fließen zurück zu den Facebook-Servern und helfen einerseits dabei, die Suchergebnisse zu verfeinern (einer Webseite, die oft besucht wird, aber nur wenige »Likes« bekommt, mangelt es offenbar an Qualität), und andererseits, die personalisierte Werbung zu verbessern. Wie lange diese Daten über das Surf-Verhalten gespeichert werden, gibt Facebook nicht preis.

Der Einsatz von Cookies und das damit verbundene Tracken von Nutzern werden vielfach kritisiert und die kleinen Programme werden oft und nicht zu Unrecht als Spionage-Software bezeichnet. Die Artikel-29-Datenschutzgruppe, ein 30-köpfiges Gremium der EU-Kommission, ist genau mit dieser Problematik befasst. Die Datenschützer werden voraussichtlich bis Mai 2011 durchsetzen, dass die Nutzer – egal ob bei Google, Facebook oder Yahoo! – genau darüber informiert werden müssen, welche Daten mithilfe von Cookies gesammelt werden und dass sie diesem Tracking ausdrücklich zustimmen müssen. Bis dato gilt, dass der Nutzer von sich aus Cookies abschalten muss. Dazu muss man im Web-Browser (bei Firefox unter »Einstellungen«, »Datenschutz«, beim Internet Explorer unter »Extras«, »Datenschutz«) die jeweiligen Cookies verbieten.

Mit Scheuklappen durchs Web

Mein Arbeitstag beginnt in der Regel folgendermaßen: Noch bevor ich meine E-Mails checke, starte ich meinen Feedreader. Dieses kleine, nützliche Programm habe ich so eingestellt, dass es alle wichtigen Webseiten und Nachrichtenquellen abgrast, die News zu Hightech- und Online-Themen publizieren, und dort alle Meldungen einsammelt, die ich noch nicht gelesen habe. Über den Tag verteilt trudeln so geschätzte 1500 Nachrichten auf meinem Notebook-Bildschirm ein und warten darauf, von mir durchgesehen zu werden. Natürlich lese ich nicht alle Artikel – das würde Stunden dauern –, sondern klicke mich durch die Schlagzeilen und lese nur dort weiter, wo es spannend wird. Der Feedreader ist für meine journalistische Tätigkeit sehr nützlich, er ist quasi eine auf meine beruflichen Bedürfnisse zugeschnittene, kostenlose Nachrichten-Agentur. In kurzer Zeit verschaffe ich mir so einen Überblick über mein Fachgebiet und bin schnell informiert, was sich bei Facebook, Apple und Google gerade so tut. Der große Nachteil: Nachdem ich in der Früh bereits 300 dieser Hightech-Schlagzeilen konsumiert habe und bestens darüber Bescheid weiß, wie viele Nutzer Facebook hat, wie viele iPads Apple verkauft hat und in welche Datenskandale sich Google wieder einmal verwickelt hat, habe ich vom Rest der Welt noch nichts mitbekommen.

Mein Feedreader ist nur eine von unzähligen Online-Technologien, die die Personalisierung von Internet-Inhalten erlauben. Man kann sich personalisierte Startseiten bei Google oder Yahoo! anlegen, Handy-Apps so einstellen, dass sie nur Sport- und Technik-Nachrichten, aber keine Kultur-News anzeigen, und sich E-Mails schicken lassen, die über alles rund um neue Kosmetikprodukte informieren, aber kein Wort über Wirtschaftsnachrichten schreiben. Die Speerspitze dieses Trends zur Personalisierung ist Facebook: Keine zwei der mehr als 500 Millionen Mitglieder bekommen die gleiche Startseite zu sehen, weil für jeden Einzelnen die Aktivitäten seines einzigartigen Online-Freundeskreises angezeigt werden. Dabei hält der News Feed, was sein Name verspricht, und dient immer häufiger als primäre Nachrichtenquelle für die Nutzer. Facebook ist für viele zum Startpunkt ins Internet geworden, der über Links, die Freunde posten, zu anderen Webseiten führt. Außerdem verbringen Facebook-Nutzer je nach Quelle zwischen 40 und 55 Minuten pro Tag in dem Online-Netzwerk. Damit findet ein dramatischer Wechsel in der Rezeption von Nachrichten statt: Nicht mehr Journalisten bestimmen, welche News es wert sind, berichtet zu werden, sondern der Freundeskreis. Tatsächlich gibt es bereits eine Software namens »Flipboard«, die ausschließlich News, Fotos, Videos und Status-Updates von Facebook-Freunden zusammenführt und als digitale Zeitung auf dem Touchscreen-Computer iPad darstellt.

Die Personalisierung hört aber nicht an den Grenzen von Facebook auf, sondern soll sich in Zukunft mit der Technologie des Open Graph auf anderen Webseiten fortsetzen. Dazu hat Zuckerberg Ende April 2010 auf seiner f8-Konferenz die sogenannte »Instant Personalization« vorgestellt. Diese heftig kritisierte neue Funktion sieht vor, dass Nutzerdaten automatisch an Partner von Facebook weitergeleitet werden, damit diese ihre Online-Angebote auf den Nutzer zuschneiden können. Zum Start haben der Musikdienst Pandora, das Bewertungsportal Yelp (seit Juli 2010 auch in Deutschland verfügbar) sowie Microsofts Online-Version von Word, Docs.com, diese »Instant Personalization« unterstützt. Sie funktioniert so: Surft ein eingeloggter Facebook-Nutzer auf www.pandora.com, braucht er dort nicht mehr nach seiner Lieblingsmusik zu suchen, weil diese Pandora längst bekannt ist. Der Dienst erstellt basierend auf diesen Informationen eine Playlist, die die favorisierten Bands sowie artverwandte Musik beinhaltet. Der Besucher braucht sich dann nur mehr zurückzulehnen und sich von dem, was ihm vorgesetzt wird, berieseln zu lassen.

So praktisch diese Personalisierung auf den ersten Blick erscheint, birgt sie doch eine große Gefahr in sich. Denn in dem Moment, in dem man Software darüber entscheiden lässt, welche Online-Inhalte man sich präsentieren lässt, setzt man sich Scheuklappen auf und gibt die Möglichkeit ab, selbst zu entscheiden, welche Artikel man lesen, welche Videos man sehen oder welche Musik man hören möchte. Davor warne übrigens nicht nur ich, sondern auch der Internetforscher Ethan Zuckerman, der am »Berkman Center for Internet & Society« der Universität Harvard (Mark Zuckerbergs Ex-Uni) forscht. »Wir denken, wir bekämen durch Fernsehen, Zeitungen und das Internet eine breitere Sicht auf die Welt«, sagte Zuckerman im Rahmen der renommierten Konferenz TEDGlobal. Allerdings sei das Gegenteil der Fall: 95 % des Internetverkehrs würden zu heimischen Web-Angeboten führen, das Versprechen des Web, unsere Sicht zu erweitern, erfülle sich nicht. Online-Netzwerke wie Facebook würden dieses Problem verstärken, weil die meisten Menschen sich am liebsten mit Personen mit ähnlicher Weltanschauung austauschten, so Zuckerman. Auch der deutsche Blogger und Autor Sascha Lobo (bekannt für seine rotgefärbte Irokesenfrisur) hat im Rahmen der Konferenz re:publica im April 2010 auf das Problem aufmerksam gemacht. »Das Problem, das in den nächsten Jahren sehr schlimm wird, sind sogenannte Micro-Öffentlichkeiten«, so Lobo. »Es gibt das Phänomen, dass Menschen im Social-Media-Bereich Informationen gar nicht mehr so wahrnehmen wie eine auch immer geartete Redaktion sie zusammenstellt, sondern nur mehr durch die Brille ihres sozialen Filters. Ich behaupte, dass niemand – auch nicht Menschen, die das wissen – sich dieser Mechanik entziehen kann.« Er veranschaulichte seine Beobachtung folgendermaßen: Würden 150 Menschen ihn via E-Mail über ein Problem informieren, würde er sehr schnell zu glauben beginnen, dass dieses Problem Realität sei. Allerdings sei die Meinung von 150 Menschen kein Maßstab für die Realität, und trotzdem hätte man das Gefühl, dass alle darüber reden würden. »Interessant ist, dass dieser Sturm im Wasserglas, diese Mikro-Öffentlichkeit, inzwischen Mechanismen entwickelt hat, um in die Makro-Öffentlichkeit zu gelangen«, sagte Lobo. So würde es heute nur eine Viertelstunde dauern, bis eine Nachricht von einem Blog wie Netzpolitik.org als Eilmeldung bei Spiegel Online lande. Ein weiteres Beispiel: Im Juni 2009 feierten internationale Medien die »Twitter-Revolution« im Iran (wie schon ausgeführt: Oppositionelle nutzten den Kurznachrichtendienst als Protest-Plattform), obwohl dem iranischen Blogger Hamid Tehrani zufolge nicht einmal 1000 Menschen aktiv daran teilgenommen hätten. Aus einer Mikro- war eine Makro-Öffentlichkeit geworden.

Die Personalisierung von Web-Inhalten und die Tendenz, dass Freunde – und nicht mehr Journalisten – Nachrichten machen, sehe ich wie Sascha Lobo als großes Problem, das mit der rasenden Verbreitung von Facebook über seine eigenen Grenzen hinaus in Zukunft noch viel größer wird. Denn diese Mechanismen kommen einem psychologischen Prinzip entgegen, das auch als die »Reduktion von kognitiver Dissonanz« bezeichnet wird, die der US-Sozialpsychologe Leon Festinger 1957 in seiner Theorie der kognitiven Dissonanz formuliert hat. Diese Theorie gilt bis heute als eine der wichtigsten Überlegungen auf dem Gebiet der Sozialpsychologie. Vereinfacht dargestellt besagt sie, dass Menschen dazu tendieren, Einstellungen oder Verhaltensweisen zu vermeiden, die nicht zu den eigenen Überzeugungen passen. Festinger geht davon aus, dass der Mensch nach Konsistenz strebt, sowohl was seine Meinungen und Einstellungen als auch was sein Verhalten betrifft. Als Beispiel wird oft der Raucher angeführt, der es vermeidet, sich mit den negativen Effekten seiner Sucht auseinanderzusetzen oder, wenn er nicht anders kann, sein eigenes Verhalten zu rationalisieren versucht, indem er an den Genuss, an übertriebene Darstellungen der Schäden (»Mein Großvater hat 50 Jahre geraucht und hatte keinen Krebs«) oder an positive Effekte wie Gewichtsreduzierung appelliert. Dadurch löst er die Dissonanz zwischen den Tatsachen »Ich rauche« und »Rauchen ist schädlich« auf. Dieses Schema lässt sich auf Einstellungen und Überzeugungen übertragen: Wenn der Mensch nicht in der Lage ist, einen dissonanten Zustand aufzulösen, wird er Situationen und Informationen vermeiden, die diese Dissonanz erhöhen können, so Festinger.[83] Der psychologische Drang, widersprüchlichen Informationen aus dem Weg zu gehen, gepaart mit dem Mechanismus von Facebook, dass Informationen von Freunden, die in der Regel ähnliche Einstellungen und Meinungen haben, gefiltert werden, ist eine gefährliche Mischung – ich kann mir kaum effektivere Scheuklappen bei der Webnutzung vorstellen.

Im Netz der Narzissten

»Ihr Flickr-Foto wurde am 12. Juli 51 Mal angesehen, 3 Mal kommentiert und 1 Mal als Favorit hinzugefügt«. »Bei Twitter hast du 400 Follower, 203 Direktnachrichten und bist 19 Mal gelistet.« »Das YouTube-Video wurde 5435 Mal aufgerufen, es gefällt 305 Nutzern, 51 Nutzern gefällt es nicht.« Im schönen neuen Mitmach-Internet, in das jeder seine Fotos, Videos und Botschaften hochladen und einem potenziellen Millionenpublikum präsentieren kann, wird man als aktiver Nutzer vor allem mit einem konfrontiert: Feedback. Diese Rückmeldungen der anderen Nutzer darüber, wie sie die selbst produzierten Inhalte finden, werden von immer mehr Webdiensten immer öfter quantifiziert, also nicht als kurzer, geschriebener Kommentar, sondern als Zahl dargestellt. Facebook ist, wenn man genau hinsieht, der König dieser Quantifizierung. Freunde, Freundschaftsanfragen, Fotos, Tags auf Fotos, Kommentare zu Fotos und Videos, Einträge auf der Pinnwand, erhaltene Nachrichten, Einladungen zu Veranstaltungen, Freundschaftsanfragen – bei Facebook wird alles gezählt. Hinzu kommt mit der »Like«-Funktion eine zweite Ebene zu dieser Quantifizierung: die qualitative Bewertung von Inhalten. Man kann »Gefällt mir« zu fast allem sagen, das man bei Facebook findet.

Als Betreiber einer Facebook-Page bekommt man wöchentlich noch viel mehr dieser Zahlen als E-Mail zugeschickt. Diese geben darüber Auskunft, wie viele neue »Likes« man bekommen hat, wie viele Pinnwandeinträge und Kommentare geschrieben wurden und wie viele Besuche die Seite verzeichnen konnte. Pages sind keinesfalls großen Firmen vorbehalten, sondern werden in meinem Facebook-Freundeskreis von Party-Veranstaltern, Fotografen, Musikern, DJs oder Lokalbesitzern dazu benutzt, um Promotion für ihre freiberuflichen Tätigkeiten oder Kleinbetriebe zu machen. Damit werden Menschen, die nie in der Medienwelt gearbeitet haben, plötzlich privat und beruflich mit Zahlen konfrontiert, die im TV, Radio und bei Printmedien als Einschaltquote bzw. Reichweite bezeichnet werden: Sie geben darüber Auskunft, wie viele Menschen einen Inhalt gesehen, gehört oder gelesen haben, und in aufwendigeren Befragungen wird außerdem erhoben, wie diese Inhalte bewertet werden, welche gerne konsumiert und welche links liegen gelassen werden. Ohne sich damit jemals auseinandergesetzt zu haben, werden nun Millionen Menschen bei Facebook mit diesen Reichweiten konfrontiert und finden sich plötzlich in der Situation wieder, täglich und in jedem Detail bewertet und quantifiziert zu werden. Anders als bei den konventionellen Medien stehen jedoch nicht Artikel, Sendungen oder Hörbeiträge zur Diskussion, sondern ein immer neuer Aspekt des eigenen Privatlebens. Bei Facebook wird man selbst sehr leicht zur Nachricht, man wird dazu gedrängt, sich wie ein Medium zu verhalten und Storys zu liefern, die andere gut finden. Zusätzlich steht man plötzlich in einer Konkurrenzsituation, weil diese Zahlen verglichen werden können. Es ist kein Zufall, dass viele Nutzer Hunderte, manchmal Tausende Facebook-Freunde sammeln, nur aus dem Grund, mehr zu haben als alle anderen.

Der deutsche Architekt und Philosoph Georg Franck, der seit 1994 an der Technischen Universität in Wien lehrt, hat mit seinem Entwurf »Ökonomie der Aufmerksamkeit« einige wichtige Überlegungen zu unserem

Medienzeitalter angestellt. »Die Aufmerksamkeit anderer Menschen ist die unwiderstehlichste aller Drogen. Ihr Bezug sticht jedes andere Einkommen aus. Darum steht der Ruhm über der Macht, darum verblasst der Reichtum neben der Prominenz«, schrieb er 1998, viele Jahre, bevor das Phänomen Facebook die Massen ergriff. Er argumentiert, dass Aufmerksamkeit – also die Zeit, die wir anderen schenken und uns mit ihnen auseinandersetzen, z. B. indem wir über sie reden – eine neue Währung ist. Genauso wie Geld könne sie getauscht und zu Reichtum angehäuft werden. »Zu tatsächlichem Reichtum an Beachtung hat es nur gebracht, wer ständig viel mehr an Aufmerksamkeit einnimmt, als sie oder er selbst hingeben könnte. Reich ist nur, wer in sehr vieler Münder ist, also im Austausch zwischen Dritten tüchtig mitverdient. Wer in sehr vieler Münder ist, bleibt auch vielen im Gedächtnis. Wer vielen Menschen im Gedächtnis bleibt, genießt einen hohen Bekanntheitsgrad«, schreibt Franck. »[...] Ab einem gewissen Grad an Bekanntheit wirft der Schatz von sich aus Einkommen ab. Ein Gut, dessen Reichtum sich als Kapital verzinst [...], stellt einen universellen Tauschwert dar [...], übernimmt Schatzfunktion, wird gehortet und zu Reichtum akkumuliert.«[84] Die Wissenschaft, in der Franck selbst tätig ist, sieht er als jenen gesellschaftlichen Bereich, in der die Währung »Aufmerksamkeit« besonders wichtig ist. »Wissenschaftler wird man nicht, um reich, sondern wenn schon, um berühmt zu werden«, so Franck.[85]

Analog zur Wissenschaft kann man auch bei Facebook beobachten, dass dort ein Kampf um die Aufmerksamkeit im Entstehen ist. Auf der einen Seite buhlen Marken, Firmen und Stars mit ihren Facebook-Pages um die Aufmerksamkeit der Nutzer und wollen möglichst viele »Likes« bzw. »Gefällt mir« sammeln. Auf der anderen Seite werden auch die normalen Nutzer in diesen Markt der Aufmerksamkeit hineingezogen, indem sie ständig in Zahlen präsentiert bekommen, wie viel Aufmerksamkeit sie geschenkt bekommen haben. Dabei funktioniert die Aufmerksamkeitsökonomie bei Facebook ähnlich wie im Fernsehen: So wie erfolgreiche TV-Shows versuchen, mit den Kameras in immer intimere Lebensbereiche vorzudringen, funktioniert das Erregen von Aufmerksamkeit bei Facebook immer dann am besten, wenn auf Fotos, Videos oder in Status-Updates möglichst viele Hüllen fallen und Grenzen der Intimsphäre überschritten werden. Ich glaube nicht, dass massenhaft Nutzer Urlaubsfotos, Bilder vom Babystillen oder Schnappschüsse von Partys hochladen in dem Glauben, sie dauerhaft vor der Mehrheit verbergen zu können. Vielmehr buhlen sie damit – meist sehr effektiv – um die Aufmerksamkeit ihrer Facebook-Freunde.

Diese Medialisierung des Privatlebens und das Streben nach Aufmerksamkeit und Anerkennung in Online-Netzwerken geht Hand in Hand mit einem großen gesellschaftlichen Trend, den Soziologen als »kulturellen Narzissmus« bezeichnen. Der Begriff geht auf die antike Sage des Narkissos aus der griechischen Mythologie zurück: ein gutaussehender Jüngling, der von der Nymphe Echo mit einem Fluch belegt wurde, weil er aus Stolz ihre Liebe nicht erwiderte. Fortan war er gezwungen, stets sein eigenes Spiegelbild im Wasser zu bewundern, das sich ihm aber immer, wenn er es berühren wollte, entzog. Narzisstische Menschen haben ein überhöhtes Selbstwertgefühl und entwickeln Selbstverliebtheit und Eitelkeit. Es ist kein Zufall, dass einige der populärsten Produkte der Nullerjahre, das iPhone, der iPod und das iPad der Firma Apple, diese überhöhte Form des Individualismus im Namen trägt: Denn das »i« steht nicht nur für »Internet«, sondern auch für »I«, das englische »Ich«, und soll die persönliche Note der Produkte betonen. Der Psychoanalytiker Sigmund Freud ordnete dem narzisstischen Charaktertypus ein hohes Maß an Aggressivität, Selbsterhaltungstrieb und Aktivität zu. Seit den frühen 1980er-Jahren ist laut Untersuchungen der kalifornischen Sozialpsychologen Jean Twenge und Keith Campbell, die Langzeituntersuchungen durchführten, der Anteil narzisstisch veranlagter Personen in westlichen Gesellschaften deutlich gestiegen. Waren es im Jahr 1982 etwa 15 %, konnte man 2006 bereits 25 % der Untersuchten als narzisstisch einstufen. »Es gibt eine narzisstische Kultur, die durch bestimmte Internetseiten noch deutlicher ausgebildet wird, was den Narzissmus wiederum weiter ausprägt. Das ist ein ernster Teufelskreis, der da entsteht«, sagte Twenge 2007 in einem Interview gegenüber der Internet-Plattform Macon.TV.

Die österreichische Medienwissenschaftlerin Martina Mara hat im Sommer 2008 für ihre Diplomarbeit »Narziss im Cyberspace« 1600 Nutzer des Online-Netzwerks StudiVZ untersucht. Die Ergebnisse zeigen, dass narzisstisch veranlagte User (etwa ein Viertel der Untersuchten wiesen einen hohes narzisstisches Persönlichkeitsinventar, kurz NPI, auf) mehr Kontakte hinzufügen, mehr Fotos hochladen und parallel dazu mehr andere Online-Netzwerke nutzen. Außerdem haben Online-Netzwerke einen höheren Stellenwert zur Selbstdarstellung für sie.[86] »In ihrer Gesamtheit belegen die Untersuchungsergebnisse sehr klar einen Zusammenhang zwischen narzisstischer Persönlichkeitstendenz und der Nutzungsmotivation von studiVZ-Nutzern, der Größe ihres virtuellen Freundeskreises sowie verschiedenen Verhaltensmustern zur Eindruckssteuerung und Konstruktion einer attraktiven Ich-Repräsentanz«, fasst Mara ihre Untersuchungsergebnisse zusammen. »Auf-

grund der funktionalen Analogien zwischen den Social Network Sites studiVZ und Facebook sind die Ergebnisse von ›Narziss im Cyberspace‹ wohl
auch auf die deutschsprachigen Nutzer letzterer Plattform anwendbar.«[87]

Der deutsche Schriftsteller und Journalist Martin Simons steht dieser
Entwicklung sehr kritisch gegenüber und schreibt in seinem Buch »Vom
Zauber des Privaten. Was wir verlieren, wenn wir alles offenbaren« von der
»Entfesselung der Privatsphäre«, die durch Handys, soziale Netzwerke im
Internet und Boulevardmedien vorangetrieben werde. Schamloses Verhalten
und Selbstentblößungen seien heute gesellschaftlich akzeptiert. Er äußert
sein Unbehagen über das immer intensivere Heischen um Aufmerksamkeit,
das er in seinem Bekanntenkreis beobachtet, dem aber ein größeres Problem
zugrunde liege: »Viele fühlen sich verloren, haltlos, manchmal verzweifelt
und suchen daher auf eine narzisstische Weise Geborgenheit in einem dis-
tanz- und schamlosen sozialen Umgang«[88], schreibt Simons. »Im Grunde
kann man die Öffnung der Privatsphäre für die Halböffentlichkeit, wie man
sie in sozialen Netzwerken praktiziert, auch als Zeichen einer tief verwurzel-
ten Einsamkeit spätmoderner Menschen lesen.«[89]

Cyberkriminelle

Im März 2010 gelang der italienischen Polizei ein spektakulärer Fang: Sie
konnte den Mafia-Boss Pasquale Manfredi von der kalabrischen 'Ndranghe-
ta fassen. Die Verhaftung gelang aber nicht dank Beschattungen und Under-
cover-Recherchen, sondern aufgrund der Überwachung von Manfredis Facebook-Profil. »Scarface«, so der Spitzname des 33-jährigen Mafioso, zählte
zu den 100 gefährlichsten Verbrechern Italiens, hatte jedoch mit einem nicht
gerechnet: Die Fahnder konnten ihn ausforschen, indem sie den Standort
seines Notebooks, von dem aus er sich über ein USB-Modem ins Internet
einwählte, orten konnten. In einer nächtlichen Aktion konnte er in seinem
Versteck in der kalabrischen Kleinstadt Crotone dingfest gemacht werden.
Das Beispiel zeigt: Kriminelle als auch Polizei haben sich schon unter die
mehr als 500 Millionen Nutzer gemischt. So wurde im Jänner 2010 bekannt, dass der britische Unterwelt-Boss Colin Gunn, der wegen Anstiftung
zum Mord hinter Gittern sitzt, Facebook als Draht zur Außenwelt nutzte
und »Freunde« regelmäßig sehr eindeutige Drohungen via Direktnachricht
zukommen ließ. Zugang zu seinem Profil bekam er ganz einfach über die
Gefängniscomputer, die zu Ausbildungszwecken installiert worden waren.

Außerdem ist bekannt, dass FBI-Agenten undercover bei Facebook eingeloggt sind, um etwa Aussagen von Verdächtigen mit ihren Aktivitäten auf
Facebook abzugleichen.

Die meisten Gangster, die bei Facebook aktiv werden, sind aber keine
Mitglieder der Mafia, sondern Cyberkriminelle, die es auf die Daten der
Nutzer abgesehen haben. Das Online-Netzwerk ist wegen der vielen ech-
ten Identitäten, die Nutzer dort angelegt haben, ein besonders attraktives
Ziel für Attacken. Versender von Spam-Nachrichten (unerwünschte Werbebotschaften) sind dabei am aktivsten: Sie versuchen, über gefälschte oder
gestohlene Profile mit echten Nutzern Kontakt aufzubauen und ihnen dann
Spam-Botschaften unterzujubeln. Diese versuchen entweder, zweifelhafte
Angebote (von der Potenzpille bis zur berühmten »Nigeria-Connection«)
feilzubieten oder den ahnungslosen Nutzer auf eine Phishing-Seite zu locken. Diese sind oft den Webseiten großer Banken nachempfunden und dienen allein dazu, die Login-Daten der Kunden abzuhören. Facebook konnte
bereits zwei Mal erfolgreich gegen besonders aktive Spammer vorgehen: Im
November 2008 wurden Adam Guerbuez und die Firma Atlantis Blue Capital zu einer Geldstrafe von 873 Millionen Dollar (etwa 676 Millionen
Euro) verdonnert, knapp ein Jahr später wurde Sanford Wallace mit einer
Strafe von 711 Millionen Dollar (etwa 550 Millionen Euro) belangt. Zwar
wird Facebook wohl niemals die vollen Beträge zu sehen bekommen, allerdings sind solche Strafgelder nette Nebeneinkommen, die in die technische
Infrastruktur (Server etc.) investiert werden. Ein zweites Betätigungsfeld für
Cyberkriminelle ist der Handel mit gestohlenen Facebook-Accounts (sogenanntes »Cybersquatting«). Diese sind in der Regel für Spammer interessant,
die über diese ein Vertrauensverhältnis zu anderen Nutzern aufbauen wollen,
um ihnen dann zwielichtige Angebote zu unterbreiten. So wurde im Mai
2010 bekannt, dass ein Hacker namens Kirllos 1,5 Millionen Login-Daten
von Mitgliedern zum Verkauf anbot. Er war offensichtlich an E-Mail-Adressen samt der zugehörigen Passwörter gelangt und verscherbelte sie nun
in 1000er-Paketen zu Preisen zwischen 25 und 45 Dollar – pro Account
verlangte er demnach nur 2,5 Cent. Mit diesen Dumping-Preisen unterbot
er andere Cyberkriminelle, die für vergleichbare Daten zwischen einem und
20 Dollar pro Stück verlangen. Den Sicherheitsexperten iDefense von veriSign zufolge konnte Kirllos in kürzester Zeit 700.000 Account-Zugänge
verkaufen.[90]

Wie die Cyberverbrecher an die heiklen Daten kommen, ist nicht immer
klar, allerdings werden die Sicherheitsvorkehrungen von Online-Netzwerken

und insbesondere von Facebook immer wieder bemängelt. Im März 2010 enthüllte ein Software-Fehler 30 Minuten lang sämtliche E-Mail-Adressen der Mitglieder, im Mai 2010 erlaubte eine Sicherheitslücke mit einem simplen Trick die Einsicht privater Chatnachrichten von Freunden. Im selben Monat musste Facebook außerdem eine Schwachstelle schließen, die es Hackern auf einfachste Weise erlaubte, in Profile einzudringen, wie der Sicherheitsanalyst M. J. Keith von der Firma Alert Logic entdeckte. Zusätzlich wurde bekannt, dass ein Software-Fehler nicht nur anonymisierte Daten an Werbetreibende weiterleitete, sondern auch die eigentlich zu schützenden Namen der Nutzer. »Es gibt manchmal Software-Fehler, und das ist Scheiße. Aber das Grundprinzip ist, dass wir keine persönlichen Informationen an Werbetreibende weitergeben«, kommentierte Zuckerberg die Vorfälle später.

Auch Wissenschaftler weisen immer wieder auf Sicherheitslücken von Online-Netzwerken hin. So warnte Gilbert Wondracek von der Technischen Universität Wien im April 2010 vor sogenannten Deanonymisierungsattacken, die auf Online-Netzwerke wie XING und Facebook in einem Text erfolgreich durchgeführt werden konnten. Dabei werden öffentlich einsehbare Mitgliederlisten von Gruppen mit Informationen, die Hacker aus dem Browser-Suchverlauf eines Nutzers auslesen können, zu sehr genauen Personenprofilen zusammengerechnet. Diese Daten können in Folge dazu missbraucht werden, betroffenen Personen Spam-Nachrichten zu schicken, ihre Kreditkarten- und Kontonummern zu stehlen oder sie im schlimmsten Fall sogar zu erpressen, wie mir Wondracek in einem Gespräch erklärte. Er hat die Betreiber der Online-Netzwerke auf die Schwachstelle (die eindeutige Facebook-ID-Nummer, die jeder Nutzer hat, kann sehr leicht ausgelesen werden) hingewiesen, allerdings hat nur XING reagiert und diese behoben. Ein weiteres Problem ist der Like-Button: Wie Arnab Nandi von der University of Michigan herausgefunden hat, kann der »Gefällt mir«-Knopf sehr leicht manipuliert werden. Dabei bewertet man einen eingeblendeten, harmlosen Inhalt als gut (z. B. das Bild einer Katze), im Hintergrund aber wird ein ganz anderer Content, etwa eine Werbebotschaft »gelikt«. Da mit dem Anklicken des Like-Buttons immer eine Botschaft an alle Facebook-Freunde einhergeht, wird man so zur Spam-Schleuder und verschickt Nachrichten, die die Kontakte auf Phishing-Seiten oder zu Abzocker-Angeboten locken.[91]

Facebook ist der US-Bürgerrechtsorganisation »Electronic Frontier Foundation« (EEF) zufolge übrigens besonders kooperativ, was die Herausgabe von Daten an Fahnder angeht. Dabei werden auf Anfrage Informationen über Verdächtige wie etwa Fotos, Kontaktinfos, Gruppenmitglieder oder

IP-Adressen an die Behörden weitergegeben.[92] Ein mir vorliegendes Dokument mit dem Titel »Facebook Subpoena/Search Warrant Guidelines« gibt Auskunft darüber, welche Daten an Ermittler herausgeben werden. Dazu müssen die User-ID, die E-Mail-Adresse oder andere Daten wie Geburtstag, Adresse etc. des Verdächtigten vorliegen, damit dessen Profil eindeutig identifiziert werden kann. Dann kann Facebook folgende Daten herausgeben: einen kompletten Ausdruck des Profils, eine komplette Sammlung aller hochgeladenen, nicht gelöschten Fotos, alle angegeben Kontaktdaten (von der Telefonnummer bis zur Adresse), alle Mitglieder der nachgefragten Gruppe sowie sämtliche »IP Logs«, die Auskunft darüber geben, welche Facebook-Seiten zu welcher Zeit von welcher IP-Adresse aus abgerufen wurden.

Mitmachen oder aussteigen?

Die große Frage zum Schluss: Einloggen oder aussteigen, weitermachen oder abmelden, rein oder raus? In diesem Kapitel habe ich dargelegt, welche Veränderungen und Gefahren mit dem Online-Netzwerk einhergehen, doch die endgültige Entscheidung, ob Sie Ihren Account weiter betreuen oder löschen sollen, kann ich Ihnen nicht abnehmen. Deswegen will ich Ihnen noch einmal die wichtigsten Regeln und Pflichten zusammenfassen, die man in den Nutzungsbedingungen (die nur die wenigsten lesen) akzeptiert:[93]

»Du gibst uns eine nicht-exklusive, übertragbare, unterlizenzierbare, unentgeltliche, weltweite Lizenz für die Nutzung aller IP-Inhalte, die du auf oder im Zusammenhang mit Facebook postest (»IP-Lizenz«)«:
Damit darf Facebook sämtliche Fotos, Videos, Status-Updates etc. auf anderen Profilen und fremden Webseiten, die ein Social Plugin (z. B. den Like-Button) integriert haben, anzeigen, der Urheber kann so keine Gebühr dafür verlangen.

»Wenn du IP-Inhalte löschst [...], sollte dir bewusst sein, dass entfernte Inhalte für eine angemessene Zeitspanne in Sicherheitskopien fortbestehen«:
Sämtliche Daten, die man aus seinem Profil löscht, bleiben noch eine bestimmte Zeitspanne auf den Servern der Firma gespeichert.

»Entfernte oder gelöschte Daten können für eine Dauer von max. 90 Tagen noch in Sicherungskopien vorhanden sein, stehen anderen jedoch nicht mehr zur Verfügung«:
Sollte man sich dafür entscheiden, ein Foto oder das gesamte Profil zu löschen, bleiben die Daten noch bis zu 90 Tage auf den Facebook-Servern gespeichert. Vorsicht: Wer sein Konto nur deaktiviert, dessen Daten werden auf Dauer aufgehoben, weil Facebook annimmt, dass der Ex-Nutzer vielleicht wieder zurückkommt.

»Wenn du die Einstellung ›Alle‹ bei der Veröffentlichung von Inhalten oder Informationen verwendest, können alle Personen, einschließlich solcher, die Facebook nicht verwenden, auf diese Informationen zugreifen, sie verwenden und sie mit dir assoziieren«:
Damit sichert sich Facebook gegen ein weitverbreitetes Missverständnis ab: Oft glauben Nutzer, mit der Einstellung »Alle« eine Information allen anderen Facebook-Nutzern zugänglich zu machen, tatsächlich ist sie aber für jeden Internetnutzer über Suchmaschinen auffindbar.

»Du wirst mittels automatisierter Mechanismen (wie Bots, Roboter, Spider oder Scraper) keine Inhalte oder Informationen von Nutzern erfassen«:
Dieser Passus sorgt oft für Probleme, wenn Nutzer in kurzer Zeit viele Freundschaftsanfragen oder Nachrichten mit demselben Text (z. B. Einladungen zu einer Feier) verschicken. Dann glaubt das Facebook-System, dass kein Mensch, sondern ein automatisches Programm diese Eingaben tätigt und sperrt das Profil.

»Du wirst andere Nutzer weder tyrannisieren noch einschüchtern oder schikanieren. […] Du wirst keine Inhalte posten, die: verabscheuungswürdig, bedrohlich oder pornografisch sind, zu Gewalt auffordern oder Nacktheit oder Gewalt enthalten. […] Du wirst Facebook nicht verwenden, um rechtswidrige, irreführende, bösartige oder diskriminierende Handlungen durchzuführen«:
Diese Regeln sind auf den ersten Blick vernünftig und logisch, haben aber schon zu Problemen geführt. So wurden Anfang 2009 Bilder von stillenden Müttern gelöscht, weil die teilweise erkennbaren Brüste als pornografisch eingestuft wurden.

»Du wirst keine falschen persönlichen Informationen auf Facebook bereitstellen. [...] Deine Kontaktinformationen sind korrekt, und du wirst sie auf dem neuesten Stand halten«:
Damit verpflichtet man sich, korrekte und aktuelle Daten über sich anzugeben. Es gibt zahlreiche Fälle, in denen Profile mit erfundenen Namen gelöscht wurden – aber auch Profile von Personen, die ihren echten Namen angegeben haben, die auf Facebook-Filter aber wie Fantasienamen wirkten.

»Du bist damit einverstanden, dass deine persönlichen Daten in die USA weitergeleitet und dort verarbeitet werden«:
Sämtliche Informationen und Daten, die man bei Facebook hochlädt, wandern auf die zentralen Server, die in den Vereinigten Staaten stehen. Damit unterliegen sie nicht mehr der Rechtsprechung des eigenen Landes.

»Wenn du über einen Computer, ein Handy oder ein anderes Gerät auf Facebook zugreifst, sammeln wir u. U. von diesem Gerät Informationen über deinen Browsertyp, deinen Standort, deine IP-Adresse und die Seiten, die du besuchst«:
Das Online-Netzwerk speichert den Typ des Mobiltelefons, den Aufenthaltsort bis zur IP-Adresse, die einen Computer eindeutig identifizierbar macht, ab. Diese Daten können im Ernstfall an ermittelnde Behörden weitergegeben werden.

»Facebook ermöglicht es dir, andere Personen auf einfache Weise zu finden und mit ihnen in Verbindung zu treten. Aus diesem Grund gibt es für deinen Namen und für dein Profilbild keine Privatsphäre-Einstellungen«:
Foto und eigener Name können nicht vor Suchmaschinen wie Google verborgen werden und sind in jedem Fall abrufbar.

»Um dir die Möglichkeit zu geben, auch außerhalb von Facebook nützliche Erfahrungen im sozialen Bereich machen zu können, sind wir gelegentlich gezwungen, vorab genehmigten Webseiten und Anwendungen von Drittparteien, die sich auf die Facebook-Plattform stützen, allgemeine Daten über dich zur Verfügung zu stellen, wenn du diese besuchst«:
Dabei handelt es sich um die höchst strittige »Instant Personalization«, die es fremden Webseiten erlaubt, ihre Inhalte auf eigene Interessen anzupassen. Dabei werden Nutzerdaten ungefragt und automatisch an fremde

Webseiten weitergeleitet. Bis zum Redaktionsschluss dieses Buches waren die Webseiten Yelp.com, Pandora.com und Docs.com Drittparteien dieser Vereinbarung.

»Wir können Dienstleistern Informationen zur Verfügung stellen, damit wir die von uns angebotenen Dienstleistungen besser erbringen können. […] Diese Dienstleister können u. U. für einen beschränkten Zeitraum auf deine persönlichen Informationen zugreifen«:
Damit kann Facebook anderen Firmen Zugriff auf persönliche Daten geben. Wer diese Dienstleister sind und was sie mit den Daten genau machen dürfen, verrät Facebook aber nicht.

»Bei einer Änderung der Eigentumsverhältnisse, d. h. einem Übergang des Eigentums am gesamten oder nahezu gesamten Unternehmen, dürfen wir deine Informationen an den neuen Eigentümer übertragen«:
Im Klartext heißt das, dass sämtliche Daten an Google, Microsoft oder eine andere Firma gehen, die Facebook übernimmt.

»Du wirst sämtliche Ansprüche, Klagegegenstände oder Streitfälle (›Anspruch‹), die du uns gegenüber hast und die sich aus dieser Erklärung oder aus Facebook oder in Verbindung damit ergeben, ausschließlich vor einem Staats- oder Bundesgericht in Santa Clara County, Kalifornien, klären«:
Wer mit Facebook Rechtsstreitigkeiten hat, muss diese in Kalifornien, dem Sitz der Firma, austragen, egal aus welchem Land er selbst kommt – für den Durchschnittsbürger wohl ein Ding der Unmöglichkeit.

Falls Sie keine Lust mehr haben, weiter ein Facebook-Konto zu betreiben, gibt es verschiedene Webseiten, die beim Ausstieg behilflich sind. So hat etwa der Wiener Medienkünstler Gordan Savicic, der in Rotterdam lebt, die »Web 2.0 Suicide Machine« (http://suicidemachine.org) programmiert. Diese Webseite des sympathischen Schnauzbart-Trägers löscht nach Eingabe der Login-Daten sämtliche Informationen, Bilder und Videos aus dem eigenen Facebook-Profil. »Alle Kontakte, die man mit der Zeit gesammelt hat, werden nach der Reihe gelöscht, bis ein Profil mit null Freunden überbleibt«, erklärt Savicic. Mit der Webseite, die er eher als Kunstprojekt denn als wirklichen Internet-Service ansieht, will er auf die vielen Stunden aufmerksam machen, die Facebook-Nutzer seiner Ansicht nach verschwenden. »Während man eigentlich seine Wohnung putzen sollte, markiert man lieber

Fotos«, so Savicic. Bislang haben mehr als 4000 Menschen den Dienst in Anspruch genommen. Auch Facebook wurde auf Savicics Treiben aufmerksam und forderte ihn in einem Drohschreiben auf, seine Webseite sofort einzustellen. Außerdem hat sich in Prinzersdorf nahe der niederösterreichischen Landeshauptstadt St. Pölten der »Verein der Freunde des Aussteigens aus sozialen Netzwerken« formiert. Unter www.ausgestiegen.com bietet man Hilfestellung, wie man sein Facebook-Profil am besten löscht.

Sollten Sie Facebook-Mitglied bleiben, empfehle ich folgende »Privatsphäre-Einstellungen«, die Sie über die Schaltfläche rechts oben in Ihrem Profil (Klick auf »Konto«) finden: Stellen Sie Ihre E-Mail-Adresse, Handynummer und Anschrift auf »Nur ich«, denn diese Daten sollten Sie nur persönlich an jemanden weitergeben, dem Sie auch Ihre Visitenkarte überreichen würden. »Beiträge von mir« sowie »Fotos und Videos, in denen ich markiert wurde« sollten Sie auf »Nur Freunde« stellen, da in diesen Bereichen am häufigsten Probleme auftreten, wenn sie auf den falschen Bildschirm gelangen. Den »Geburtstag« lassen sie am besten »Nur Freunde« wissen, schließlich dient er, so wie die E-Mail-Adresse, oft als Login bei anderen Webdiensten (z. B. bei den Wiener Büchereien). »Politische Einstellung«, »Religiöse Ansichten«, den »derzeitigen Wohnort«, »Beziehungsstatus«, »Interessiert an« (sexuelle Orientierung), »Familienmitglieder« müssen Sie gar nicht angeben, genauso wenig wie einen »Lebenslauf« oder »Lieblingszitate«.

Im Bereich »Allgemeine Informationen« können Sie außerdem festlegen, was Suchmaschinen über Sie finden dürfen. Dass Google »Name«, »Profilbild«, »Geschlecht« und »Netzwerke« abfragen kann, können Sie nicht verhindern. Gegen die »Möglichkeit, auf Facebook nach mir zu suchen«, die »Möglichkeit, mir Freundschaftsanfragen zu senden« und die »Möglichkeit, mir Nachrichten zu senden« ist nichts einzuwenden. Sie können diese auf »Alle« stellen, sofern Sie das möchten. Die »Sichtbarkeit meiner Freundesliste« sollten Sie allerdings auf »Nur für Freunde« oder besser »Nur ich« stellen, da Ihre Kontakte vielleicht nicht möchten, dass sie in Suchergebnissen auftauchen. »Informationen zu Arbeit und Ausbildung« können Sie auf »Alle« lassen, wenn Sie diese entsprechend ausgefüllt haben und möchten, dass sich künftige Arbeitgeber ein Bild von Ihnen machen können. Die »Sichtbarkeit meiner Interessen und Seiten« sollten Sie auf »Nur ich« stellen, da Sie heute nicht wissen können, auf welche »Gefällt mir«-Knöpfe (die manipuliert werden können) Sie in Zukunft klicken werden.

Auch den »Einstellungen für Anwendungen und Webseiten« sollten Sie kurz Aufmerksamkeit schenken. Wenn Sie in Zukunft nicht mehr vorhaben,

»FarmVille« zu spielen oder andere Applikationen zu verwenden, sollten Sie »alle Plattform-Anwendungen« deaktivieren, damit Drittanbieter künftig nicht mehr auf Ihre Daten zugreifen können. Wenn Sie weiter zocken wollen, tun Sie Ihren Facebook-Kontakten einen Gefallen und stellen »Aktivitäten in Spielen und Anwendungen« auf »Nur ich« – nicht alle interessieren sich dafür, welche Spielerfolge und Quizergebnisse Sie erlangt haben. Der Bereich »Informationen, die durch deine Freunde zugänglich sind« ist besonders wichtig, er regelt, welche Daten an Facebook-Anwendungen weitergegeben werden, wenn einer Ihrer Freunde eine solche benutzt. Hier nehmen Sie am besten jedes Häkchen weg, es sei denn, Sie wollen Ihre Daten unbedingt an fremde Firmen weiterleiten, nur weil ein Facebook-Freund deren Software benutzt. Unter »Öffentliche Suche« können Sie außerdem festlegen, ob Google und Konsorten Ihre öffentlichen Informationen (für »Alle« sichtbar) finden.

Die Zukunft

Prognosen sind in der schnelllebigen Internet-Branche immer schwer zu treffen. Neue Webdienste explodieren und verglühen schneller, als ihnen lieb ist, und nur wenigen von ihnen ist ein längeres Überleben an der Spitze beschieden. Vieles spricht dafür, dass Facebook noch einige Jahre ganz vorne mitmischen wird. Wenn alles nach Zuckerbergs Plan läuft, wird Facebook tatsächlich der E-Mail den Rang ablaufen – allerdings nicht als Kommunikationskanal, sondern zur Verifizierung der Online-Identität. Heute meldet man sich meist mit seiner E-Mail-Adresse zur eindeutigen Identifizierung bei anderen Internetdiensten an. Immer mehr Webseiten werden die Social Plugins – vom Like-Button bis zum Facebook Login – integrieren, und damit wird das Facebook-Profil zum Internet-Ausweis, den man überall vorweisen muss. Gelingt Facebook dieser Schritt, wird seine Personen-Datenbank zum Klebstoff, der die nächste Generation des Web, das semantische Web, zusammenhält: Tim Berners Lee, der Erfinder des World Wide Web, stellt sich dieses Web 3.0 folgendermaßen vor: »Man nimmt Daten und kombiniert sie miteinander. So könnten etwa alle Orte, an denen meine Freunde sind, mit jenen abgeglichen werden, wo man selbst gerne Kaffee trinkt. Und schon weiß man, wo man seinen Freund zum Lunch treffen kann«, sagte Lee bereits 2007. Vergleicht man diese Vision mit dem Open Graph, wie ihn Facebook bereitstellt, kommt sie den technologischen Möglichkeiten schon sehr nahe: Facebook lässt andere Webseiten automatisch wissen, wer man ist und welche Vorlieben man hat, und zeigt uns so den Weg zu unseren gewünschten Produkten und Dienstleistungen.

Eine zentrale Rolle spielt dabei das Mobiltelefon. In diesem Bereich wird Facebook am stärksten wachsen und die meisten neuen Funktionen und Services anbieten. Die grundlegende Idee dabei ist, dass das Smartphone zu einer Art Chefsekretär wird, uns durch den Tag leitet und uns das Nachdenken abnimmt. Stellen Sie sich einen Geschäftsreisenden vor: Per Handy-Ortung wird der Flugschalter informiert, dass er im Anmarsch ist und checkt ihn automatisch ein. Am Ankunftsort wird der Autoverleih informiert, dass der Kunde angekommen ist, und stellt ihm seine bevorzugte Marke bereit. Währenddessen aktualisiert die Kalenderfunktion des Handys die anstehenden Meetings und lotst unseren Reisenden zeitgerecht zu den Treffen. Nebenbei wird das Hotel informiert, dass er sich möglicherweise verspäten könnte, weil sich Downtown ein Stau anbahnt. Zusätzlich dient das Mobiltelefon als Dolmetscher, Zahlungsmittel und Unterhalter. In dieser Zukunft möchte Facebook jener Onlinedienst sein, der den Vermittler zwischen allen anderen Services spielt und Hotel-Webseite, Navigationsfunktion, Autoverleih und den Geschäftspartnern die nötigen Basisinfos zuspielt. Aus diesem Grund würde es mich nicht wundern, wenn Facebook – so wie Google und Apple zuvor – ein Handybetriebssystem auf den Markt bringt, auf dem andere mobile Dienste im Sinne der »Facebook-Plattform« aufbauen können. Die notwendigen Funktionen (Status-Update statt SMS, Direktnachricht statt E-Mail, Spiele, Kalender etc.) bieten sie bereits, und das nötige Personal (u. a. Eric Tseng, der Entwickler des Android-Betriebssystems) ist ebenfalls an Bord. Was ich nicht glaube, ist, dass Facebook eigene Hardware, sprich ein eigenes Handy herausbringen wird. Der Misserfolg des Google-Handys »Nexus One«, das nach einem halben Jahr wieder vom Markt genommen wurde, wird Zuckerberg eine Lehre sein.

Wenn Facebooks Wachstum weitergeht wie bisher – etwa alle fünf Monate kommen 100 Millionen neue Nutzer dazu –, zählt das Online-Netzwerk Ende 2010 etwa 600, im Mai 2011 etwa 700 und im Oktober 2011 etwa 800 Millionen Mitglieder. Ich glaube nicht, dass Zuckerberg sein Traumziel von einer Milliarde Nutzern erreichen wird, das hat bisher nur Google geschafft. 2011 wird deswegen das Jahr sein, in dem das Wachstum abflachen wird und Facebooks Investoren beginnen, auf einen Börsengang zu drängen, der bisher immer aufgeschoben wurde. Spätestens 2012 wird es dann so weit sein: Facebook-Aktien werden öffentlich gehandelt. Zuckerberg hat dafür die Aktienstruktur bereits Ende 2009 entsprechend vorbereitet: Sie sieht eine Zweiklassenstruktur vor, bei der alle bisherigen Anteilseigner von Facebook sogenannte »Class B«-Aktien bekommen, die zehn Mal mehr Stimmen haben als die restlichen »Class A«-Papiere. Der Facebook-Chef und seine engsten Vertrauten (Peter Thiel und sein Founders Fund, Jim Breyer und Accel Partners, Yuri Milner und Digital Sky Technologies, Microsoft, Greylock Partners, Meritech Capital Partners, der Hongkonger Milliardär Li Ka-shing) sitzen dann fest im Sattel und Zuckerberg wird an der Spitze des Unternehmens bleiben. Vorbild für diese Aktienstruktur war übrigens Facebook-Vorstand Don Graham, der seine Position als Herausgeber der Washington Post Company ähnlich gefestigt hat. Ein Verkauf steht nicht mehr zur Debatte: Dafür ist Mark Zuckerberg zu versessen darauf, die Kontrolle zu behalten, und außerdem gibt es keine andere Firma mehr, die sich Facebook leisten könnte. Der Wert des Online-Netzwerks wird in Insiderkreisen bereits auf mehr als 20 Milliarden Dollar geschätzt. Selbst Google, Apple und Microsoft müssten große Teile ihrer Jahresumsätze dafür hinblättern.

Mit einer weiteren Explosion der Nutzerzahlen und einem Börsengang muss Facebook außerdem seine Einnahmequellen erweitern. Ich gehe davon aus, dass Facebook – ähnlich dem Googlesystem AdSense – Werbung auf fremden Webseiten schalten wird und sich die Erlöse mit den Kooperationspartnern teilen wird. Die Technologie dazu gibt es ja wie gesagt schon: Einer der Social Plugins ist eine Box namens »Recommendations«, die Nutzern auf fremden Webseiten Facebook-Seiten vorschlägt, die ihnen möglicherweise gefallen könnten. Es ist vorstellbar, dass sich unter diese Empfehlungen auch bezahlte Anzeigen mischen – ähnlich wie bei Twitter, wo Werber eines von zehn »Trending Topics« kaufen können. Außerdem werden die Facebook Credits als Online-Währung vorangetrieben. Im Juli 2010 hat Facebook seinen Nutzern je 15 Credits zur freien Verfügung geschenkt, um die breite Masse auf die Zahlungsmöglichkeit aufmerksam zu machen. Nach den Anbietern von Facebook-Spielen werden auch andere Plattform-Entwickler auf die Währung aufspringen, um Zusatzdienste (z. B. Musik-Streaming) zu verkaufen. Außerdem gehe ich davon aus, dass die Plattform und der Open Graph nicht immer kostenlos nutzbar sein werden. Für Zusatzfunktionen – etwa erweiterte Verwaltungsmöglichkeiten für Facebook-Seiten – werden Firmen zur Kassa gebeten werden, genauso wie für den Einsatz des Like-Buttons und seiner Artverwandten auf anderen Webseiten. Fix ist, dass keine Mitgliedsbeiträge von den Nutzern selbst erhoben werden.

Auf Facebooks weiterem Weg liegen allerdings einige große Stolpersteine, allen voran der wachsende Widerstand gegen die Missachtung der Privatsphäre. Ende Juli 2010 wurde bekannt, dass ein Hacker mit einem simplen Programm Datensätze über mehr als 100 Millionen Mitglieder auslesen konnte – einfach deswegen, weil alle diese Daten öffentlich zugänglich sind.[94] Das Online-Netzwerk kann sich nicht mehr viele solcher Vorfälle leisten, denn nach Datenschützern werden auch immer mehr Politiker auf die Missstände aufmerksam, von Washington bis Berlin. Auch die Nutzer selbst sind alles andere als zufrieden: Im »American Consumer Satisfaction Index«, der die Kundenzufriedenheit für verschiedene Branchen und Marken erhebt, lag Facebook in den USA mit 64 Punkten gleichauf mit den traditionell ungeliebten Fluggesellschaften und Kabel-TV-Anbietern.[95] Deswegen wird Facebook weiter in die Kundenbetreuung investieren müssen. Ein erster Schritt dafür wurde schon gesetzt, denn in Indien wurden 500 neue Mitarbeiter angestellt – das Land ist dafür bekannt, dass dort billige Callcenter betrieben werden können.

Auch wenn die Zustimmung zu dem Webdienst weiter sinkt, glaube ich nicht, dass der große Facebook-Exodus, eine Massenauswanderung, wie sie regelmäßig herbeigeschrieben wird, einsetzt. Dazu fehlt eine Alternative, die die Besucherströme zu sich umleiten und ihnen eine neue Heimat bieten kann. Das Diaspora-Projekt der vier New Yorker Studenten, die ein freies, nicht kommerzielles Anti-Facebook schaffen wollen, ist zwar sympathisch und ambitioniert, wird die breite Masse jedoch nur schwer erreichen. Googles Online-Netzwerk »Google Me« ist ebenfalls kein Garant für ein verfrühtes Facebook-Aus – denn warum sollten die Nutzer ihre Daten einem Internetkonzern anvertrauen, der ebenfalls ständig im Kreuzfeuer der Datenschützer steht?

Ich halte ein anderes Szenario für wahrscheinlicher, das als »Facebook Fatigue« bezeichnet wird: Die Nutzer beginnen sich zu langweilen und werden der immer intensiveren Bewerbung von Marken und Produkten auf Facebook überdrüssig. Mittlerweile ist vielen Mitgliedern bewusst, dass die intimen Details, die sie in ihre Facebook-Profile schreiben, nicht lange geheim bleiben. Schon heute zeichnet sich ab, dass vor allem die jüngere Generation immer restriktiver mit ihrer Privatsphäre umgeht. Die Folge: Menschen werden immer häufiger davon absehen, heikle Fotos und Nachrichten online zu stellen, mit dem Effekt, dass es immer weniger wirklich Interessantes für andere Schaulustige zu sehen und lesen gibt – die Nutzung sinkt. Vielleicht wird es dann so sein wie am Ende des Films »Die Truman Show« von Peter Weir mit Jim Carrey: Die Geheimnisse sind aufgedeckt, die Geschichte fertig erzählt, und die Menschen wenden sich wieder anderen Beschäftigungen zu. Bis dahin ist aber eines sicher: Es bleibt spannend.

P.S.: Über alle weiteren Geschichten, Entwicklungen und Neuheiten aus der Facebook-Welt, die nach der Fertigstellung dieses Buches stattfinden, lesen Sie in meinem Weblog www.phaenomenfacebook.com oder unter www.facebook.com/phaenomenFB. Ich freue mich auf Ihr Feedback, Ihre Fragen und Ihre Anmerkungen!

Anmerkungen

1   siehe http://blog.oup.com/2009/11/unfriend/ (Stand: 11. Juli 2010)
2   Kirkpatrick, David, The Facebook Effect. The Inside Story of the Company that is Connecting the World, Simon & Schuster, New York 2010, S. 192
3   siehe http://www.youtube.com/watch?v=Izg1EVeSocM (Stand: 9. Juli 2010)
4   siehe http://glastonbury.orange.co.uk/glastotag (Stand: 25. Juli 2010)
5   siehe http://techcrunch.com/2010/06/07/facebook-video/ (Stand: 30. Juli 2010)
6   siehe http://bits.blogs.nytimes.com/2010/06/11/mobile-uploads-spurs-facebook-video-growth (Stand: 15. Juli 2010)
7   siehe http://www.spiegel.de/netzwelt/web/0,1518,663822,00.html (Stand: 11. Juli 2010)
8   Kirkpatrick, David: The Facebook Effect. The Inside Story of a Company that is Connecting the World, Simon & Schuster, New York 2010, S. 215 f.
9   siehe http://techcrunch.com/2009/12/09/60-million-people-a-month-use-facebook-connect/ (Stand: 13. Juli 2010)
10 siehe http://social.venturebeat.com/2010/07/07/facebook-like-buttons/ (Stand: 13. Juli 2010)
11 siehe http://digitalaffairs.at/wp-content/uploads/2010/06/Facebook_Like_Button_Whitepaper.pdf (Stand: 13. Juli 2010)
12 siehe http://blog.nielsen.com/nielsenwire/online_mobile/the-state-of-mobile-apps/ (Stand: 14. Juli 2010)
13 siehe http://www.quora.com/What-does-Dustin-Moskovitz-think-of-the-Facebook-movie (Stand: 19. Juli 2010)
14 siehe http://techcrunch.com/2010/06/24/kirkpatrick-facebook-effect/ (Stand: 26. Juli 2010)
15 siehe http://bx.businessweek.com/facebook/view?url=http%3A%2F%2Fwww.businessinsider.com%2Fhow-mark-zuckerberg-hacked-into-the-harvard-crimson-2010-3 (Stand: 19. Juli 2010)
16 siehe http://articles.latimes.com/2010/mar/18/business/la-fi-facebook18-2010mar18 (Stand: 19. Juli 2010)
17 siehe http://valleywag.gawker.com/392845/zuckerberg-follows-jobs-page-skoll-to-ashram, (Stand: 18. Juli 2010)
18 Kirkpatrick, David, The Facebook Effect. The Inside Story of a Company that is Connecting the World, Simon & Schuster, New York, 2010, S. 168
19 siehe http://www.sueddeutsche.de/digital/mark-zuckerberg-bei-den-cannes-lions-falsch-verbunden-1.966084-2 (Stand: 30. Juli 2010)
20 siehe http://www.spiegel.de/wirtschaft/0,1518,460645,00.html (Stand: 15. Juli 2010)
21 Kirkpatrick, David, The Facebook Effect. The Inside Story of the Company that is Connecting the World, Simon & Schuster, New York 2010, S. 322
22 siehe http://www.greylock.com/team/team/4/ (Stand: 17. Juli 2010)
23 siehe http://www.iqt.org/about-iqt/our-team/board-of-trustees.html (Stand: 17. Juli 2010)
24 Friedl, Walter, »Der Facebook-Freund könnte FBI-Agent sein«, Kurier, 18. März 2010, Seite 5
25 Kirkpatrick, David, The Facebook Effect. The Inside Story of the Company that is Connecting the World, Simon & Schuster, New York 2010, S. 240
26 siehe http://techcrunch.com/2010/06/28/elevation-invests-another-120-million-in-facebook-as-that-ipo-looks-more-distant/ (Stand: 17. Juli 2010)
27 Tabelle 1, Digital Affairs, Stand: 1. Juli 2010
28 siehe http://www.digirati.eu/digirati/2010/07/07/facebook-in-zahlen (Stand: 8. Juli 2010)

29 Ebersbach Anja, Glaser Markus, Heigl Richard, Social Web, UVK Verlagsgesellschaft mbH, Konstanz, 2008, S. 81 f.
30 Ebersbach Anja, Glaser Markus, Heigl Richard, Social Web, UVK Verlagsgesellschaft mbH, Konstanz, 2008, S. 81
31 siehe http://www.sciencemag.org/cgi/content/abstract/301/5634/827 (Stand: 30. Juli 2010)
32 siehe http://research.microsoft.com/en-us/um/people/horvitz/Messenger_graph_www. htm (Stand: 30. Juli 2010)
33 siehe http://apps.facebook.com/feightlive/ (Stand: 30. Juli 2010)
34 siehe http://de.wikipedia.org/wiki/Metcalfesches_Gesetz (Stand: 30. Juli 2010)
35 Christakis, Nicholas A., Fowler, James H., Connected. The Surprising Power Of Our Social Networks And How They Shape Our Lives. Little, Brown and Company, Hachette Book Group, New York 2008, S. 28
36 Ebersbach Anja, Glaser Markus, Heigl Richard, Social Web, UVK Verlagsgesellschaft mbH, Konstanz 2008, S. 15
37 Wolley, David R., PLATO: The Emergence of Online Community, http://thinkofit. com/plato/dwplato.htm, 1994 (Stand: 30. Juli 2010)
38 Shih, Clara: The Facebook Era. Tapping Online Social Networks to Build Better Products, Reach New Audiences, and Sell More Stuff. Pearson Education, Inc., Boston 2009, S. 11 ff.
39 Groß, Mathias, Mörl, Christoph. Soziale Netzwerke im Internet. Analyse der Monetarisierungsmöglichkeiten und Entwicklung eines integrierten Geschäftsmodells. Verlag Werner Hülsbusch, Boizenburg 2008, S. 48 ff.
40 Mara, Martina, Narziss im Cyberspace, Zur Konstruktion digitaler Selbstbilder auf der Social Network Site studiVZ, Verlag Werner Hülsbusch, Boizenburg 2009, S. 24 f.
41 siehe http://www.danah.org/papers/essays/ClassDivisions.html (Stand: 30. Juli 2010)
42 siehe http://us.ft.com/ftgateway/superpage.ft?news_id=fto120420091036103397 (Stand: 30. Juli 2010)
43 James Robinson: »Why did all go wrong for the once fashionable social network?«, Guardian.co.uk, 11.04.2010 (Stand: 30. Juli 2010)
44 siehe http://www.spiegel.de/netzwelt/web/0,1518,528812,00.html (Stand: 30. Juli 2010)
45 siehe www.vincos.it/world-map-of-social-networks (Stand: 30. Juli 2010)
46 Weigert, Martin, »Von der Wiener Startup-Szene lernen«, http://netzwertig. com/2009/09/28/erfolg-im-web-von-der-wiener-startup-szene-lernen/, 28. September 2009
47 Vgl. Zahrl, Jürgen: »Im Internet-Sog von Facebook«, Kurier, 11. Mai 2010, S. 13
48 siehe www.insidefacebook.com/.../exclusive-discussing-the-future-of-facebook-and-the-facebook-ecosystem-with-ceo-mark-zuckerberg (Stand: 31. Juli 2010)
49 siehe http://corporate.xing.com/deutsch/presse/pressemitteilungen (Stand: 30. Juli 2010)
50 siehe http://www.guardian.co.uk/money/2010/apr/07/farmville-user-debt-facebook (Stand: 31. Juli 2010)
51 siehe http://wikimediafoundation.org/wiki/Financial_reports#2009-2010_fiscal_year (Stand: 30. Juli 2010)
52 Reischl, Gerald: Die Google-Falle, Ueberreuter, Wien 2008, S. 82
53 siehe http://blogs.wsj.com/digits/2010/06/24/ceo-of-pandora-web-radio-on-facebook-privacy-the-mobile-boom/ (Stand: 30. Juli 2010)
54 siehe http://www.nytimes.com/2010/03/04/technology/04facebook.html (Stand: 30. Juli 2010)
55 siehe http://www.rtr.at/de/komp/KBericht2009/K-Bericht_2009.pdf (Stand: 30. Juli 2010)
56 Groß, Mathias, Mörl, Christoph: Soziale Netzwerke im Internet. Analyse der Monetarisierungsmöglichkeiten und Entwicklung eines integrierten Geschäftsmodells, Verlag Werner Hülsbusch, Boizenburg 2008, S. 139

57 siehe http://www.insidevirtualgoods.com (Stand: 30. Juli 2010)
58 siehe http://www.insidefacebook.com/2010/06/22/exclusive-discussing-the-future-of-facebook-and-the-facebook-ecosystem-with-ceo-mark-zuckerberg (Stand: 30. Juli 2010)
59 siehe http://www.sueddeutsche.de/digital/facebook-spiele-farmville-ernte-gut-daten-schutz-mangelhaft-1.62820 (Stand: 30. Juli 2010)
60 siehe http://blogs.ft.com/techblog/2010/04/facebook%E2%80%99s-credits-bank-of-the-web (Stand: 30. Juli 2010)
61 siehe http://www.marketagent.com/webfiles/pdf/studien/%7BF348C751-6528-4997-8730-09E6C44A25D7%7D.PDF
62 siehe http://www.interbrand.com/best_global_brands.aspx (Stand: 30. Juli 2010)
63 siehe http://www.facebook.com/press/info.php?execbios (Stand: 30. Juli 2010)
64 siehe http://techcrunch.com/2010/06/29/google-clone-facebook (Stand: 30. Juli 2010)
65 siehe http://www.wired.com/techbiz/it/magazine/17-07/ff_facebookwall (Stand: 30. Juli 2010)
66 siehe http://comscore.com/Press_Events/Press_Releases/2010 (Stand: 30. Juli 2010)
67 Groß, Mathias, Mörl, Christoph: Soziale Netzwerke im Internet. Analyse der Monetarisierungsmöglichkeiten und Entwicklung eines integrierten Geschäftsmodells, Verlag Werner Hülsbusch, Boizenburg 2008, S. 98
68 siehe http://www.w3b.org/ecommerce/nutzer-lehnen-personalisierte-werbung-ab.html (Stand: 31. Juli 2010)
69 Harfoush, Rahaf: Yes We Did. An Inside Look at how Social Media Built the Obama Brand. New Riders Press, Berkeley 2009
70 siehe http://www.associatedcontent.com/article/1182668/new_england_patriots_cheerleader_caitlin.html?cat=15 (Stand: 27. Juli 2010)
71 siehe http://tech.uk.msn.com/news/articles.aspx?cp-documentid=149588992 (Stand: 27. Juli 2010)
72 siehe http://www.reuters.com/article/idUSTRE53N4JF20090424 (Stand: 27. Juli 2010)
73 Kirkpatrick, David: The Facebook Effect. The Inside Story of the Company that is Connecting the World, Simon & Schuster, New York 2010, S. 199 f.
74 siehe http://www.test.de/themen/computer-telefon/test/Soziale-Netzwerke-Datenschutz-oft-mangelhaft-1854798-1855785/ (Stand: 27. Juli 2010)
75 siehe http://www.sit.fraunhofer.de/fhg/Images/SocNetStudie_Deu_Final_tcm105-132111.pdf (Stand: 27. Juli 2010)
76 siehe http://news.bbc.co.uk/2/hi/south_asia/8691406.stm, (Stand: 28. Juli 2010)
77 siehe http://news.cnet.com/8301-17852_3-20010205-71.html (Stand: 25. Juli 2010)
78 Ridderbusch, Katja:»Facebook als Pflichtgegenstand«, Wiener Zeitung, 1. Juli 2010, S. 7
79 Stephan, René: Cyber-Bullying in sozialen Netzwerken. Maßnahmen gegen Internet-Mobbing am Beispiel von schülerVZ, Verlag, Werner Hülsbusch, Boizenburg 2010, S. 62 f.
80 siehe http://www.guardian.co.uk/uk/2010/mar/08/peter-chapman-facebook-killer (Stand: 25. Juli 2010)
81 siehe http://www.heise.de/ct/meldung/Aigner-Facebook-verstoesst-gegen-Daten-schutz-1039885.html (Stand: 23. Juli 2010)
82 Reischl, Gerald:»Google liest auf fast jeder Webseite mit«, KURIER, 25. April 2008, S. 24
83 Plesser, Mario: Subjekitve Einstellungen zur Globalisierung. Unterschiede unter Berücksichtigung der Theorie der kognitiven Dissonanz, Diplomarbeit, Universität Salzburg, 2005, S. 24 ff.
84 Franck, Georg: Ökonomie der Aufmerksamkeit. Ein Entwurf, Carl Hanser Verlag, München/Wien 1998, S. 114
85 ebd., S. 182
86 Mara, Martina: Narziss im Cyberspace, Zur Konstruktion digitaler Selbstbilder auf der Social Network Site studiVZ, Verlag Werner Hülsbusch, Boizenburg, 2009, S. 113 ff.

87 ebd., S. 122
88 Simons, Martin: Vom Zauber des Privaten. Was wir verlieren, wenn wir alles offenbaren. Campus Verlag GmbH, Frankfurt/Main, 2009, S. 141
89 ebd., S. 88
90 siehe http://www.pcworld.com/businesscenter/article/194843/15_million_stolen_facebook_ids_up_for_sale.html (Stand: 26. Juli 2010)
91 siehe http://arnab.org/blog/deceiving-users-facebook-button (Stand: 26. Juli 2010)
92 siehe http://www.eff.org/files/filenode/social_network/20100303%5f%5fcrim_socialnetworking.pdf (Stand: 26. Juli 2010)
93 siehe http://www.facebook.com/terms.php (Stand: 26. Juli 2010)
94 siehe http://futurezone.orf.at/stories/1655389/ (Stand: 29. Juli 2010)
95 siehe http://www.zdnet.com/blog/btl/facebook-bombs-on-customer-satisfaction-says-acsi-on-par-with-airlines/36925 (Stand: 23. Juli 2010)

Glossar

Andreessen, Marc: Der Erfinder des ersten Web-Browsers Mosaic sitzt im Vorstand von Facebook und außerdem im Vorstand von eBay. Andreessen gilt als eine der wichtigsten Persönlichkeiten im Silicon Valley und leitet dort die Investment-Firma Andreessen Horowitz. Er hat außerdem Gelder bei Twitter, Digg, Skype sowie dem von ihm mitgegründeten Online-Netzwerk Ning angelegt. → Seite 61, 95, 119

Bebo: Das ursprünglich britische Online-Netzwerk wurde 2008 um 850 Millionen Dollar von AOL gekauft, seitdem ging es aber bergab. 2010 verkauft es AOL an den Finanzinvestor Criterion Capital Partners. → Seite 87

Breyer, Jim: Er ist einer der Partner der Risikokapitalfirma Accel und sitzt im Vorstand von Facebook. Ihm gehört ein Prozent von Facebook. Außerdem sitzt er im Vorstand der Supermarktkette Walmart, des Comic-Riesen Marvel und des Notebook-Herstellers Dell. → Seite 57

CPC: Entscheidet sich ein Werber für die Abrechnungsart »Cost Per Click«, zahlt er nur dann, wenn ein Nutzer auf den Werbebanner klickt und somit Interesse bekundet. → Seite 123, 128

CPM: Die Abrechnungsart »Cost Per Mille« steht in der Werbebranche für den Preis pro tausend Sichtkontakte, die ein Werbebanner generiert (auch TKP, »Tausender-Kontakt-Preis« genannt). → Seite 127 f

Cookie: Dieser winzige Eintrag auf dem Computer des Nutzers kommuniziert mit aufgerufenen Webseiten, um ihnen Daten über den Nutzer zu liefern. So können Webseiten etwa erkennen, ob ein Nutzer schon einmal da war. Facebook setzt Cookies ein, um eingeloggte Mitglieder auf fremden Webseiten, die ein Social Plugin installiert haben, wiederzuerkennen. → Seite 34, 149

Cybermobbing: Vor allem unter Jugendlichen ist das Drangsalieren Schwächerer mithilfe von Handy, E-Mail oder Online-Netzwerken zu einem großen Problem geworden – mit ernsten Folgen, wie etwa der Selbstmord eines US-Teenagers zeigte (auch oft als »Cyberbullying« oder »Cyberstalking« bezeichnet). → Seite 167

Engagement Ads: Anders als klassische Online-Banner sollen diese Facebook-Anzeigen Nutzer dazu animieren, ihr Gefallen für die dargebotene Werbung zu zeigen. Deswegen kann man im Werbebanner einen »Gefällt mir«-Knopf drücken und diese Werbung seinen Facebook-Freunden empfehlen. → Seite 135

Exit: Der »Exit« ist ein von Internet-Unternehmern oft angestrebtes Ziel, bezeichnet er doch den erfolgreichen und gewinnbringenden Verkauf eines Start-ups an eine andere Firma. → Seite 38

Facebook Credits: Diese virtuelle Währung dient dazu, virtuelle Güter in Facebook-Spielen zu bezahlen. Ein Facebook Credit ist 7,7 Euro-Cent wert (Stand: Juli 2010). → Seite 119, 132 ff, 192

Facebook Page: Sie unterscheidet sich von den Profilen privater Nutzer in mehrerlei Hinsicht. Sie ist ausschließlich für Firmen, Produkte, Marken oder Personen von öffentlichem Interesse gedacht und soll als Ersatz für Homepages dienen. Eine Facebook Page hat meist einen korrespondierenden Like-Button auf einer externen Webseite, über den Facebook-Nutzer zu Unterstützern (»Gefällt mir«) dieser Webseite werden können. Pages erfüllen in erster Linie Marketing-Zwecke. → Seite 25

Facebook Plattform: Diese Programmierschnittstelle erlaubt es Entwicklern, Zusatzprogramme und -dienste für Facebook-Nutzer zu bauen. Diese Anwendungen (auch »Apps« genannt) können direkt auf Facebook verwendet werden. Wer eine App wie »FarmVille«, das bis dato erfolgreichste Facebook-Spiel, nutzt, muss den Anbietern Zugriff auf die persönlichen Daten geben, die unbegrenzt gespeichert werden dürfen. → Seite 27

Facebook Zero: Diese für Handy-Displays optimierte Webseite soll vor allem in ärmeren Weltgegenden mit langsamem Mobilfunk dafür sorgen, dass das Online-Netzwerk mobil genutzt wird. Sie ist aber nicht für alle erreichbar: Nur Kunden eines Handy-Betreibers, der einen Deal mit Facebook hat, können die Seite abrufen, dann aber gratis nutzen. → Seite 35

Freemium: Dieses Geschäftsmodell für Internetunternehmen sieht vor, dass das Gros der Nutzer ein Gratis-Angebot bekommt, während ein kleiner Teil (meist unter 10 %) für Zusatz-Services (z. B. mehr Online-Speicher) zahlt. Oft wird das Freemium-Modell mit Werbung kombiniert, die dann nur die Gratis-Nutzer zu sehen bekommen. → Seite 116 f

Friendster: Das 2002 gegründete Online-Netzwerk war zwei Jahre lang führend, bevor es mit technischen Problemen und Nutzerkritik kämpfen musste. 2009 wurde es nach Malaysien an die Firma MOL verkauft, die heute mit Facebook bei der Online-Währung Facebook Credits kooperiert. → Seite 81 ff

Graham, Don: Der Chef der Washington Post Company, der u. a. die gleichnamige Zeitung und das Magazin Newsweek herausgibt, sitzt im Vorstand von Facebook und ist Zuckerbergs unternehmerisches Vorbild. → Seite 42, 61, 191

Hoffman, Reid: Der Chef des Business-Netzwerks LinkedIn ist einer der frühen Investoren von Facebook. Im gehört weniger als 1 % von Facebook. Zudem hat er Kapital bei Flickr, Zynga und Digg investiert und ist Partner bei Greylock Partners, einem Facebook-Geldgeber. → Seite 56, 58, 119

Hughes, Chris: Zuckerbergs Zimmerkollege in Harvard, gilt als einer der Mitgründer von Facebook. Er übernahm bis 2008 die Rolle des Firmensprechers, danach arbeitete er in Barack Obamas Online-Wahlkampfteam. Ihm gehört knapp 1 % von Facebook. → Seite 40 ff, 52, 154

Instant Personalization: Eine Technologie, die Daten von Facebook-Nutzern automatisch und ungefragt an fremde Webseiten weiterleitet. Damit sollen die Inhalte dieser Webseiten (z. B. Musik, Restaurantempfehlungen etc.) an den Geschmack des Facebook-Nutzers angepasst werden. Diese Datenweitergabe an Dritte wird von Gegnern heftig kritisiert. → Seite 174, 185

IP-Adresse: Computer, die auf das Internet zugreifen, werden in der Regel mit mehrstelligen Zahlenkombinationen gekennzeichnet. So ist es möglich, den Standort eines Rechners ausfindig zu machen, über den auf eine bestimmte Webseite, u. a. auch Facebook, zugegriffen wurde.

IPO: »Initial Public Offering« steht im Englischen für den Börsengang eines Unternehmens. → Seite 55

Ka-shing, Li: Hongkonger Milliardär und Chef des Hutchison-Wahmpoa-Konzerns, zu dem Industriehäfen genauso gehören wie Hotels und Telekommunikationsfirmen. Er hält knapp 1 % an Facebook und ist auch an anderen Web-Unternehmen wie Spotify, Skype oder DoubleTwist beteiligt. Auch der österreichische Mobilfunker »3« gehört zu seinem Imperium. → Seite 35, 59, 191

Like-Button: Der berühmteste Vertreter der Social Plugins, die Facebook derzeit kostenlos anbietet. Man erkennt ihn an einem blauen »Daumen hoch«-Symbol auf Webseiten, die nicht zu Facebook gehören müssen. Einmal in einer fremden Webseite eingebettet, können Facebook-Nutzer damit ihrem Gefallen für einen bestimmten Online-Inhalt, mit dem der Like-Button verknüpft ist (z. B. Artikel, Webseite, Produkt etc.) Ausdruck verleihen. Er dient aber auch dazu, Nutzer auf ihrem Weg durch das Web zu verfolgen. → Seite 33, 171 ff

Location Based Service (LBS): Diese Handy-Dienste ermöglichen die Ortung von Freunden und interessanten Orten wie Cafés, Restaurants oder Shops in der Umgebung. Foursquare aus New York ist das Aushängeschild dieser jungen Branche, aber auch Facebook bietet einen ähnlichen Service an. → Seite 36, 105

Micro-Payments: Zahlungsweise vor allem im Bereich virtueller Güter (z. B. für Facebook-Spiele), wird oft in sehr kleinen Beträgen bezahlt. Diese Beträge können sich aber bei intensiver Nutzung unbemerkt zu großen Summen anhäufen. → Seite 118

Milner, Yuri: Der Moskauer Internet-Investor hält über seine Risikokapitalfirma Digital Sky Technologies etwa 5 % an Facebook. Er ist außerdem an Zynga und dem Facebook-Konkurrenten Vkontakte beteiligt und besitzt den Chat-Dienst ICQ. → Seite 43, 60 f, 92, 119, 191

Moskovitz, Dustin: Er war Zuckerbergs Zimmerkollege in Harvard und zählt zum Gründerteam von Facebook. Er schied 2008 aus dem Unternehmen aus, um mit Asana eine Kollaborations-Software für Unternehmen zu entwickeln. Ihm gehören etwa 6 % von Facebook. → Seite 39 ff, 43, 61

MySpace: Das ehemals führende Online-Netzwerk wurde 2005 von Medienmogul Rupert Murdoch und seiner News Corporation um 580 Millionen Dollar aufgekauft. Heute leidet es unter der zunehmenden Dominanz von Facebook und wird auf unterhaltende Inhalte wie Musik und Filme getrimmt. → Seite 42, 83, 167

News Feed: Dieses zentrale Element jedes Facebook-Profils zeigt in einer Liste die Aktionen der Facebook-Freunde (vom Status-Update bis zum Foto-Upload) an, die neueste Aktion immer ganz oben. So müssen die Facebook-Nutzer nicht mehr die Profile ihrer Kontakte einzeln abrufen. Die Einführung des News Feed im Jahr 2006 war heftig umstritten, weil sich mehr als eine Million Nutzer plötzlich ihrer Privatsphäre beraubt fühlten. → Seite 17, 20, 42

Open Graph: Dabei handelt es sich um die den Social Plugins zugrundeliegende Technologie. Sie soll erlauben, eine direkte Verbindung zwischen einem Facebook-Nutzer und seinen favorisierten Online-Inhalten (z. B. Webseiten, Fotos, Bands, Videos etc.) herzustellen. → Seite 31 ff, 45, 70, 190 ff

Opt-In-Prinzip: Der Nutzer entscheidet sich freiwillig, neue Einstellungen bei einem Webdienst zu akzeptieren (»Einsteigen«). Facebook wurde bisher erfolglos aufgefordert, das Opt-In-Prinzip einzusetzen. → Seite 159

Opt-Out-Prinzip: Der Nutzer wird nicht gefragt, ob er die neuen Einstellungen, die ein Webdienst einführt, freischalten will. Erst im Nachhinein kann er die Neuerungen abschalten. Facebook wird oft dafür kritisiert, das Opt-Out-Prinzip (»Aussteigen«) nicht fallen zu lassen. → Seite 159

PageRank: Dieser von den Google-Gründern Larry Page und Sergey Brin entwickelte Algorithmus hilft der Suchmaschine dabei, Webseiten zu bewerten und diese in eine Rangordnung zu bringen. Je mehr andere Webseiten auf eine einzelne verweisen, desto höher ist ihr PageRank – sie wird in den Suchergebnissen besser platziert. → Seite 38, 146

Palo Alto: Die Kleinstadt im Herzen des Silicon Valley südlich von San Francisco ist der Hauptsitz von Facebook. Neben Dutzenden Internetunternehmen und Investmentfirmen ist auch die Universität Stanford hier beheimatet. → Seite 37, 41, 45

Parker, Sean: Der Mitgründer des Sharing-Dienstes Napster, über den bis 2001 Millionen Nutzer illegal MP3s tauschten, war Mark Zuckerbergs erster Kontakt im Silicon Valley. Nachdem Parker ihn in die Szene einführte, war er einige Zeit in leitender Funktion bei Facebook. Nach einem Drogenvorfall schied er aus der Firma aus und ist heute einer der Partner von Peter Thiels Investmentfirma »The Founders Fund«. Parker gehören etwa 4 % von Facebook. → Seite 41, 52

Pincus, Mark: Der Chef des Facebook-Spiele-Anbieters Zynga (z. B. »FarmVille«) gehört zu den ersten Privatinvestoren von Facebook. Er war zuvor Gründer des Online-Netzwerks Tribe.net und hat sich 2010 mit Zuckerberg auf eine Fünf-Jahres-Partnerschaft der beiden Firmen geeinigt. → Seite 56, 117, 119

Samwer, Alexander, Marc und Oliver: Die drei Brüder aus Deutschland sind mit einer verhältnismäßig kleinen Summe an Facebook beteiligt. Sie haben Alando, eine Versteigerungs-Plattform aufgebaut und an eBay verkauft, ferner den Klingelton-Anbieter Jamba aufgebaut sowie StudiVZ Startkapital gegeben. → Seite 59

Sandberg, Sheryl: Die Werbe-Expertin ist heute Chief Operating Officer und kümmert sich als Nummer zwei von Facebook um das Tagesgeschäft. Zuvor war sie bei Google tätig, sie sitzt außerdem im Vorstand von Starbucks und Disney. → Seite 12, 43, 49 ff, 61, 132, 137, 140 ff

Saverin, Eduardo: Ein ehemaliger Freund von Zuckerberg und jener Mitgründer, der die erste Finanzierung von Facebook übernahm. Nach Streitigkeiten wurde er aus der Firma gedrängt, erst spät erlangte er das Recht zurück, als offizieller Gründer angeführt zu werden. Ihm gehören etwa 4 % von Facebook. → Seite 39 ff, 52, 61

Silicon Valley: Das Gebiet um die San Francisco Bay ist seit den frühen 1920er-Jahren Zuzugsgebiet für Technologieunternehmen. Heute finden sich hier die Hauptquartiere von Google, Apple, Cisco, eBay, HP, Yahoo!, Adobe, Facebook und vieler anderer Hightech-Firmen. Der Name bezieht sich auf Silizium, ein Hauptbestandteil von Computer-Chips. → Seite 37

Sixdegrees: Das erste Online-Netzwerk wurde 1997 gegründet und währte bis 2001. Die noch geringe Verbreitung von Internetzugängen in dieser Zeit gilt als Hauptgrund für das Scheitern der Webseite. → Seite 78

Start-up: Diese Bezeichnung für Jungunternehmen wird vor allem in der Internet-Branche gerne verwendet. → Seite 55

Social Media: Dieser unscharfe Sammelbegriff für Webdienste, die dem Nutzer das einfache Publizieren selbst erstellter Inhalte (Texte, Fotos, Videos) erlauben, ist zu einem der überstrapaziertesten Schlagwörter des Jahres 2010 verkommen.

Social Plugins: Diese kleinen Schaltflächen können auf fremden Webseiten eingebettet werden, damit Facebook-Mitglieder Funktionen des Online-Netzwerks auch außerhalb dessen nutzen können. Das bekannteste Social Plugin ist der »Like«- bzw. »Gefällt mir«-Button mit seinem »Daumen hoch«-Symbol, mit dem Online-Inhalte wie Texte, Videos oder Fotos bewertet werden. Die Social Plugins dienen Facebook dazu, Nutzerdaten auch außerhalb seiner Grenzen erfassen zu können. → Seite 33

Tags: Mit diesen Markierungen können Personen auf Fotos oder Videos markiert werden. Die Tags (engl. für »Markierung«) sind der Hauptgrund, warum Fotos bei Facebook so intensiv genutzt werden. In Zukunft ist vorstellbar, dass Menschen automatisch auf Facebook-Fotos getaggt werden. → Seite 22, 170

Thiel, Peter: Der erste offizielle Investor von Facebook hält heute etwa 3 % an Facebook. Er ist mit dem Verkauf des Online-Bezahldienstes PayPal, dessen Chef er war, reich geworden und hat seither Geld in Dutzende Start-ups wie Spotify, Gowalla, Slide, Geni, Powerset und YouNoodle gesteckt. Gemeinsam mit Sean Parker leitet er die Investment-Firma »The Founders Fund«. → Seite 41 ff, 52, 55 ff, 119, 191

Twitter: Der Kurznachrichtendienst konzentriert sich auf 140 Zeichen lange Status-Updates, die weltweit mehr als 100 Millionen Nutzer veröffentlichen. Die oft als Nachrichtendienst bezeichnete Webseite hatte nie mit Privatsphäreproblemen zu kämpfen, da die Nutzer ihre Botschaften von Haus aus möglichst weit verbreiten wollen. Allerdings plagen Twitter immer wieder technische Schwierigkeiten, die die Webseite lahmlegen. → Seite 97

User Generated Content: Vom Nutzer selbst erstellte Inhalte, die er einer Internet-Plattform – von YouTube über Wikipedia bis Facebook – kostenlos zur Verfügung stellt. UGC steht auch für den Wechsel von professionell erstelltem Content hin zu von Laien produzierten Inhalten.

The WELL: Die erste Online-Community entstand bereits 1985 und wurde schnell zu einem Ort, an dem Nutzer über Themen wie Musik, Religion, Spiele oder Politik diskutierten. → Seite 77

Zuckerberg, Mark: Der Gründer und Chef von Facebook lebt und arbeitet in Palo Alto. Ihm gehören etwa 24 % des Online-Netzwerks. → Seite 49

Zuckerberg, Randi: Die Schwester von Mark Zuckerberg hat einen Managerposten im Unternehmen bekommen. → Seite 101

Zynga: Der führende Anbieter von Facebook-Spielen. Das Unternehmen von Chef und Gründer Marc Pincus wird auf mehrere Milliarden Dollar geschätzt, neben Digital Sky Technologies haben auch Google und die japanische Softbank viele Millionen hineingesteckt. → Seite 60, 116 f, 133 f, 145

Literatur

Christakis, Nicholas A., Fowler, James H.: Connected. The Surprising Power Of Our Social Networks And How They Shape Our Lives, New York 2008

Ebersbach Anja, Glaser, Markus, Heigl, Richard: Social Web, Konstanz 2008

Franck, Georg: Ökonomie der Aufmerksamkeit. Ein Entwurf, München/Wien 1998

Friedl, Walter: »Der Facebook-Freund könnte FBI-Agent sein«, in: Kurier, 18. März 2010

Groß, Mathias, Mörl, Christoph: Soziale Netzwerke im Internet. Analyse der Monetarisierungsmöglichkeiten und Entwicklung eines integrierten Geschäftsmodells, Boizenburg 2008

Harfoush, Rahaf: Yes We Did. An Inside Look at how Social Media Built the Obama Brand, Berkeley 2009

James, Robinson: »Why did all go wrong for the once fashionable social network?«, in: Guardian, 11.04.2010

Kirkpatrick, David: The Facebook Effect. The Inside Story of a Company that is Connecting the World, New York 2010

Mara, Martina: Narziss im Cyberspace, Zur Konstruktion digitaler Selbstbilder auf der Social Network Site studiVZ, Boizenburg 2009

Plesser, Mario: Subjektive Einstellungen zur Globalisierung. Unterschiede unter Berücksichtigung der Theorie der kognitiven Dissonanz, Diplomarbeit, Universität Salzburg 2005

Reischl, Gerald: »Google liest auf fast jeder Webseite mit«, in: Kurier, 25. April 2008

Reischl, Gerald: Die Google-Falle, Wien 2008

Ridderbusch, Katja: »Facebook als Pflichtgegenstand«, in: Wiener Zeitung, 1. Juli 2010

Shih, Clara: The Facebook Era. Tapping Online Social Networks to Build Better Products, Reach New Audiences, and Sell More Stuff, Boston 2009

Simons, Martin: Vom Zauber des Privaten. Was wir verlieren, wenn wir alles offenbaren, Frankfurt/Main 2009

Stephan, René: Cyber-Bullying in sozialen Netzwerken. Maßnahmen gegen Internet-Mobbing am Beispiel von schülerVZ, Boizenburg 2010

Wolley, David R., PLATO: The Emergence of Online Community, in: http://thinkofit.com/plato/dwplato.htm, 1994

Zahrl, Jürgen: »Im Internet-Sog von Facebook«, in: Kurier, 11. Mai 2010

Webseiten

http://apps.facebook.com/feightlive/ (Stand: 30. Juli 2010)

http://articles.latimes.com/2010/mar/18/business/la-fi-facebook18-2010mar18 (Stand: 19. Juli 2010)

http://bits.blogs.nytimes.com/2010/06/11/mobile-uploads-spurs-facebook-video-growth (Stand: 15. Juli 2010)

http://blog.nielsen.com/nielsenwire/online_mobile/the-state-of-mobile-apps/ (Stand: 14. Juli 2010)

http://blog.oup.com/2009/11/unfriend/ (Stand: 11. Juli 2010)

http://blogs.ft.com/techblog/2010/04/facebook%E2%80%99s-credits-bank-of-the-web (Stand: 30. Juli 2010)

http://blogs.wsj.com/digits/2010/06/24/ceo-of-pandora-web-radio-on-facebook-privacy-the-mobile-boom/ (Stand: 30. Juli 2010)

http://bx.businessweek.com/facebook/view?url=http%3A%2F%2Fwww.businessinsider.com%2Fhow-mark-zuckerberg-hacked-into-the-harvard-crimson-2010-3 (Stand: 19. Juli 2010)

http://comscore.com/Press_Events/Press_Releases/2010 (Stand: 30. Juli 2010)

http://corporate.xing.com/deutsch/presse/pressemitteilungen (Stand: 30. Juli 2010)

http://de.wikipedia.org/wiki/Metcalfesches_Gesetz (Stand: 30. Juli 2010)

http://digitalaffairs.at/wp-content/uploads/2010/06/Facebook_Like_Button_Whitepaper.pdf (Stand: 13. Juli 2010)

http://glastonbury.orange.co.uk/glastotag (Stand: 25. Juli 2010)

http://news.bbc.co.uk/2/hi/south_asia/8691406.stm, (Stand: 28. Juli 2010)

http://news.cnet.com/8301-17852_3-20010205-71.html (Stand: 25. Juli 2010)

http://netzwertig.com/2009/09/28/erfolg-im-web-von-der-wiener-startup-szene-lernen/ (Stand: 30. Juli 2010)

http://research.microsoft.com/en-us/um/people/horvitz/Messenger_graph_www.htm, (Stand: 30. Juli 2010)

http://social.venturebeat.com/2010/07/07/facebook-like-buttons/ (Stand: 13. Juli 2010)

http://tech.uk.msn.com/news/articles.aspx?cp-documentid=149588992 (Stand: 27. Juli 2010)

http://techcrunch.com/2009/12/09/60-million-people-a-month-use-facebook-connect/ (Stand: 13. Juli 2010)

http://techcrunch.com/2010/06/07/facebook-video/ (Stand: 30. Juli 2010)

http://techcrunch.com/2010/06/24/kirkpatrick-facebook-effect/ (Stand: 26. Juli 2010)

http://techcrunch.com/2010/06/28/elevation-invests-another-120-million-in-facebook-as-that-ipo-looks-more-distant/ (Stand: 17. Juli 2010)

http://techcrunch.com/2010/06/29/google-clone-facebook (Stand: 30. Juli 2010)

http://valleywag.gawker.com/392845/zuckerberg-follows-jobs-page-skoll-to-ashram, (Stand: 18. Juli 2010)

http://wikimediafoundation.org/wiki/Financial_reports#2009-2010_fiscal_year (Stand: 30. Juli 2010)

http://www.associatedcontent.com/article/1182668/new_england_patriots_cheerleader_caitlin.html?cat=15 (Stand: 27. Juli 2010)

http://www.digirati.eu/digirati/2010/07/07/facebook-in-zahlen (Stand: 8. Juli 2010)

http://www.facebook.com/press/info.php?execbios Stand: 30. Juli 2010)

http://www.greylock.com/team/team/4/ (Stand: 17. Juli 2010)
http://www.guardian.co.uk/money/2010/apr/07/farmville-user-debt-facebook (Stand: 31. Juli 2010)
http://www.guardian.co.uk/uk/2010/mar/08/peter-chapman-facebook-killer (Stand: 25. Juli 2010)
http://www.heise.de/ct/meldung/Aigner-Facebook-verstoesst-gegen-Datenschutz-1039885.html (Stand: 23. Juli 2010)
http://www.insidefacebook.com/2010/06/22/exclusive-discussing-the-future-of-facebook-and-the-facebook-ecosystem-with-ceo-mark-zuckerberg (Stand: 30. Juli 2010)
http://www.insidevirtualgoods.com (Stand: 30. Juli 2010)
http://www.interbrand.com/best_global_brands.aspx (Stand: 30. Juli 2010)
http://www.iqt.org/about-iqt/our-team/board-of-trustees.html (Stand: 17. Juli 2010)
http://www.marketagent.com/webfiles/pdf/studien/%7BF348C751-6528-4997-8730-09E6C44A25D7%7D.PDF (Stand: 30. Juli 2010)
http://www.nytimes.com/2010/03/04/technology/04facebook.html (Stand: 30. Juli 2010)
http://www.pcworld.com/businesscenter/article/194843/15_million_stolen_facebook_ids_up_for_sale.html (Stand: 30. Juli 2010)
http://www.quora.com/What-does-Dustin-Moskovitz-think-of-the-Facebook-movie (Stand: 19. Juli 2010)
http://www.reuters.com/article/idUSTRE53N4JF20090424 (Stand: 27. Juli 2010)
http://www.rtr.at/de/komp/KBericht2009/K-Bericht_2009.pdf (Stand: 30. Juli 2010)
http://www.sciencemag.org/cgi/content/abstract/301/5634/827 (Stand: 30. Juli 2010)
http://www.sit.fraunhofer.de/fhg/Images/SocNetStudie_Deu_Final_tcm105-132111.pdf (Stand: 27. Juli 2010)
http://www.spiegel.de/netzwelt/web/0,1518,528812,00.html (Stand: 30. Juli 2010)
http://www.spiegel.de/netzwelt/web/0,1518,663822,00.html (Stand: 11. Juli 2010)
http://www.spiegel.de/wirtschaft/0,1518,460645,00.html (Stand: 15. Juli 2010)
http://www.sueddeutsche.de/digital/facebook-spiele-farmville-ernte-gut-datenschutz-mangelhaft-1.62820 (Stand: 30. Juli 2010)
http://www.sueddeutsche.de/digital/mark-zuckerberg-bei-den-cannes-lions-falsch-verbunden-1.966084-2 (Stand: 30. Juli 2010)
http://www.test.de/themen/computer-telefon/test/Soziale-Netzwerke-Datenschutz-oft-mangelhaft-1854798-1855785/ (Stand: 27. Juli 2010)
http://www.w3b.org/ecommerce/nutzer-lehnen-personalisierte-werbung-ab.html (Stand: 31. Juli 2010)
http://www.wired.com/techbiz/it/magazine/17-07/ff_facebookwall (Stand: 30. Juli 2010)
http://www.youtube.com/watch?v=Izg1EVeSocM (Stand: 9. Juli 2010)
www.insidefacebook.com/…/exclusive-discussing-the-future-of-facebook-and-the-facebook-ecosystem-with-ceo-mark-zuckerberg (Stand: 31. Juli 2010)
www.vincos.it/world-map-of-social-networks (Stand: 30. Juli 2010)
http://us.ft.com/ftgateway/superpage.ft?news_id=fto120420091036103397 (Stand: 30. Juli 2010)
http://www.danah.org/papers/essays/ClassDivisions.html (Stand: 30. Juli 2010)

Danksagung

Gerald Reischl (großen Dank für die Ermöglichung dieses Buches), Benjamin Sterbenz (fyi), Andreas Klinger (Garmz.com), Niko Alm und Ali Mahlodji (Super-Fi), Michael Ristl, Bernd Schuh, Stephan Borovizceny, Gerald Bäck und Judith Denkmayr (Digital Affairs), Robert Scoble, David Kirkpatrick, Michael Borras und Lukas Zinnagl (Tupalo), Georg Markus Kainz und Christian Jeitler (quintessenz), Frederik Hermann (Talenthouse), Florian Leibert, Matthew Levine, Mark Kinsey, Dr. Burton Lee (Stanford University), Sheryl Sandberg und Randi Zuckerberg (Facebook), Sonali De Rycker (Accel Partners), Ritchie Pettauer, Markus Höfinger (PXP Interactive), Jana Herwig, Harald Katzmayr (FAS research), Prof. Caroline Haythornthwaite (University of Illinios), Markus Rumler (Creatix), Hans Zeger (ARGE Daten), Luca Hammer, Prof. Peter Kruse, Josef Barth und Wolfgang Zeglovits, Martin Pansy (Sms.at), Prof. Christian Swertz (Universität Wien), Prof. Thomas W. Malone (MIT), Chris Rigatuso (SkyFollow), Monique Farantzos und Vidya Ravella (DoubleTwist), Souyanja Bhumkar (Cooliris), Naveen Selvadurai (Foursquare), David Karp (Tumblr), Sebastian Blum (T-Ventures), Mark X. Addison (Rocket Science), Elisabeth Wagner und Andrea Braunsdorfer (Ueberreuter), Rene Kapusta, Alfred Schierer, Jonas Grashey (Burda/DLD), Tina Kulow (Kulow Kommunikation), Jan Schlink (Metaio), meinen Kollegen David Kotrba, Gregor Gruber und Jürgen Zahrl sowie CK (danke fürs Gegenlesen, 1000 Küsse ;-)).